KB200492

내가 기다려 온 책이며, 예수님의 제자라면 반드시 알아야 할 중요한 메시지다. 고전으로 자리매김할 것이다.

크리스틴 케인 △ **A21 창립자**

존 마크 코머는 교회에 크나큰 선물이다. 그의 글에서는 탁월한 문화적 통찰력, 신학적 지식, 영적 깊이가 엿보인다. 이 책에서 그는 복잡한 옛 주제를 지금 세대에 맞게 탁월하게 풀어냈다. 수많은 문장에 밑줄을 그어 가며 단숨에 읽어 내려갔다. 보석 같은 책이다.

리치 빌로다스 △ **뉴라이프펠로십교회**(New Life Fellowship) **담임목사**

영혼이 고갈되고 너덜해진 느낌이라면 서둘러 이 책을 펴서 읽으라. 탁월하고 깊이 있고 성경적이다. 적을 맞아 싸울 힘을 길러 주는 책이다.

제니 앨런 △ **《당신의 머릿속에서 나오라》 저자, 이프:개더링**(IF:Gathering) **설립자**

존 마크 코머는 옛 지혜를 현대의 질문들에 적용하고 복잡한 개념들을 쉽게 풀어 우리의 일상을 변화시키는 보기 드문 능력을 가졌다. 흔히 가장 긴 여행은 머리에서 가슴으로 내려오는 여행이라고 하는데, 이 책은 그런 통념을 보기 좋게 깨뜨린다. 이 안에 담긴 명쾌한 통찰이 계속해서 당신의 마음을 움직일 것이다.

피트 그레이그 △ **24-7프레이어인터내셔널**(24-7 Prayer International) **설립자**

모순과 혼란이 가득한 것처럼 느껴지는 시대에 존 마크 코머는 무엇이 참이고 무엇이 진리이며 진리를 아는 것이 왜 그토록 중요한지 명쾌하게 설명한다. 시의적절한 책이다.

애니 F. 다운스 △ *That Sounds Fun*(재미있게 들린다) **저자**

존 마크 코머는 이 시대의 난제들을 솔직하고 지혜롭게 통찰력 있게 풀어내는 탁월한 이야기꾼이다.

니키 검블 △ **홀리트리니브롬튼교회**(Holy Trinity Brompton) **목사**

이 책의 글자 하나하나를 곱씹으며 읽고 깊은 감동을 받고 회복을 경험했다. 우리의 평안을 공격하는 세 적, 곧 세상과 육체와 마귀를 존 마크 코머 특유의 사려 깊은 방식으로 파헤친 책이다. 논리적이면서도 영혼을 울린다. 이 내용들을 읽고 나면 훨씬 더 나은 모습이 될 것이다.

브라이언 로리츠 △ *Insider Outsider*(인사이더 아웃사이더) 저자

우리가 예수님의 도에 충성하지 못하도록 매일같이 훼방하는 온갖 유혹을 다루고 있다. 이 책에서 존 마크 코머는 거짓의 문화 속에서 예수님의 아름다우심에 관한 비전을 설득력 넘치게 제시한다.

존 타이슨 △ **뉴욕시티교회**(Church of the City New York) **목사**

오래전 빌라도가 던진 "진리가 무엇이냐"(요 18:38)라는 질문의 새로운 메아리들로 들끓는 사회 속에서 그리스도의 제자의 길을 걷는 이들을 위한 매우 중요하고 시의적절한 책이다. 이 책은 현대 시대에서 그리스도를 닮은 영성을 형성하고 영성의 기형적 변형을 감지하기 위한 강력한 심리학적·철학적·신학적 틀이다. 무엇보다도 이 책은 감히 반박할 수 없는 설득력으로 성경적 자유의 중요성을 보여 준다.

브룩 리거트우드 △ **송라이터, 힐송워십**(Hillsong Worship) **리더**

코머는 우리가 단순한 생존을 넘어 번성하기 위해 맡아야 할 적극적인 역할을 알 수 있도록 사람들이 잘 모르고 자주 곡해하는 복잡한 이야기를 간단명료하게 풀어 준다. 우리 시대에 이 일을 해낼 수 있는 사람은 손에 꼽는다.

게이브 라이언스 △ **큐아이디어스**(Q Ideas) **회장**

이 책은 하나님이 주신 선물이다. 광범위한 차원에서 우리 사회에 영향을 미치는 거짓이라는 영적 적들을 밝혀 준다. 모두가 자신의 '진리'대로 살려고 하는 세상에서 이 책은 너무 흔해져서 일상의 대화와 결정 가운데 당연한 것으로 받아들여지는 많은 거짓말을 폭로하고 그 문제점을 지적한다.

앨버트 테이트 △ **펠로십교회**(Fellowship Church) **담임목사**

존 마크 코머의 대단한 점은 언제나 예수님과 그분의 말씀을 단단히 하나로 묶는다는 것이다. 우리 문화는 예수님(혹은 그분에 관한 세상의 관념들)은 좋아하지만 그분의 말씀은 좋아하지 않는다. 존 마크 코머와 같은 이들을 보면 교회의 미래에 대한 희망이 솟구친다.

네이든 피노치오 △ **데오스유(TheosU) 설립자**

존 마크 코머는 내 신앙 여정에 개인적으로 도움을 주었다. 그는 우리 시대 탁월한 선생 중 한 명이다. 이 책을 읽으면 마음이 강해지고 눈이 열려 개인적인 평강을 공격하는 매일의 전쟁을 보게 될 것이다.

리치 윌커슨 주니어 △ **보우스교회(VOUS Church) 목사**

기만이 짙은 안개처럼 땅에 깔린 시대에 이 책은 안개를 환하게 걷어 내 우리가 어떻게 속아 왔고 어떻게 스스로를 속이고 있으며 어떻게 속이는 자에게서 도망칠 수 있는지 보게 해 준다. 안개가 걷히면 그리스도의 밝은 빛이 좁지만 참된 길을 밝혀 준다. 이 영적 전쟁의 시대에 분별력을 키워 주는 꼭 필요한 안내서다.

마크 세이어스 △ **호주 레드교회(Red Church) 담임목사**

LIVE NO LIES:
Recognize and Resist the Three Enemies That Sabotage Your Peace

거짓들의 진실

지은이 | 존 마크 코머
옮긴이 | 정성묵
초판 발행 | 2022. 5. 18
등록번호 | 제1988-000080호
등록된 곳 | 서울특별시 용산구 서빙고로65길 38
발행처 | 사단법인 두란노서원
영업부 | 2078-3333 FAX | 080-749-3705
출판부 | 2078-3332

책값은 뒤표지에 있습니다.
ISBN 978-89-531-4193-3 03230

독자의 의견을 기다립니다.
tpress@duranno.com   www.duranno.com

두란노서원은 바울 사도가 3차 전도 여행 때 에베소에서 성령 받은 제자들을 따로 세워 하나님의 말씀으로 양육
하던 장소입니다. 사도행전 19장 8-20절의 정신에 따라 첫째 목회자를 돕는 사역과 평신도를 훈련시키는 사역,
둘째 세계선교TIM와 문서선교단행본·잡지 사역, 셋째 예수문화 및 경배와 찬양 사역, 그리고 가정·상담 사역 등을 감
당하고 있습니다. 1980년 12월 22일에 창립된 두란노서원은 주님 오실 때까지 이 사역들을 계속할 것입니다.

존 마크 코머 지음

JOHN MARK COMER

LIVE NO LIES

거짓들의 진실

이 시대를 잠식한 영적 기만 파헤치기

두란노

Contents

육체에 관하여

우리 모두 안에 있는 '망가진 욕구'

이 땅을 순례하는 동안
우리 삶은 시험에서 자유로울 수 없다.
시험을 겪어 보지 않고서는 아무도 자신을 알 수 없고,
승리를 거두기 전까지는 면류관을 쓸 수 없고,
전쟁을 하기 전까지는 승리를 거둘 수 없고,
극복해야 할 적과 시험을 마주하기 전까지는
전쟁을 할 수 없기 때문이다.
― 성 아우구스티누스, 418년

하나님, 세상과 육체와 마귀의 모든 기만에서 우리를 구하소서.
― 성공회 기도서, 1549년

심리학, 기본적인 본능,
선전의 효과에 관한 실험으로서
'이것'을 능가할 것은 없다!
― 에멧 리오단이 오손 웰즈에게, 1938년 10월 30일

'거짓말'에 맞서는 전장 한복판에서

지금부터 꺼낼 이 이야기를 아는지 모르겠지만, 여하튼 실제로 일어난 사건이다. 하나도 빠짐없이 전부 실화다.

1938년 10월 3일, 해가 떨어진 직후 외계인들이 미국을 침공했다. 고도로 발달한 화성 문명의 선발부대가 자유인들의 땅을 정복하기 위해 날아왔다.

첫 번째 광선은 뉴저지 주 프린스턴대학교에서 그리 멀지 않고 맨해튼에서 엎어지면 코 닿을 데 있는 그로버스 밀이라는 마을에 도달했다. 리처드 피어슨 교수는 프린스턴대학교 관측소에서 당직을 서고 있었다. 그는 한 시간 전쯤 화성 표면에서 푸른 섬광을 관찰했고, 보기 드문 유성우라고 생각해 즉시 현장으로 달려갔다. 하지만 도착해 보니 운석 파편 대신 들판에 거대한 금속 실린더 하나가 덩그러니 놓여 있었다. 입구에서 아직 김이 나오고 안에서 귀에 거슬리는 이상한 소음이 흘러나왔다.

기자들, 최초 목격자들, 구경꾼들이 충돌 현장을 살피고 있는데, 실린더가 열리기 시작했다. 그리고 그때부터 외계인들의 무시무시한 공격이 시작되었다.

현장에서 CBS 칼 필립스 기자는 다음과 같은 소름 끼치는 소식을 전했다.

국민 여러분, 이렇게 끔찍한 장면은 난생처음입니다…… 저 검은
구멍에서 두 개의 빛나는 원반이 밖을 엿보고 있습니다…… 저들의

눈일까요? 얼굴일지도 모릅니다……

하지만 정말이지…… 국민 여러분, 뭐라고 표현할 길이 없습니다.

차마 바라보고 있기가 힘듭니다. 눈은 검고 번뜩이는 것이 꼭 뱀

같습니다. 입은 V자 모양이네요. 테두리가 없는 입술이 떨리며 침이

뚝뚝 떨어지고 있습니다……

저건 뭐죠? 화염이 튀어나오고 있네요. 사람들을 향하고 있습니다.

사람들의 머리를 강타하고 있습니다. 오, 이런, 사람들이 불길에

휩싸이고 있습니다!

이제 온 들판이 불바다로 변했습니다. 숲…… 헛간들…… 자동차

연료통들…… 불길이 사방으로 퍼지고 있습니다. 이쪽으로 오고

있습니다![1]

　갑자기 기자의 목소리가 끊어지고 전파 잡음 소리가 이어졌다.
긴 시간처럼 느껴진 5분이 지난 뒤 기자의 보도가 이어졌다. 미국인
들이 가장 두려워하는 일이 현실로 나타났다. 외계인들이 동부 해
안 지역에 착륙했다. 미국 주방위군이 투입되었고, 맨해튼을 탈출
하라는 문자 메시지가 빗발쳤다. 내무부 장관은 온 국민에게 "만물
의 영장인 인류의 보전"을 위한 싸움에 동참해 달라고 호소했다.[2]
　이어서 시카고, 세인트루이스에도 외계인이 착륙했다는 소식이
들어왔다. 거리는 아수라장으로 변했다. 사람들은 공포에 질려 도망
쳤다. 교회로 피신한 사람도 있었다. 임산부들은 조기 진통을 겪었

다. 자살하는 사람들이 급속도로 늘어났다. 거리에서 약탈이 발생했다. 많은 국민이 결사항전의 각오로 총을 들고 밖으로 나갔다.

한 여성은 한창 기도 중인 인디애나폴리스의 한 교회로 난입해 소리를 질렀다. "뉴욕이 파괴되었어요! 종말이 온 게 분명하다고요! 어서 집에 가서 죽음이나 기다려요!"[3]

우리가 알던 삶은 끝났다.

음모론을 맹신하는 친구들(예를 들면, "달 착륙 사진은 사실 아이슬란드에서 찍은 것이다! 왕족들은 파충류 인간들이다! 지구는 사실 평평하다!")은 이 이야기가 사실이기를 바라겠지만[4] 이 이야기는 처음부터 끝까지 거짓말이다.

충격적이지 않은가? 외계인 침공은 없었다. 하지만 나머지 모든 일은 실제로 일어났다. 완전한 거짓말은 아니었다. 단지 좀 심한 허구에 더 가까웠다.

배경 설명을 좀 해 보겠다. 1930년대 말 미국은 격동의 시기였다. 당시 많은 과학자들이 화성에 외계 생명체가 존재한다고 추측했다.[5] 게다가 미국 내 얽혀 있는 여러 문제로 많은 사람이 극심한 불안감에 시달리고 있었다. 독일과 전쟁이 벌어지기 직전이었고, 경제는 대공황의 여파에서 아직 온전히 회복되지 못한 상태였다. 식량 부족은 점점 심화되고 있었다. 또한 불과 몇 주 전 엄청난 뉴

잉글랜드 허리케인이 휩쓸고 지나가는 바람에 북동부는 초토화가 되었다. 1938년에 발생한 이 허리케인은 700만 명이 넘는 사망자와 63,000여 명의 이재민을 낳은 최악의 재해였다.[6] 이런 상황에서 시각이 핼러윈 전날 밤 땅거미가 진 이후라면, 누구라도 패닉에 빠지기에 완벽한 조건이 아닌가.

당시 스물세 살이었던 배우 오손 웰즈를 소개한다. 그는 새로운 CBS 라디오 프로그램 〈생방송 머큐리 극장The Mercury Theatre on the Air〉의 감독이기도 했다. 당시까지만 해도 아직 새로운 예술 형태였던 라디오는 창의적인 프로그램들로 황금기를 구가하고 있었다. 라디오는 사실과 허구, 뉴스와 엔터테인먼트 사이의 경계를 흐리게 만든 최초의 매체였다. 그리고 웰즈는 천재였다. 그의 〈생방송 머큐리 극장〉은 방송된 지 불과 17주 만에 비평가들의 호평을 받았다. 하지만 대부분의 인디 예술이 그렇듯 이 프로그램은 많은 청취자를 끌어모으는 데는 실패했다. 광고는 들어오지 않았고 동시간대에는 당시 최고의 흥행을 기록한 프로그램 〈더 체이스 앤 샌본 아워The Chase and Sanborn Hour〉가 버티고 있었다.

웰즈는 무언가 극단적인 조치를 취하지 않으면 실패할 수밖에 없다는 절박감을 느꼈다. 그리하여 그는 H. G. 웰스의 소설 《우주 전쟁The War of the Worlds》의 판권을 사서 극작가에게 이 서구 식민주의 비판 소설을 한 시간짜리 오락용 공상과학 소설로 줄이게 했다.[7] 그러고 나서 배경을 빅토리아 시대 잉글랜드에서 현대의 뉴저지로 변경했다.

웰즈는 악한 의도가 눈곱만큼도 없었다.[8] 상황이 이상하게 흘러간 것에 대한 가장 그럴듯한 설명은 이렇다. 대부분의 국민들은 웰즈의 프로그램을 처음부터 듣지 않았다. 처음에는 다들 더 인기가 많은 〈더 체이스 앤 샌본 아워〉를 듣고 있었다. 그 주의 〈더 체이스 앤 샌본 아워〉는 짧은 단막극으로 시작해 저녁 8시 15분에 끝났다. 그러고 나서 8시 16분쯤 많은 사람이 채널을 돌렸다가 동부 해안을 따라 무려 외계인의 무차별 공격이 이루어졌다는 소식을 듣고 난리가 난 것이다.

실제 당시 지도자의 목소리를 거의 완벽하게 모방한 배우가 마치 현실인 것처럼 말하니 다들 감쪽같이 속아 넘어갔다.[9] 게다가 유럽의 불안한 상황 때문에 사람들은 라디오 프로그램이 갑작스럽게 멈추고 뉴스 속보가 나오는 데 익숙했다. 그래서 나중에 이 프로그램을 듣기 시작한 청취자들은 의심 없이 이 소식을 어떤 진보된 무기를 앞세운 독일의 침공 소식으로 해석했다. 제1차 세계대전 때 독일이 무시무시한 살상 가스를 사용했던 기억이 사람들의 뇌리에 여전히 생생했다. 당연히 사람들은 크게 놀라 우왕좌왕할 수밖에.

국민들의 히스테리가 극에 달했다. 이튿날 아침 〈뉴욕 타임스 *New York Times*〉는 일면 기사에서 "집단 히스테리의 파도"라는 표현을 사용했다.[10] 〈뉴욕 데일리 뉴스*New York Daily News*〉는 실제 전쟁 보도에 주로 사용하는 서체까지 써서 "가짜 라디오 '전쟁'이 미국 전역을 공포에 떨게 하다"라는 표제의 기사를 내보냈다.[11] 심지어 아돌프 히틀러도 이 사태에 주목하면서 당시의 공포를 "민주주의 타락과 부패의 증거"라고 평했다.[12]

웰즈는 이 일로 자신의 커리어가 끝날까 두려워했다. 하지만 오히려 그는 대중의 관심을 등에 업고 할리우드에서 꿈의 계약을 맺게 되었다. 그리고 3년 뒤 웰즈는 많은 비평가들에게 역대 최고의 영화로 꼽히는 〈시민 케인Citizen Kane〉의 대본, 감독, 주인공을 맡았다.

자, 내가 지금 이 이상한 이야기를 왜 하고 있을까? 이 이야기가 이 책이 말하려는 요지를 한눈에 보여 주기 때문이다. 바쁜 당신의 시간은 일분일초가 귀하니 바로 본론으로 들어가자.

우리는 전쟁 중이다.

화성에서 온 외계인과 벌이는 전쟁이 아니라, 그보다 훨씬 더 위험한 적과 전쟁이 벌어지고 있다. 그 적은 바로 '거짓말'이다. 그리고 《우주전쟁》의 경우와 달리, 우리의 적은 상상력의 산물이 아니다. 이 경우, 날조는 없다. 우리의 적은 실질적이다.

프롤로그
'디지털 바벨론'에서 살아가는 나그네들에게

자, 전쟁에 관한 이야기로 도입부를 시작했으니 현대 문명의 세속화에 관한 신랄한 비판에 이어 '저들'에 맞서 내 편에 서서 문화 전쟁에 참여하라는 동원령이 이어질 것이라고 생각하는가? 과연 그럴까?

전혀 아니다. 남북전쟁 이후로 그 어느 때보다도 더 미국은 극심하게 분열되어 있다. 이 상황에서 우리에게 필요한 것은 불에 더 많은 기름을 붓는 것이 아니다. 다만 우리 문화 속에서 예수님을 따르는 것이 어떤 경험인지 알려 주고 싶다. 그리고 그 경험을 묘사하기에 전쟁만큼 좋은 비유는 없다고 판단했다. 그렇다. 오늘날 서구 사회 문화 속에서 예수님을 따른다는 것은 영혼을 지키기 위한 전쟁처럼 느껴진다.

우리는 '저 밖'의 문화 혹은 뉴스 기사들에서만 이런 충돌을 느끼는 것이 아니다. 우리 마음과 몸 안에서도 이런 충돌을 느낀다. 우리를 정서적으로 지치게 만들고 영적으로 고갈시키는 내적 전쟁이 벌어지고 있다. 우리 영혼의 평강을 깨뜨리는 시도가 끊이지 않는다.

겉으로 보기에는 모든 것이 완벽하다. 나는 멋진 도시의 아름다운 집에서 맛 좋은 커피를 마시고 있다. 목사라는 번듯한 직업도 있다. 자유롭게 사람들에게 예수님의 도를 가르칠 수 있다. 적어도 지금은 그렇다. 아이들과 함께 개를 데리고 공원으로 나가 산책을 하다가 아이스크림을 하나씩 입에 문다.

그런데 나는 왜 이렇게 피곤한 걸까? 왜 이렇게 지쳐 있을까? 몸이 아니라 마음이 왜 이럴까? 왜 이토록 심하게 얻어맞은 느낌일까? 왜 매일이 예수님을 계속해서 따르는 충성스러운 제자로 살아남기 위한 전쟁처럼 느껴질까?

혹시 그것이 '실제로' 전쟁이기 때문은 아닐까?

우리 세대는 전쟁 비유를 썩 좋아하지 않는다. 우리는 예수님을 따르는 것을 전쟁보다는 '여행'이나 '라이프스타일'로 생각하기를 좋아한다. 하지만 믿음의 선진들은 전쟁 비유에 우리만큼 거부감을 갖지 않았다. 그들은 영적 전쟁의 현실을 보는 능력이 우리보다 훨씬 탁월했다. 수 세기 동안 예수님의 도를 가르치는 선생들은 '영혼의 세 적'이라는 패러다임을 사용했다. 이 패러다임은 현대 사회에서 사라진 지 오래다.

세상. 육체. 마귀.[1]

그들은 영혼의 세 적을, 지옥에서 온 외계 침공자들, 하나님에 반하는 일종의 반反삼위일체로 보았다.

예수님이나 신약 기자들은 정확히 '세상과 육체와 마귀'라는 어구를 사용하지는 않았지만 분명 이 언어와 범주들을 사용했다(예를 들어, 엡 2:1-3). 사도 바울의 글을 읽어 보면 그가 예수님을 따르는 것을 자주 전쟁에 빗댔다는 것을 알 수 있다(엡 6:10-17; 딤후 2:4 등). 바울이 한 가장 유명한 말 중 하나는 "믿음의 선한 싸움을 싸우라"다(딤후 6:12). 그는 에베소 교인들에게 "마귀의 간계를 능히 대적하기 위하여 하나님의 전신 갑주를 입으라"고 명령했고(엡 6:11), 그들의 목사인 디모데에게 "선한 싸움을 싸우"라고 권고했다(딤전 1:18). 또한 "우리의 씨름은 혈과 육을 상대하는 것이 아니요 …… 악의 영들을 상대"하는 것이며(엡 6:12), "우리의 싸우는 무기는 육신에 속한 것이 아니"라는 점을 지적하면서, 우리에게는 "어떤 견고한 진도 무너뜨리는 하나님의 능력"이 있다고 주장했다(고후 10:4).

사실, 철저히 비폭력적인 랍비의 삶과 가르침의 기반에서 성장한 교회가 이런 언어를 사용했다는 것은 매우 뜻밖이다. 신자들은 전쟁을 벌여 적들을 죽이는 것이 아니라, 오히려 적들을 위해 목숨을 버린 이들이었으니 말이다.

그럼에도 불구하고 신약 기자들과 (4세기 전까지는 거의 대부분이 평화주의자[2]였던) 초기 교회 교부와 교모들은 영혼의 내적 역학을 묘사할 때 전쟁 이미지를 자주 사용했다. 낡은 사고라고 말할지 모르겠지만 내가 볼 때는 그들이 인생의 어려움을 지금 우리보다도 더 정확히 간파했다.

솔직히, 우리 대부분, 심지어 교회 안에 있는 이들도 이런 개념을 전근대적인 유물로 치부해 왔다. 우리는 '마귀'를 토르의 망치나 산타클로스 같은 전근대 시대의 신화로 여긴다. '좋은 느낌'을 '좋은 것'과 동일시하는 관능적인 문화 속에서 우리는 '육체'에 반대하는 신약의 언어에 고개를 갸웃거린다. '세상'이라는 말을 들으면 우리는 지옥과 임박한 휴거에 관해 침을 튀기며 경고하는 길거리 전도자를 떠올린다.

의식적이든 무의식적이든 우리는 이런 범주를 무시하는 경향이 있다. 그러면서 왜 마음속에서 끊임없이 전쟁이 벌어지는 것처럼 느껴지는지 의아하게 생각한다. '평안을 깨뜨리는 이 전쟁은 도대체 뭐란 말인가?' 또한 우리는 세상 뉴스들을 가득 채운 혼란에 고개를 갸웃거린다. '왜 세상은 이토록 엉망인가? 나는 또 왜 이렇게 엉망인가?'

이 책에서는 '영혼의 세 적'이라는 옛 패러다임을 이 시대에 맞게 재해석하려고 한다. 이 고대의 범주들을 비웃기 쉽지만 나는 '세상, 육체, 마귀'가 여전히 살아서 움직이고 있다고 믿는다. 이것들은 우리가 무시하는 틈을 타서 우리의 영혼과 사회를 파괴하고 있다.

하지만 분명히 말하건대 이 전쟁은 총과 폭탄으로 하는 싸움이 아니다. 다른 사람들을 상대로 벌이는 싸움도 아니다. 이것은 '거짓말'에 맞서는 전쟁이다. 문제는 단지 우리가 거짓말을 '말하는' 것에 그치지 않고, 거짓말에 따라 '산다는' 것이다. 우리가 현실에 관한 거짓 내러티브를 몸으로 받아들인 탓에 그것이 우리의 영혼을 망가뜨리고 있다.

내 이론은 이렇다. 예수님의 제자로서 우리는 세상, 육체, 마귀와 전쟁을 벌이고 있고, 이 세 적들의 술책은 다음과 같다.

기만적인 개념들	▶	이것이 망가진 욕구들에 작용하다	▶	이것이 죄로 물든 사회에서 정상적인 것으로 여겨지다
(마 귀)		(육 체)		(세 상)[3]

2,500년 전 중국 군사 전문가 손자는 《손자병법孫子兵法》에서 "적을 알라"라는 지혜로운 조언을 제시했다.[4] 바로 이것이 이 책의 목표다. 즉 우리 적들의 정체를 밝히고 대응 전략을 개발하는 것이다.

지난 수년 동안 미국은 사회적 불안, 온라인을 통해 표출되는 분노, 현재 상태에 대한 전 국민적인 환멸로 몸살을 앓았다. 2020년 조지 플루이드 사망 사건의 고통은 미국 역사상 가장 큰 항의 시위 운동 중 하나를 낳았다. 그리고 우리는 이 상황을 '저들'의 탓으로 돌린다. 진보주의자든 보수주의자든, 안티파Antifa(파시즘·백인 우월주의·신나치주의 등의 극우 세력에 대항하는 급좌 성향의 무장단체-편집자)든 프라우드 보이스 Proud Boys(백인 우월주의 단체이자 극우 단체로, 반이민·반페미니즘 등을 표방-편집자)든, '우리가 두려워하거나 미워하는 이들'이 곧 '저들'이다. 하지만 우리 모두는 '우리' 안의 깊은 곳에 있는 무언가가 망가져 있다는 것을 잘 안다. 내 영혼 안에 무언가가 단단히 고장 나 있다.

맹렬한 전쟁이 벌어지고 있다. 그런데 많은 신자들이 혼란스러운 전장의 한복판에서 어디로 가야 할지 갈피를 못 잡는 병사가 된 기분을 느낀다. 서구 문화에서 지금의 기독교 세대는 세 가지 구조

적인 변화를 겪고 있다.[5]

첫째, '다수에서 소수로의' 변화다. 밀레니얼 세대의 49퍼센트와 미국 성인의 65퍼센트는 설문 조사 종교 항목에서 여전히 '기독교'에 체크를 한다(비록 매년 수백만 명의 젊은이들이 기독교에서 이탈하고 있지만).[6] 하지만 최근 기독교 조사 기관인 바나그룹Barna Group의 심도 깊은 분석에 따르면, 젊은이들 가운데 "회복력 있는 제자들resilient disciples"의 숫자는 겨우 10퍼센트에 불과하다.[7]

10퍼센트. 미국 전역을 조사해 나온 수치다. 그러니 내가 사는 포틀랜드 같은 세속적인 도시에서는 숫자가 '훨씬' 낮으리라. 교회는 소수 '인종'의 집단(내게는 이 점을 명시하는 것이 중요하다)은 아니지만, 사회학자들이 말하는 인지적 소수집단cognitive minority이다. 예수님의 제자로서 우리의 세계관, 가치체계, 관행, 사회적 규범이 적대적인 문화와 점점 더 첨예하게 대립하고 있다는 뜻이다.

둘째, 문화 속에서 기독교의 자리는 '명예의 자리에서 수치의 자리로' 이동하고 있다. 미국의 도심을 거닐며 건물들을 둘러보라. 많은 건물에 성경의 언어가 새겨져 있다. 기독교의 비전은 건축물들에 새겨질 정도로 국가의 정신에 깊이 스며들어 있었다.

많은 세속 사상가들도 미국의 정신에 영향을 미쳤지만 어디까지나 예수님 제자들이 문화를 형성하는 중심에 서 있었다. 많은 정부 리더들이 그리스도인이었고, 아이비리그 대학의 대부분은 목회 양성 학교로 시작했다. 많은 지식인, 과학자, 예술인들이 예수님 믿는 사람이었다. 목사들은 누구보다도 존경받았다. 교회는 세상에서 명예의 자리를 차지했다. 하지만 지금은 아득한 추억이다.

오늘날 대부분의 사람들은 공적 영역에서 신앙과 연루되지 않기를 원한다. 교회는 해법이 아닌 문제 취급을 받고 있다. 무엇보다도 성^性과 태아의 생명을 둘러싼 도덕적 가치가 크게 변하면서 이제 많은 사람들 눈에 기독교인은 도덕적으로 우위에 있지 못하다. 오히려 인간성에 대한 예수님의 비전은 적잖은 이들에게 부도덕한 것으로 취급받는 실정이다. 급변화로 인해 미국에서 기독교인은 더 이상 주일에 가장 좋은 옷을 꺼내 입고 교회에 가는 점잖은 중산층 시민이 아니다. 이제는 ('반항의 아이콘'이라는 의미에서-편집자) 1950년대의 제임스 딘, 1960년대 반문화counterculture 집단(히피 문화-편집자), 1980년대 스트레이트 엣지Straight edge(펑크 문화에 대항해 알코올, 담배, 약물 등을 하지 않는 운동-편집자)처럼 이 시대의 비주류가 되었다.

셋째, '전반적인 용인에서 치솟는 적대감으로의' 구조적인 변화다. 우리의 세속적 친구와 이웃들 중에서 기독교를 단순히 이상하게(혼전 성관계를 피하고, 수입의 일정 부분을 나누고, 특정 정당이나 이데올로기에 사로잡혀 있지 않기 때문에)만이 아니라 위험하게 보는 이들이 늘고 있다. 기독교는 인류 번영에 대한 세속의 비전에 위협으로 여겨지고 있다.

히브리서 기자는 "너희가 죄와 싸우되 아직 피 흘리기까지는 대항하지 아니하"였다고 말한다(히 12:4). 물리적 핍박까지는 아니지만 분명 우리는 문화적·사회적·정서적 핍박을 받고 있다. 이 핍박

이 우리를 지치게 만들고 있다. 낙인, 비방, 마음의 상처.

전쟁의 비유와 뒤섞여서 헷갈릴지도 모르겠지만, 성경은 이런 종류의 문화적 경험에 나그네 비유를 사용한다. 사도 베드로는 자신의 첫 번째 신약 서신서를 "흩어진 나그네 …… 택하심을 받은 자들"로 시작해 "바벨론에 있는 교회가 너희에게 문안하고"로 마무리한다(벧전 1:1-2; 5:13).

월터 브루그만은 나그네가 된 것을 "자신이 외지인인 것, 심지어 주된 가치가 자신의 가치와 상반된 적대적인 환경 속에 있는 것을 아는 경험"이라고 정의했다.[8] 웬디 에버레트와 피터 와그스태프는 이러한 "나그네가 되거나 소외된 느낌은 다수 의견의 폭정에 순응할 능력이나 의지가 없어 쫓겨난 사람에게 찾아올 수 있다"고 말했다.[9]

폴 타보리는 나그네를 "자국 내에서 버림받은 자가 되는 것"으로 정의했다.[10] 미국이나 영국, 독일의 시민이기는 한데 외지인이 된 것처럼 느껴지는 상태를 의미한다.

바나그룹은 이러한 우리의 문화적 시기를 "디지털 바벨론"이라고 불렀다.[11] 디지털 이전 세상에서는 극좌 성향의 대학에 입학하거나 포틀랜드나 로스앤젤레스(혹은 런던이나 베를린) 같은 세속적인 도시 한복판에 살아야 나그네의 인지 부조화를 경험할 수 있었다. 하지만 지금은 스마트폰과 와이파이만 있으면 어디서든 그런 경험을 할 수 있다.

우리 모두는 지금 바벨론에 있다. 그리고 바벨론은 살기 쉬운 곳이 아니다. 고향처럼 느껴지는 곳이 아니다. 바벨론은 곧 나그네의 땅이다. 때로는 두렵고, 심지어 정신적 외상까지 유발하는 곳이다. 우리는 혼란과 불안을 느끼고 있다. 미래에 대한 불안감을 느낀다.

매일이 우리 영혼을 둘러싼 전쟁처럼 느껴진다. 우리 신앙에 대한 영적 공격. 그저 구원받은 상태라도 지키기 위한 싸움. 최소한 정통 교리라도 지키기 위한 싸움. 예수님께 충성을 저버리지 않기 위한 싸움. 행복과 평강을 유지하기는커녕 제정신을 유지하기에도 벅찬 싸움.

인지적 소수집단에 속해 순응의 압박을 끊임없이 받다 보면 이런 생각이 들 수밖에 없다. '내 믿음이 잘못된 건가? 지금처럼 사는 것이 잘못된 건가?'

이런 의문이 생길 때면 오손 웰즈를 기억하라. 지금은 우주전쟁 소동을 웃고 넘어갈 수 있다. 지나고 나서 보면 거짓말이 다 보인다. 하지만 당시에는 수많은 지식인마저 거짓말에 감쪽같이 속아 넘어갔다. 대서양 건너에서는, 독일 지식인들이 유태인들을 강제수용소의 소각로에 밀어 넣었다. 미국 남부의 정치인들은 이런 로자 파크스가 단지 흑인이라는 이유로 버스 뒤쪽에만 탈 수 있게 했다. 할리우드 유명인사들은 대형 담배 회사들로부터 광고비를 받고서 하루에 수십 대의 담배를 피워 댔다.[12] 화성에 외계인들이 있다고 정말로 믿은 수많은 미국인들은 말할 것도 없다.

지금 우리는 '이 얼마나 어리석은 자들인가. 저런 빤한 거짓말에 속다니!'라고 생각하기 쉽다. 우리와는 정말 다른 사람들이라고 생각하기 쉽다. '우리는 그런 거짓말에 속기에는 너무 높은 지성을 지녔다. 우리는 그런 것에 혼란을 겪기에는 이미 계몽되어 있다. 우리는 우리 욕구나 두려움을 자극해 원하는 것을 얻어 내려는 정치인이나 언론사 같은 힘 있는 자들의 술수에 절대 넘어가지 않는다. 그리고 우리는 단지 남들이 다 어떤 걸 한다고 해서 똑같이 하지 않는다.'

우리는 웰즈의 프로그램을 듣고 대혼란에 빠졌던 어리석은 청취자들이 불과 1세기도 지나지 않은 우리 조부모 세대가 아닌 아주 먼 옛날의 원시인인 양 생각한다. 이것이 C. S. 루이스가 말한 "연대순 우월의식chronological snobbery"[13]의 좋은 예다. 이것은 자신이 이전 세대를 살다 간 사람들보다 똑똑하며, 그래서 새로운 아이디어가 옛 아이디어보다 무조건 더 좋거나 옳다고 생각하는 인간의 타고난 성향을 말한다.

더해서, 사회학자들이 말하는 '진보의 신화'가 있다. 이것은 우리가 유토피아적 미래로 발전해 가서 마침내 종교와 미신(둘 다 같은 것)의 피곤한 제약을 벗고 완전히 계몽된 인간이 된다는 서구의 믿음이다. 이것은 거의 종교에 가까운 믿음이다. 물론 상황은 전혀 좋아지고 있지 않다. 오히려 상황이 악화되고 있음을 보여 주는 데이터가 그야말로 산더미다. 트위터를 조금만 둘러봐도 많은 사람이 속

수무책으로 두려움에 빠져 있다. 세속적인 유토피아는 도대체 언제쯤 도래하는가?

내가 볼 때 좌파와 우파 모두 나름의 통찰을 갖고 있다. 하지만 둘 다 인간의 상황을 그릇되게 보고 있는 면이 있다. 그래서인지 나는 양쪽이 제시하는 비전 둘 다에 별로 매력을 느끼지 못한다. 나는 목사일 뿐 권위자는 아니다. 그리고 여기서 정치색을 내세울 마음은 조금도 없다. 하지만 하나만큼은 분명히 말할 수 있다. 내게는 영혼이 있다. 당신에게도 영혼이 있다. 그리고 나와 마찬가지로 당신의 영혼도 거짓과의 전쟁에 휘말려 있다. 선택권 없이 태어나면서부터 전사로 길러지는 고대의 스파르타인들처럼 우리도 싸우는 것 외에 달리 선택권이 없다.[14]

내 어조에 귀 기울여 주길 바란다. 나는 화난 것도 불안해하는 것도 아니다. 내가 책이라는 매체를 선택한 것은 차분하고 비판적인 사고를 끌어내기 때문이다. 하지만 분명히 밝히는데, 지금 나는 당신을 전쟁으로 부르고 있다.

가만히 생각해 보라. 필시 당신 안에는 다음과 같은 질문이 가득할 것이다. '내 마음은 왜 이렇게 심하게 어딘가에 속박되어 있는 것 같지? 왜 자꾸 이 시대 이념들에 공격받는 느낌이 들지? 왜 내 마음속에서 욕구들이 전쟁을 하는 것처럼 느껴지지? 왜 나는 나를 망치는 행동으로 자꾸만 돌아가지? 왜 세계 곳곳에서 안 좋은 뉴스가 끊이지 않는 거지? 왜 우리가 악이라고 부르며 개탄해도 불의는 계속해서 기승을 부리는 거지? 왜 우리는 이렇게 막대한 돈과 기술, 정치적 힘을 갖고도 세상의 온갖 심각한 문제들을 해결하지 못하는 거지? 왜 이런 것들이 나는 신경이 쓰이지? 왜 이런 문제가 나를 그토록 무겁게 짓누르지?'

혹시 우리 영혼이 다른 세상과 전쟁을 벌이고 있는 것은 아닐까? 부정적인 분위기로 시작하지 않도록 다음과 같은 질문을 함께 생각해 보라. 나그네가 된 상황이 우리에게 '좋은' 것은 아닐까? 최고의 소설가로 널리 인정받는 윌리엄 포크너는 이런 말을 했다. "믿기 어렵지만 재난은 사람들에게 좋은 것인 듯하다."[15]

나그네가 된 상황이 맞서 싸우되 두려워하지는 말아야 할 상황이라면? 우리가 흩어지는 대신 하나로 뭉친다면? 우리가 영혼을 잃는 대신 발견한다면?

이 책은 디지털 바벨론에서 영혼을 잃는(잃지 않는) 법에 관한 메시지다. 이 책은 나그네 선언문이다. 이 책은 거짓말에 맞서는 전쟁으로 부르는 외침이다.

Part 1

The DEVIL

마귀에 관하여

'기만적인 개념'을 퍼뜨리는 '거짓의 아비'

너희는 너희 아비 마귀에게서 났으니
너희 아비의 욕심대로 너희도 행하고자 하느니라
그는 처음부터 살인한 자요 진리가 그 속에 없으므로
진리에 서지 못하고 거짓을 말할 때마다 제 것으로 말하나니
이는 그가 거짓말쟁이요 거짓의 아비가 되었음이라.
— 예수 그리스도, 요한복음 8장 44절

근신하라 깨어라
너희 대적 마귀가 우는 사자같이 두루 다니며 삼킬 자를 찾나니
너희는 믿음을 굳건하게 하여 그를 대적하라.
— 베드로, 베드로전서 5장 8-9절

아무도 그가 진짜라고 믿지 않았다. …… 이것이 그의 힘이었다.
마귀의 가장 큰 술책은
세상이 자신의 존재를 믿지 못하도록 만드는 것이었다.
— 영화 〈유주얼 서스펙트(The Usual Suspects)〉에서
카이저 소제의 대사

'생각'을 장악하려는 마귀의 술책, 기만

AD 4세기 후반, 에바그리우스 폰티쿠스라는 젊은 지식인이 마귀와 싸우기 위해 이집트의 사막으로 들어갔다. 에바그리우스는 마귀와 정면으로 맞서기 위해 광야(사막)로 나가신 예수님의 이야기를 읽고서 그 본보기를 따르기로 결심했다. 곧 소문이 퍼졌다. 어느 수사가 어디선가 마귀와 전쟁을 벌이고 있다는 소문. 그 소문에 따르면 그가 승리를 거두고 있다고 했다. 이에 수많은 사람이 영적 가르침을 받고자 그를 찾아 나섰다. 영적 구도자들은 에바그리우스를 찾아 그의 전술을 배우고자 자연의 온갖 위험이 도사린 곳으로 용감하게 여행을 떠났다.

에바그리우스가 세상을 떠나기 전 루키오스라는 동료 수사는 그에게 마귀를 이기기 위한 전략을 글로 남기라고 조언했다. 그리하여 마침내 에바그리우스는 *Talking Back: A Monastic Handbook for Combating Demons*(말로 반격하기: 귀신들과 싸우기 위한 수사의 안내서)라는 짧은 책을 써냈다. 역대급 부제가 아닐까 싶다. 최근에 이 책을 읽었는데 정말 대단했다. 솔직히 처음에는 기독교 스타일의 마법 주문 목록을 예상했다. 북아프리카의 태양 아래서 산 내향적인 옛사람의 두서없는 이야기일 거라 내 마음대로 상상하며 책을 펼쳤다. 하지만 알고 보니 그는 현대의 뛰어난 신경과학자들과 심리학자들도 혀를 내두를 만큼 정신 작용을 정확히 기술한 현자였다.[1]

에바그리우스는 고대 기독교 세계를 통틀어 가장 정교한 악마론을 내놓았다. 그의 패러다임의 가장 놀라운 특징은, 마귀의 유혹과의 싸움이 '로기스모이'와의 싸움이라고 주장한 점이다. 로기스모이는 본래 '생각', '생각 패턴', '내적 내러티브', '내적 신념 구조'로 번역할 수 있는 헬라어다. 이것은 사고 생활을 구성하는 내용물이며, 우리는 이 정신적 표지를 통해 삶을 헤쳐 나간다.[2] 그런데 에바그리우스에게 이런 로기스모이는 그냥 생각이 아니었다. 그는 그것을 이면에 악의, 악한 생명력이 도사린(붙들리면 죄에 이르게 할 수 있는 - 편집자) 생각이라고 보았다.

에바그리우스는 자신의 책을 여덟 개의 장으로 구성했으며, 각 장은 한 가지 기본적인 로기스모이를 다루었다. 그 여덟 가지 생각은 나중에 "죽음에 이르는 일곱 가지 죄"의 기초가 되었다.[3] 각 장은 "~라는 생각에 맞서"로 시작된다.[4] 1부 끝에서 이 에바그리우스 이야기를 다시 살펴볼 것이다. 1,500년이 지난 지금도 예수님을 제외하면 그가 마귀의 유혹과의 싸움에서 가장 탁월한 전술가라고 생각하기 때문이다.

일단 에바그리우스의 파격적인 개념으로 시작해 보자. 마귀와의 싸움은 무엇보다도 진리의 무기로 우리 마음을 거짓말 감옥에서 해방시켜 그것에 대한 통제권을 되찾기 위한 싸움이다.[5] 이런 개념을 예수님의 가르침에서도 찾을 수 있을까? 좋은 질문이다. 답은 "물론 그렇다"이다.

예수님의 가장 유명한 가르침 가운데 하나는 이것이다.

진리를 알지니 진리가 너희를 자유롭게 하리라.

요한복음 8장 32절

배경까지 같이 보자(요 8:31-47). 예수님은 제자들에게 "너희가 내 말에 거하면 참으로 내 제자가 되고", 그렇게 되면 "진리를 알지니 진리가 너희를 자유롭게 하리라"라고 말씀하셨다. 당시의 종교 지도자들이었던 바리새인들은 즉시 핏대를 올렸다. "우리가 아브라함의 자손이라 남의 종이 된 적이 없거늘."

히브리 민족의 역사를 생각하면 이는 틀린 말이다. 출애굽기를 보라.

예수님은 사회경제적 노예 상태보다는 영적 노예 상태를 말하는 것이라고 친절하게 설명하셨다. "죄를 범하는 자마다 죄의 종이라."

하지만 이것은 바리새인들을 더 격노하게 만들었다. 이어서 그들은 "우리가 음란한 데서 나지 아니하였고"("우리는 사생자가 아니오"-현대인의성경)라는 말로 예수님을 폄하했다. 이는 예수님의 태생을 노골적으로 비꼬는 말이었다. 바리새인들은 한껏 경멸을 담아 소리쳤다. "아버지는 한 분뿐이시니 곧 하나님이시로다."

예수님은 이 말을 그냥 넘어가시지 않았다. 예수님은 부드러우면서도 날카로운 어조로 그들의 "아비"가 실제로 누구인지를 지적하셨다.

너희는 너희 아비 마귀에게서 났으니 너희 아비의 욕심대로

너희도 행하고자 하느니라 그는 처음부터 살인한 자요 진리가 그

속에 없으므로 진리에 서지 못하고 거짓을 말할 때마다 제 것으로

말하나니 이는 그가 거짓말쟁이요 거짓의 아비가 되었음이라.

요한복음 8장 44절

예수님이 마귀라고 부르신 이 불가사의한 존재에 관한 그분의 가르침에서 우리는 세 가지 점에 주목해야 한다. 먼저 분명한 사실부터 시작해 보자. 예수님은 마귀가 실제로 존재한다고 밝히신다. 여기서 예수님이 사용하신 단어는 헬라어로는 '디아볼로스'다. 이 단어는 '비방하다' 혹은 '고발하다'라는 의미의 동사 어근에서 비롯했으며, '참소자'로도 번역될 수 있다.[6] 하지만 이것은 이 존재가 불리는 여러 호칭 가운데 하나다. 성경은 이 존재를 다음과 같이 다양하게 부른다. "사탄, 악한 자, 시험하는 자, 파괴하는 자, 속이는 자, 온 천하를 꾀는 큰 용, 온 세상을 미혹시키는 옛 뱀." 그런데 이 예들은 엄밀하게 말하면 별칭이다.[7] 일부 성경학자들은 이것이 은근한 조롱이라고 주장한다. 그러니까 예수님의 적은 이름조차 없다는 것이다. 예수님이 이 존재를 그만큼 위험하게 보셨다는 뜻으로 받아들이는 이들도 있다. 《해리 포터*Harry Potter*》 시리즈에 나오는 적처럼 "이름을 불러서는 안 되는 존재"라는 것이다.

하지만 예수님은 마귀가 소설에 나오는 지어낸 악역이 아니라

고 밝히신다. 마귀는 엄연히 실재한다. 그자는 교활한 악의 근원이며 지구상에서 가장 힘이 센 존재다.

예수님은 세 번이나 그자를 "이 세상의 임금"으로 부르셨다(요 12:31; 14:30; 16:11). 여기서 "임금"에 해당하는 헬라어는 '아르콘'으로, 예수님 당시에 도시나 지역의 최고위층 로마 관리를 지칭하던 정치적 단어다. 그러니까 예수님은 이 존재가 '세상에서' 가장 강력하고 영향력 높은 존재라고 말씀하신 것이다. 그런 이유에서 마귀가 "천하만국"을 다 줄 수 있다고 주장했을 때 예수님은 그 말에 이의를 제기하시지 않았다(마 4:8-10).

마귀와 그 기원을 신학적으로 깊이 파헤치는 것은 이 책의 목적이 아니므로 잠시 개괄적으로만 살펴보겠다. 많은 학자들이 성경을 사진 모자이크에 비유했다. 사진 모자이크는 모두 합치면 하나의 이미지가 되는 사진들(시, 예언, 이야기, 신화, 역사, 지혜의 말, 편지 등)의 집합이다. 이런 성경 읽기 방식을 마귀라고 부르는 존재에 적용하면 다음과 같은 윤곽을 얻을 수 있다.

* 그자는 하나님이 창조하신 피조물이다(겔 28:15). 이것이 핵심이다. 그자는 하나님과 동급이 아니라 처음부터 창조된 존재였다. 이 사실은 끝까지 변하지 않는다.
* 원래는 시험을 통해 인간을 영적으로 성숙시키는 역할이었던 것으로 보인다. 선생님이 학생들을 성장시키기 위해 시험을 치르게

하는 것을 생각하면 된다. 하지만 (욥의 이야기에서 보듯이) 그자는 본분에서 벗어나 인간이 영적으로 타락하도록 '유혹하는' 데 자신의 기술을 사용하기 시작했다(욥 1:6-12; 2:1-7; 마 4:1-11).[8]

* 그자는 하나님이 함께 세상을 다스리기 위해 손수 선별한 영적 존재들의 집단인 공의회에 속해 있었다. 하지만 그자는 하나님의 통치에 반역하기로 마음먹었다(창 3장; 사 14:12-13; 겔 28:12-15).[9] 그자는 스스로 세상의 보좌를 차지하고자 폭력적인 반란에 최대한 많은 피조물을 끌어들이기로 선택했다(겔 28:15-17; 계 12:1-9; 14:9-12; 사 14:12-17). 소수지만 에덴동산이 하나님 나라를 위한 교두보로서 전쟁터 위에 창조되었다고 주장하는 학자도 일부 있다.[10] 여하튼 나중에 인류가 마귀의 반역에 가담하면서 지구는 그자의 지배 아래에 떨어졌다(사 14:12-15; 눅 4:5-8; 10:18; 계 12:1-9).

* 수천 년 동안 그자는 "이 세상의 임금"으로 세상을 지배했다(요 14:30; 고후 4:4; 요일 5:19). 하나님으로부터 독립하여 자기 멋대로 선악을 다시 정의하려는 악한 행렬로 수많은 인간들을 끌어들였다(이 문제에 관해서는 곧 자세히 살펴보자).

* 그자는 역사 속의 많은 잔혹행위들을 이끈 배후 세력이다.

* 예수님은 "마귀의 일을 멸하려" 오셨다(요일 3:8). 예수님은 "강한 자를 결박"하고(막 3:27) 인류를 "자유롭게" 하기 위해(요 8:32, 36) 오셨다. 그러기 위해 먼저 예수님은 광야에서 마귀를 물리치셨고, 그 뒤에는 가르침을 펼치고 귀신들을 쫓으셨다. 마지막으로,

죽음과 부활과 승천을 통해 이 일을 이루셨다. 예수님은 "통치자들과 권세들을 무력화하여 드러내어 구경거리로 삼으시고 십자가로 그들을 이기셨"다(골 2:15).

* 예수님이 마귀를 상대로 승리를 거두신 것은 제2차 세계대전에서 노르망디 상륙작전과도 같았다. 즉 그것은 종전의 시작을 알리는 결정적인 전투였다. 히틀러의 운명이 1944년 6월 6일(노르망디 상륙작전 개시일)에 결정된 것처럼 마귀의 운명은 첫 부활절에 확정되었다. 하지만 우리의 베를린을 밟기 위해서는 가야 할 길이 아직 멀다. 그때까지 마귀는 상처 입은 짐승과 같다. 그 어느 때보다도 위험하지만 엄연히 죽어 가는 용이다. 그림에서 흔히 보는 것과 달리 마귀는 지옥에 있지 않다. 그는 지금 여기, 이 땅에 있다. 예수님의 성가가 "하늘에서와 같이 이 땅에서도"라면 마귀의 성가는 "지옥에서와 같이 이 땅에서도"다.

* 예수님 나라는 예나 지금이나 비폭력적이다. 하지만 예수님은 그분의 나라를 "음부의 권세"를 향한 공격에 빗대셨다(마 16:18).

* 지금도 진행 중인 이 전쟁에서 (영적, 정신적, 정서적, 심지어 육체적) 피해는 지극히 실질적이다. 예수님 제자들도 이 피해에서 예외는 아니다. 우리는 붉은 피를 흘리고 있다. 우리는 다른 사람들과 마찬가지로 고난을 겪고 죽고 있다. 우리는 유혹과 기만에 노출되어 있다. 물론 우리는 이야기의 결말을 이미 알고 있지만 성경은 "마귀가 우는 사자같이 두루 다니며 삼킬 자를 찾나니" "근신하라 깨어라"라고

경고한다(벧전 5:8).

* 우리의 가장 큰 소망은 예수님이 돌아오셔서 시작하신 일을
완성하시는 것이다. 그날 마귀 일당은 "불못에" 던져지고 하나님의
선한 창조세계에서 모든 악이 제거될 것이다. 그때 우리는 왕이신
예수님과 함께 그분의 아름다운 세상을 다스리는 공동 통치자
자리에 오를 것이다.

분명 이 묘사에서 빠진 것이 있을 것이다. 심지어 상세한 측면
에서 잘못된 부분도 있을지 모른다. 하지만 한 가지만큼은 분명하
다. 예수님은 마귀가 실재한다고 하셨다.

신화가 아니다. 과학 이전 시대에서 비롯한 상상의 산물이나
미신의 잔재가 아니다. 만화에 등장하는 어깨 위의 악마나 코미디
버라이어티 쇼 〈SNL〉에서 전자기타를 켜며 데스 메탈을 하던 배우
윌 페럴의 모습은 당연히 아니다.

마귀는 비물질적인 존재다. 하지만 세상 속에서 역사하는 '실
질적인' 지적 존재다. 하나님을 제외하고 우주에서 가장 강한 힘, 영
향력을 지니고 있다. 마귀는 우리 영혼과 우리가 몸담은 사회에서
발견되는 수많은 악 이면의 악이다.

악을 단순히 교육의 부족, 부의 불평등, 사회주의, 혹은 타락한
종교로 설명하려는 세상의 시도는 모두 불충분하다. 구조적 인종주
의나 경제 식민주의 같은 세계적 차원의 거대한 악에서 파괴적인 폭

음이나 험담하는 습관 같은 작은 인간적 차원의 악까지, 악을 제대로 보려면 그 이면에서 불에 기름을 붓고 있는 살아 있는 힘을 보아야 한다. 마귀는 인류를 분열시켜 일종의 사회적 자살을 일으키는 이면의 힘이다.

솔직히 이것이 많은 사람에게는 허무맹랑한 소리처럼 들린다. "마귀? 정말? 이봐, 정신 차려!"

루이스의 연대순 우월의식 개념으로 돌아가 보자. 지금은 21세기다. 많은 사람이 더 이상 에덴동산의 뱀 이야기 따위를 믿지 않는다. 세상의 사건들 이면에 보이지 않는 귀신들이 있다는 이야기는 더더욱 믿지 않는다.

"지금 우리는 옛사람들보다 더 많은 것을 알고 있다."

"지금 우리는 더 많은 것을 알고 있다"라는 선입관을 정당화하기 위해 많은 사람들이 플린 효과Flynn effect를 언급한다. 뉴질랜드 오타고대학의 심리학자 제임스 플린은 1950년대 이후 서구 문명국가들에서 아이큐가 꾸준히 상승해 왔다고 주장했다. 10년마다 약 3점씩 높아진다고 한다.[11] 그의 원래 가설은 우리가 조부모 세대보다 더 똑똑하다는 것이다. 이 현상은 플린 효과로 알려지게 되었고, 몇 가지 분명한 이유로 급부상했다. 이 이론은 인류사와 진화의 궤적에서 진보주의자가 우월하고 보수주의자가 열등하다는 만연한 관념, 아니 믿음과 정확히 맞아떨어진다.

모든 효과적인 거짓말이 그렇듯 이 개념은 많은 진실을 포함한다.

나는 아이슬란드에서 이번 장을 쓰고 있다. 이곳은 지구상에서 가장 아름다운 장소 중 하나다. 어제 몇몇 현지인 친구들이 나를 쏘르스모르크('토르의 땅')에 데려가 이상하게 생긴 바위 형체들을 가리켰다. 고대 바이킹들은 그것이 아침 햇살에 갇혀 변해 버린 트롤(북유럽 신화와 전설에 등장하는 초자연적인 존재-편집자)들이라고 믿었다.

그렇다. 우리는 옛날 사람들보다 조금은 아는 것이 많다. 지금 우리는 트롤이 신화일 뿐이며, 이상하게 생긴 그 바위들은 시간 관리에 서투른 괴물들이 아니라, 지열력과 지각변동의 산물이라는 사실을 안다. 하지만 사람들은 우리가 일부 측면에서가 아니라 모든 면에서 옛사람들보다 똑똑하다는 증거로 플린 효과를 인용한다. 이 논리에 따르면, 마귀 같은 옛 개념을 믿는 사람들, 심지어 예수님마저 트롤을 믿는 사람들만큼이나 지적으로 하등하다.

그런데 그거 아는가? 플린 효과는 오류로 판명이 났다.[12] 심지어 플린도 자신이 발견한 것이 전체 그림을 보여 주지는 못함을 깨달았다. 그의 계산법에 따르면 1900년 고등학교 졸업생들의 아이큐는 약 70이어야 한다. 하지만 알다시피 우리 증조부들은 지적장애가 아니었다. 그들은 단지 현대인들과 생각하는 방식이 달랐을 뿐이다(덜 개념적이고 더 구체적인 사고).[13] 게다가 플린의 논리대로라면 지금 우리 모두는 영화 〈리미트리스Limitless〉에서 브래들리 쿠퍼가 연기한 주인공 에디 모라에 버금가는 천재들이어야 한다.

더욱 최근 데이터를 보면 1990년대 이후 서구에서 평균 아이큐 수준은 오히려 떨어졌다.[14] 또 다른 조사에서는 인류가 3만 년 전보다 조금도 더 똑똑하지 않다고 진단한다.[15] 물론 지식은 기하급수적으로 쌓였다. 특히, 트롤과 암석 지형 등에 관한 지식은 과거에 비할 수 없다. 하지만 지식과 지능은 다르다. 지혜와는 더더욱 다르다.

이렇게 말해도 여전히 마귀가 허무맹랑한 옛 개념이라 생각하는가? 이해한다. 나도 세속의 영향을 받은 터라 종종 예수님의 세계관이 이상하게 보이니까.

하지만 이 가능성을 한번 생각해 보라. 만약 예수님이 현실의 진정한 본질을 우리보다 더 잘 아셨다면? 그분의 지각력이 스티븐 핑커나 샘 해리스, 스티븐 호킹보다 날카로웠다면? 그분이 역사상 가장 지능이 높은 선생이셨고, 인생의 문제점과 해법을 꿰뚫어 보는 그분의 통찰력이 역사상 가장 뛰어나다면? 서구 세상이 현실을 전혀 제대로 보지 못하고 있다면? 세상의 다른 곳들에서 많은 사람이 상식으로 여기는 것을 우리가 놓치고 있다면? 우리가 근본 원인을 다루지 않고서 세상의 문제들을 해결하려고 애쓰고 있다면? 우리가 이 엄청난 과학, 기술, 정치이론을 갖추고도 실상을 보지 못하고 있다면? 아니, 일부러 무시하고 있다면? 예수님과 성경 기자들, 역사 속의 탁월한 사상가들, 서구 밖의 대부분 사람들이 우리가 자주 놓치는 무언가를 보는 눈을 지녔다면?

만약 그렇다면?

할리우드 영화 속 악당 카이저 소제(아이러니하게도 성범죄자로 고소된 케빈 스페이시가 배역을 맡았다)는 이렇게 말했다. "아무도 그가 진짜라고 믿지 않았다. …… 이것이 그의 힘이었다. 마귀의 가장 큰 술책은 세상이 자신의 존재를 믿지 못하게 만드는 것이었다."[16]

서구 문화는 열린 마음을 매우 높이 평가한다. 바로 이것이 내가 요청하는 것이다. 예수님의 말씀이 옳았을 가능성, 마귀가 실재할 가능성을 생각만이라도 해 보라.

둘째, 예수님은 마귀의 최종 목표가 죽음을 퍼뜨리는 것이라고 밝히신다. "그는 처음부터 살인한 자요." 살인자는 무엇인가? 생명을 끝내려는 의도를 품은 자다. 예수님은 계속해서 이렇게 말씀하셨다. "도둑이 오는 것은 도둑질하고 죽이고 멸망시키려는 것뿐이요 내가 온 것은 양으로 생명을 얻게 하고 더 풍성히 얻게 하려는 것이라"(요 10:10).

도둑질하고.

죽이고.

멸망시키고.

예수님 말씀에 따르면 마귀는 닥치는 대로 파괴하는 악당의 원형이다. 그자는 세상이 불타는 모습을 보고 싶어 한다. 그자의 모토는 "모든 것을 허물라"다. 그자는 생명이 보이는 족족 짓밟으려고 한다. 아름다움? 훼손시키라. 사랑? 더럽히라. 연합? 만 갈래로 찢어발기라. 인간의 번영? 혼란이나 포악으로 몰아가라. 생명에는 결사반대하고 죽음과 혼란을 지지하는 그자의 열망은 꺼지지 않는 불과도 같다.

반면, 예수님은 생명을 창조하시며 선하고 아름답고 참된 모든 것을 수호하시는 분이다. 특히, 사랑. 하나님은 곧 사랑이시며, 마귀는 하나님께 반역하는 중이다. 마귀의 목적은 사랑을 파괴하는 것이다. 마귀의 목적은 한 번에 하나의 관계씩, 한 공동체씩, 한 국가씩, 한 세대씩 파괴하는 것이다. 그래서 매일 뉴스만 틀면 혼란과 학살의 소식이 쏟아져 나오는 것이다. 그래서 악에 관한 세속 이론들이 인간의 극악한 행동을 제대로 설명해 주지 못하는 것이다. 그래서 예수님을 따르는 것이 우리에게 전쟁처럼 느껴질 때가 많은 것이다.

실제로 전쟁 맞다. 마귀의 방해 때문에 하나님 나라로 매일 전진하는 것은 쉽지 않다(더 구체적으로 말하면, 마귀의 지배 아래에 있는 다른 영적 존재들이 우리 길을 막고 있다). 우리는 이런 방해를 매일 느낀다. 우리는 사랑과 정욕, 정직과 체면 차리기, 절제와 방탕 같은 상반된 욕구들 사이에서 끊임없는 내적 충돌에 시달린다. 오늘날은 수많은 문화적 엘리트들이 신앙을 버리고 떠난 세속 시대다. 과학주의가 새로운 미신이 되었다. 철학자 제임스 K. A. 스미스의 표현을 빌리자면 "지금은 우리 모두가 도마다."[17] 이런 시대에 우리는 신앙을 지키고자 발버둥을 치고 있는 것이다. 사회는 중심을 잃고 무너져 내리고 있다.

이 싸움을 피할 길은 없다.

예수님의 제자로서 나는 폭력이 하나님 나라에서의 삶과 양립할 수 없다고 믿는다. 나는 문제들에 대한 창의적이고 비폭력적인 해법을 지지한다. 하지만 폭력과 힘은 다르다. 예수님의 제자로 살려면 전쟁터의 병사가 되어야만 한다. 최종 승리는 보장되어 있지만 아직 많은 전투가 남아 있고, 몸을 숨길 중립국 같은 곳은 없다. C. S. 루이스가 한 지혜로운 말처럼, "우주에 중립지대는 없다. 우주의 모든 공간, 모든 순간은 하나님이 되찾고 계신 동시에 사탄에게 공격을 받고 있다."[18]

혹여 내가 '미국을 다시 하나님께로!' 작전을 위해 이른바 디지털 의용군을 모으고 있다 생각하는가? 걱정하지 말라. 그럴 생각은 추호도 없다. '우리 VS 그들'이라는 단순한 이분법을 사용하기에는 마귀는 훨씬 더 교묘하고 지능적이다.

내가 요한복음 8장에서 찾아낸 마지막 사실은 이것이다. 예수님은 마귀의 수단이 '거짓말'이라고 밝히신다. 예수님은 마귀를 "거짓의 아비"라고 부르셨다. 해석하자면, '기만의 원점'이라는 것이다. 또한 예수님은 마귀가 "거짓을 말할 때마다 제 것으로 말하나니"라고 말씀하셨다(요 8:44).

물론 우리 대부분은 마귀와의 싸움, 혹은 흔히 말하는 영적 전쟁에 관해 이런 식으로 생각하지 않는다. 안타깝게도 요즘 영적 전쟁 신학으로 통하는 것들은 대부분 기껏해야 억측이며, 심하게 말하면 편집증적이거나 미신적이다. 단순한 운이나 우연, 자신의 어리석은 행동일 가능성이 높은 것을 마귀 탓으로 돌리는 말을 얼마나 자주 듣는지 모른다. "교회에 가는 길에 아내랑 싸웠어. 마귀한 테 넘어가다니!" 마귀? 이 세상의 통치자가 당신의 승용차에 방문했 단 말인가? 그럴지도. 하지만 단순히 당신이 서두르다가 혹은 스트 레스를 받은 상태에서 깊은 상처를 주는 말을 했을 가능성이 더 높 지 않은가?

대수롭지 않은 일에 마귀 탓을 하다 보면 진짜 마귀에 대해서 는 잊어버리기 쉽다. C. S. 루이스의 걸작 풍자 소설 《스크루테이프 의 편지 *The Screwtape Letters*》 서문에 이런 대목이 있다.

우리 인류가 악마들과 관련해서 빠질 수 있는 두 가지 동등하면서도 상반된 오류가 있다. 하나는 악마들의 존재를 믿지 않는 것이다. 다른 오류는, 악마들을 믿되 그자들에게 건강하지 못하게 과도한 관심을 쏟는 것이다. 악마들은 두 오류를 똑같이 좋아한다. 유물론자나 마술사나 똑같이 환영한다.[19]

이 시대를 사는 우리 대부분이 빠지는 오류는 마귀에 대해 "건 강하지 못하게 과도한 관심을 쏟는" 것이 아니다. 오히려 우리는 그런 사람들을 비웃는다. 지금 우리는 마귀를 완전히 무시한다. 우 리는 마귀가 매일 우리의 영혼을 공격한다는 사실을 망각한 채 살 아간다.

우리가 마음을 열어 마귀라는 개념을 진지하게 받아들인다고 해 보자. 그렇다 해도 마귀나 영적 전쟁을 생각할 때 우리 머릿속에 떠오르는 것은 대개 퇴마의식이나 불가사의한 병, 혹은 쓰나미나 허리케인 같은 자연재해다. 혹은 기이한 폴터가이스트 현상(이유 없이 이상한 소리나 비명이 들리거나 물체가 스스로 움직이거나 파괴되는 현상-편집자)이나 아이들의 무서운 악몽을 떠올린다.

물론 이 모든 것은 합당한 사례다. 실제로 사복음서를 대충 읽고서는 예수님이 말씀하신 것이 주로 이런 것이리라 예상하기 쉽다. 하지만 아이러니하게도 사복음서 전체에서 마귀에 관해 예수님이 말씀하신 가장 심도 깊은 가르침에는 이런 것들에 대한 언급이 없다. 대신, '진리'와 '거짓'을 놓고 당시 사상 지도자들과 벌이는 지적 논쟁이 나타난다.

집중해서 예수님의 가르침을 한 번 더 읽어 보라.

> 너희는 너희 아비 마귀에게서 났으니 너희 아비의 욕심대로
> 너희도 행하고자 하느니라 그는 처음부터 살인한 자요 진리가 그
> 속에 없으므로 진리에 서지 못하고 거짓을 말할 때마다 제 것으로
> 말하나니 이는 그가 거짓말쟁이요 거짓의 아비가 되었음이라 내가
> 진리를 말하므로 너희가 나를 믿지 아니하는도다.
> 요한복음 8장 44-45절

자, 이제 정리해 보자.

* 예수님은 '하나님 및 선하고 아름답고 참된 모든 것과 전쟁을
  벌이는, 보이지 않지만 지능을 지닌 존재가 있다'고 말씀하신다.
* 마귀의 최종 목표는 영혼과 사회를 파괴로 몰아가는 것이다.
  사랑을 죽이는 것이다.
* 마귀의 '수단'은 거짓이다. 그가 즐겨 사용하는 주된 술책은
  기만이다(내 요점은 이 부분이다).

귀신들림, 질병, 자연재해, 아이들의 악몽 같은 다른 모든 것들도 성경적이며 우리는 이를 진지하게 생각해야 한다. 이 모든 것은 실재다. 이에 관한 수많은 이야기를 해 줄 수 있다. 하지만 지면에 한계가 있다. 그리고 이런 주제는 다른 책들에서도 찾아볼 수 있다. 무엇보다도 이것들은 부차적이다.[20]

예수님은 마귀와의 주된 전쟁을 '거짓 대신 진리를 믿는 싸움'으로 보신다. 여기서 우리는 오래되었으나 여전히 현대인들의 관심사인 질문 하나를 던질 수밖에 없다.

진리란 무엇인가?

흐릿한 '정신 지도'를 들고 현실을 헤매다

철학 이야기를 약간 하려고 한다. 들을 준비가 되었는가? 이제 진리와 거짓의 본질을 탐구해 보자. 조금 복잡하지만 충분히 이해하리라 믿는다.

자, 진리란 무엇인가?

"현실 혹은 현실과 일치하는 것." 이것이 내가 아는 '진리'에 관한 최상의 정의다. 형이상학의 숲에서 길을 잃기 쉬우니, 우리의 목적에 맞게 쉽게 말하자면, 진리는 우리가 실질적인 것으로서 의존할 수 있는 것이다. 예를 들어, 내가 앉아 있는 의자는 현실이다. 내가 마시고 있는 공기는 현실이다. 예수님은 현실이다.

"잘못되었을 때 부딪히는 것." 이것이 내가 아는 '현실'에 관한 최상의 정의다. 내가 날 수 있다고 믿고서 10층 빌딩 꼭대기에서 뛰어내리면 몇 초 후에 나는 현실에 부딪힌다. 부딪혀 봐야 현실을 안다는 말도 있지 않은가.

무언가를 거짓이라고 부르면 그것이 현실과 맞지 않는다는 뜻이다. 예를 들어 보겠다. 내가 우리 아들들에게 "이 젖은 수건을 누가 바닥에 놨어?"라고 묻자 주드가 "저는 아니에요"라고 답한다. 그때 모토가 옆에서 "에이, 거짓말!"이라고 외친다면, 그것은 곧 "네 주장은 현실과 맞지 않아"라고 말하는 것이다(참고로 이것은 어디까지나 가상의 시나리오다).

진리는 현실이다.

거짓은 비현실이다.

아주 간단하다. 하지만 한 겹 더 깊이 들어가 보자. 우리 모두
는 심리학자들이 말하는 현실에 대한 정신 지도에 따라 산다.[1] 정신
지도는 우리가 세상을 헤쳐 나가기 위해 사용하는 마음속 기준점이
다. 신경생리학자들은 인간의 마음이 이야기를 만들어 내도록 설계
되었다고 설명한다.[2] 사회학자들은 이를 세계관이라 말하고, 예수
님의 제자들은 주로 믿음이라 말한다. 용어는 달라도 다 같은 개념
이다.

정신 지도라는 개념은 정말 유용하다. 생각해 보라. 우리는 집
에서 직장까지 가는 길과 같은 식으로 실제로 정신 지도를 사용한
다. 21번 도로를 타고 가다가 좌회전해서 간선도로를 타고 가다가
첫 번째 출구로 빠져서⋯⋯ 정신 지도가 맞다면, 현실과 일치한다
면, 자동차나 버스를 타고 몇 분 뒤에 목적지에 도착하게 된다. 하지
만 정신 지도가 맞지 않다면, 현실과 일치하지 않는다면, 휴대폰 신
호가 터지지 않거나 구글 맵이 먹통인 오지에서 길을 잃을 수 있다.

비유를 확장해 보자. 우리는 직장이나 학교, 좋아하는 커피숍
까지 가는 지도를 갖고 있는 것처럼 삶의 모든 것에 정신 지도를 갖
고 있다. 돈에 관한 지도, 성性에 관한 지도, 관계에 관한 지도. 정신
지도는 '개념들의 집합'으로 이루어진다. 달라스 윌라드는 개념을
"현실에 대한 가정"으로 정의했다. 개념이란 특정한 증거나 경험을
바탕으로 해서, 삶이 실제로 돌아가는(작동하는) 방식에 관한 실용적
인 이론을 만들어 낸 것이다. 보다 미국스러운 언어를 쓰자면, 개념

은 우리를 행복하게 만들어 줄 방법이다.³

마음의 변화를 다룬 윌라드의 책《마음의 혁신*Renovation of the Heart*》은 영적 전쟁을 바라보는 내 시각을 완전히 바꾸었다. 그 내용을 간략히 소개해 보겠다. 우리는 '개념들의 세상'에서 살고 있으며, 매일 믿음으로 이 세상을 헤쳐 나간다. 행복은 하나의 개념이다. 민주주의, 인권, 평등, 자유도 개념이다. 심지어 이 책 안에 가득한 신학도 하나님에 관한 개념들의 집합, 그리고 그것들이 우리 인간에게 무엇을 의미하는지를 다루는 학문이다. 이런 개념들이 합쳐져 우리가 현실을 헤쳐 나가기 위해 사용하는 정신 지도를 형성한다.

잘 따라오고 있는가? 좋다. 이제부터 흥미로워지기 시작한다. 인간의 경이는 '현실과 일치하는 개념들'과 '현실과 일치하지 않는 개념들'을 머릿속에 품을 수 있다는 것이다. 다시 말해, 우리는 실재하는 것과 실재하지 않는 것을 상상할 수 있다. 이것이 인간과 다른 동물들의 차이점이다. 당신이 혹여 인류의 기원에 관한 진화론적 설명을 믿는다 해도(물론 나는 믿지 않는다) 유발 노아 하라리의《사피엔스*Sapiens*》같은 책에 소개된 최근의 연구 결과들은 원숭이에서 호모 에렉투스와 호모 사피엔스를 거쳐 진보적이고 세속적인 인문주의자에 이르는 직선적인 진화는 사실이 아니라고 밝힌다. 이제 많은 과학자들은 인간의 조상이 되는 온갖 종들이 동시에 지구상에 존재했다고 생각한다. 무신론자인 하라리는 '호모 사피엔스'가 우세한 종이 된 것은 덩치나 힘, 심지어 다른 네 손가락과 맞닿아 물건을 쥘

수 있는 엄지의 능력이 아니었다고 주장한다. 열쇠는 '상상하는 능력'이었다는 것이다.[4]

우리는 존재하지 않지만 존재할 수 있는 것을 상상하는 능력을 지닌 유일한 피조물이다. 당연히, 비현실에는 부정적인 측면이 있다. 거짓이나 망상을 믿는 능력이 그렇다. 하지만 긍정적인 측면도 있다. 상상하는 능력이 그렇다. 이 능력은 인류 사회의 기적을 가능하게 한다. 우리는 이상적인 사회라는 비현실을 상상한 다음, 그것을 현실로 이루기 위해 함께 노력할 수 있다. 우리는 마을, 도시, 문명을 만들 수 있다.

이 능력은 소설 창작에서 빵 굽기와 앱 프로그램 만들기, 집짓기, 창업, 작곡까지 '모든' 창의적 활동을 가능하게 한다. 우리는 아직 존재하지 않는 무언가를 머릿속에 그린 뒤에 우리의 몸을 통해 그 비현실을 현실로 이룰 수 있는 능력을 갖추고 있다. 우리는 단순히 머핀을 굽는 것이 아니다. 머릿속에 개념을 품은 뒤에 몸을 사용하여 새로운 현실을 창출하고 있는 것이다. 정말 멋지지 않은가!

그런데 문제가 있다. 비현실을 머릿속에 품는 능력은 우리의 천재성일 뿐 아니라 우리의 아킬레스건이기도 하다. 우리는 비현실을 상상할 뿐 아니라 그것을 믿을 수 있기 때문이다. 우리는 사실이 아닌, 나아가 거짓인 개념을 믿을 수 있다.

달라스 윌라드는 이렇게 말했다. "우리는 참으로 개념들의 통제 아래서 살고 있다."[5] 우리가 머리로 믿고 몸으로 보내는 개념들이 우리 영혼의 궤적을 형성하기 때문이다. 다시 말해, 개념들은 우리가 어떻게 살고 무엇이 될지를 결정한다. 진리(현실과 일치하는 개념들)를 믿으면 현실에 맞게 살아서 번영하게 된다. 우리의 몸과 성^性을 사용하고 개인적인 관계를 맺고 무엇보다도 하나님께 다가가는 방식이 창조주의 지혜 및 그분의 선한 뜻과 일치하게 된다. 그 결과, 행복해진다.

하지만 거짓(하나님이 지혜와 사랑으로 설계하신 현실과 일치하지 않는 개념들)을 믿으면 안타깝게도 우리의 몸이 그런 거짓에 열린다. 거짓이 우리의 근육 기억 속으로 들어온다. 그래서 암적 사상이 우리의 영혼을 감염시킨다. 현실과 충돌하며 살고, 그 결과, 번영하지 못한다. 현실이 우리의 망상에 맞춰 변해 주지 않기 때문이다.[6]

민감한 주제이지만 우리 세대의 중요한 도덕적 문제이기 때문에 단순히 무시하고 넘어갈 수 없는 문제를 예로 들어 보겠다. 바로 성 문제다. 이 글을 읽는 동안 내가 정치인이 아니라 목사라는 사실을 기억해 주길 바란다. 내 목표는 어떤 법을 제정하려는 것이 아니라 당신의 영혼을 하나님 안에서의 진정한 치유로 이끄는 것이다. 나는 세속주의자들이 그리스도인처럼 사는 것을 기대하지 않는다. "밖에 있는 사람들을 판단하는 것이야 내게 무슨 상관이 있으리요"(고전 5:12).[7] 성령의 역사는 밖으로 향해 남들을 비판하는 것이 아니라 안으로 향해 우리 자신을 깨우치는 것이다. 나는 문화를 비판하려는 것이 아니다. 문화를 통제할 생각은 더더욱 없다. 나는 반문화를 확대하려는 것이다.

1960년대 성 해방 혁명은 일련의 결과를 낳았다. 먼저, 성과 생식을 별개로 여기는 산아제한과 낙태 합법화의 분위기 속에서, 결혼과 성을 별개로 여기는 성적 타락에 관한 오랜 도덕적 합의가 깨지기 시작했다. 이는 언약을 계약으로 전락시키고, 성을 친밀함 및 정절과 별개로 여기는 무과실 이혼(당사자 쌍방의 책임을 묻지 않는 이혼으로, 특정 사유 없이 이혼이 가능하다)으로 이어졌다. 이어서 성을 로맨스와 분리시켜 단순히 욕구를 채우는 수단으로 전락시킨 데이팅 앱, 원 나이트 스탠드로 불리는 하룻밤 섹스 문화가 나타났다. 그다음에는 성을 남녀 이분법에서 분리시킨 LGBTQ(레즈비언, 게이, 바이섹슈얼, 트렌스젠더, 퀴어) 운동, 성별을 생물학적 성에서 분리시키려는 시도인 현재의 트랜스젠더 열풍이다. 또한 두 사람만의 관계에서 벗어나려는 폴리아모르 운동(다자성애)이 이제 막 태동하고 있다.

이런 분위기에서 아무도 이런 질문조차 하지 않고 있는 듯하다. "이것이 우리를 더 좋은 사람들로 만들었는가? 이것이 우리를 더 사랑 많은 사람들로 만들었는가? 이것이 우리를 더 행복한 사람들로 만들었는가? 우리가 '성 해방' 이전보다 번영하고 있는가?" 다들 그냥 제멋대로 가정하고만 있다.

다시 말하지만, 개념은 '현실에 대한 가정'이다. 하지만 몇 가지 연구 결과를 생각해 보라. 흥미롭게도 1960년대 이후로 미국의 행복 수준은 꾸준히 하락했다. 분명한 인과관계가 밝혀진 것은 아니지만 우연도 이런 우연이 없다.

애착 이론과 관련된 몇 가지 크게 불편한 사실들도 주목할 가치가 있다. 문화적 내러티브는 다르게 말하고 있지만 이혼은 연령대를 막론하고 모든 아이들에게 충격적인 사건이다. 이혼이 '친밀하고 건강한 관계를 맺지 못하는 성인들의 숫자가 증가하는 현상'과 직접 관련이 있다는 연구 결과가 이어지고 있다.[8] 심리학자들은 '확실한 애착'을 가진 사람들의 숫자가 줄어드는 상황이 우리 사회에 큰 해를 입히고 있다고 진단한다.

사회는 이혼을 가부장 구조에서 해방된 사례로 내세우지만, 이혼이 남성들에게 절대적으로 유리한 쪽으로 이루어져 왔다는 사실을 생각해 보라.[9] 혼전동거를 하는 커플이 결혼할 가능성이 적고,[10] 결혼하더라도 이혼할 가능성이 높으며,[11] 대개 장기적으로 남들을 신뢰하지 못하게 된다는[12] 조사 결과를 생각해 보라.

성관계 도중 몸에서 분비되어 애착 시스템을 가동시켜 두 사람이 서로 연결되게 만드는 두 호르몬인 옥시토신과 바소프레신에 관한 연구를 생각해 보라. 성관계 파트너가 많을수록 친밀함은 줄어드는 것으로 보인다.[13]

낙태가 여성의 정신적·육체적 건강에 미치는 영향에 관한 데이터는 문서화는 잘 되어 있지만, 그에 관한 진지한 토론은 거의 이루어지지 않고 있다.[14] 어떤 이들은 좌파가 이 데이터를 제대로 알면 현재의 강경한 입장을 바꿀 것이라고 생각한다.

아이들의 25퍼센트는 집에 아버지가 부재한 채로 어린 시절의 일부를 보낸다.[15] 이 경험이 남녀를 막론한 아이들에게 악영향을 미친다는 증거가 무수히 많다.[16]

트랜스젠더들을 위한 성전환수술과 호르몬 요법은 그들의 정서적 건강(이 수술과 요법을 하는 주된 이유)에 도움이 되지 않는다.[17] 포르노는 갈수록 점점 더 폭력적이고 여성 혐오적이며 잔인해지고 있다. 현재 포르노는 의도적으로 아동들을 겨냥한 수십억 달러 규모의 산업으로 발전했다.[18]

미투 운동이 연일 뉴스 일면을 장식했지만 아이러니하게도 당시, 남성의 성적 지배에 관한 이야기인 《그레이의 50가지 그림자 Fifty Shades of Grey》는 가장 많이 팔린 베스트셀러 시리즈이자 역대 가장 큰 수익을 기록한 영화 시리즈 중 하나가 되었다.[19] 성폭력과 성폭행은 개선되기는커녕 더 악화되었다. 통계상으로, 여성 네 명 중 한 명이 평생 한 번 이상 성폭력을 경험하고 있다. 강간 문화는 큰 문제다. 가장 자유주의적이고 진보적인 엘리트 대학들에서도 사정은 별로 다르지 않다. 이런 주제를 놓고 토론이 이루어지더라도 이런 사실들은 거의 언급되지 않는다.

나는 성적 한계를 모르는 도시에서 목회를 하고 있다. 이곳에서는 우드스탁 페스티벌의 안 좋은 여파가 계속되고 있다. 그래서 화가 나는 것은 아니다. 단지 슬플 뿐이다. 사람들, 특히 취약한 사람들의 영혼에 미치는 악영향이 심히 걱정스럽다.

메리 에버슈타트는 *Adam and Eve After the Pill*(알약을 먹은 이후의 아담과 하와)이라는 책에서 다음과 같이 말했다.

> 기존의 묘사와는 정반대로 성 혁명은 많은 남녀에게 재난이었다.
> …… 그 무게는 사회의 가장 작고 약한 어깨들을 무겁게 짓눌러 왔다.
> 반면, 가장 강하고 가장 약탈을 저지르는 자들에게 더 많은 힘을
> 부여했다.[20]

'해방'은 오히려 예속처럼 보이기 시작했다.

'성적 욕구에 관한 수천 년간 쌓인 인류의 지혜'에 쏟아지는 지금의 무차별 폭격은 실제 상황이다.

현재 세상의 주된 개념(즉 현실에 대한 실용적인 이론)은 인간이 단순히 시간과 운의 도움으로 지구상의 우점종優占種으로 진화한 동물에 불과하다는 것이다. "일부일처제는 자연스럽지 않다. 다른 동물들에게서는 좀처럼 볼 수 없기 때문이다. 사실, 남성들은 종의 생존을 위해 최대한 많은 여성에게 씨를 퍼뜨리도록 진화했다." 이는 "남자가 다 그렇지"라는 말을 진화생물학적으로 표현한 것이다.

이런 개념은 이런 생각으로 이어질 수밖에 없다. '섹스는 성인들을 위한 놀이일 뿐이야. 뭘 그렇게 심각해? 섹스는 그냥 동물적인 쾌락이라고. 굶주림이나 갈증과 다를 바 없어. 결혼을 원한다면 해도 좋아. 원하는 대로 해. 하지만 서로 잘 맞는지 확인하기 위해서

최소한 얼마 동안이라도 함께 살아 봐야지. 맞지 않는다면 결혼 전에 헤어져야 해. 중요한 건 각자의 행복이니까'(어차피 삶에 의미는 없다. 삶은 그저 영광스러운 우연일 뿐이다). 물론 이런 시각에서는 결혼, 성 규범, 심지어 성 자체도 대개 엘리트들이 권력을 유지하기 위해 만들어 낸 사회적 구조일 뿐이다.

성에 관한 세속적 관점은 많은 면에서 일리가 있다. "가부장주의는 여성들에게 온갖 끔찍한 피해를 입혔다. 이것을 부인하는 것은 있을 수 없는 일이다. LGBTQ 성향의 사람들이 받은 대우는 처참하다. 심지어 기독교인들도 거기에 가담했다. 폭력은 실질적이다. 우리는 이 폭력을 멈추기 위해 애를 써야 한다. 성별의 표현은 문화마다 다르다. 그리고 성적 욕구는 좋은 것이다. 하나님이 직접 설계하신 것이다. 성적 욕구는 인간의 핵심 중 하나다. 우리는 죄를 짓기 전부터 성적인 존재였다. 따라서 성적 욕구를 피해서는 안 되고 그것이 어떤 형태든 간에 축하해야 한다."

나는 우리 세대가 평등과 인간 존엄을 지지하는 것에는 박수를 보낸다. 하지만 과학적·역사적 데이터에 대한 이런 해석은 심각한 문제점을 안고 있다. 전반적으로 이 해석은 '현실과 일치하지' 않으며, 현실은 우리의 욕구나 느낌, 그릇된 생각에 맞춰 변해 주지 않는다. 그러므로 이 해석은 건강과 행복으로 이어지지 않는다. 이어질 수 없다, 절대.

지금까지 오랫동안 이어져 온 정서, 관계, 가족, 사회, 정치의 몰락은 우리의 정신 지도가 잘못되었다는 분명한 증거다. 현재의 상황들은 우리의 정신 지도가 우리를 위험한 구역으로 점점 더 깊이 끌고 가고 있다는 사실을 매일같이 확증해 준다.

전에 썼던 책 *Garden City*(전원 도시)에서 나는 기독교 전통이 인간의 직업을 '혼란 가운데 질서를 세우는 것'으로 이해했다는 점을 이야기했다. '질서를 세우는 것'은 혼란스러운 지구를 동산 같은 도시로 바꿔 인류가 서로, 하나님과, 지구와 조화로운 관계 속에서 번영하도록 만드는 것이다. 이 일에 우리가 사용하는 단어는 '문화'다.

우리는 사회학자 필립 리프가 "반대 문화anti-culture"[21]라고 부르는 흥미로운 흐름 속에서 살고 있다. 매우 강력한 문화적 흐름이 '질서를 혼란으로 바꾸고' 있다. 이전 세대에서 전해 내려온 질서가 허물어지고 있다.

최근 '질서'라는 개념은 정치적으로 이용되어 왔다. 하지만 여기서 나는 구조적 인종주의나 경찰의 과잉진압이 표방하는 질서를 말하는 것이 아니다. 여기서 나는 문화, 지역, 세대를 초월하여 수천 년 동안 이어져 온 '현실과 일치하고 세월의 검증을 거친 인류 번영의 길'을 말하는 것이다. 인류는 불과 몇 십 년 사이에 이 길의 많은 부분을 헌신짝처럼 내던졌다. 이 길이 참인지 아닌지를 깊이 조사하거나 탐구해 보지도 않고서 말이다.

지금 우리가 전통적 가치라고 부르는 것들은 예수님이 처음 주창하실 때만 해도 모두 파격이었다. 이것들이 결국 규범으로 채택

된 것은 "인간의 본질에 대한 고도로 정교하고 매우 지혜로운 관점"에 근거했고, 무엇보다도 잘 통하기 때문이다.[22] 예수님의 비전 안으로 들어가면 번영한다.

이 반문화가 더 나은 세상을 만들지, 아니면 이미 휘청거리는 세상을 아예 무너뜨릴지는 시간이 말해 줄 것이다. 나는 후자가 될까 봐 두렵다. 안타깝게도, 세상이 타의로 현실을 마주할 즈음이면 이미 우리 사회는 회복 불능의 상처를 입은 뒤일 가능성이 높다. 현실에 정면으로 맞서서는 이길 수 없다. 철학자 H. H. 파머는 말한다. "우주의 흐름을 거스르면 박살난다."

우리가 삶을 헤쳐 나가기 위해 사용하는 개념들의 집합, 곧 우리의 정신 지도는 틀릴 수 있다는 것이 '냉엄한 현실'이다. 때로는 지독하게 틀릴 수 있다.

자, 숨을 깊이 들이마시라. 그리고 내쉬라. 이 모든 내용을 예수님과 마귀에 관한 그분의 가르침이라는 틀에 넣어 보자.

이것이 예수님이 마귀를 "거짓의 아비"(요 8:44)라 부르신 이유다. 사실, 이 표현이 나오는 요한복음 8장의 맥락은 창세기 3장에 기록된 하와와 뱀 이야기를 암시하고 있다. 이 이야기는 다음 장에서 깊이 파헤칠 것이다. 여기서는 단지 마귀가 기관총이나 전투 드론을 갖고 하와를 찾아가지 않았다는 점을 짚고 가자. 마귀는 '개념'을 갖고 하와에게 접근했다.[23] 더 구체적으로는, '거짓'으로 하와를 공격했다. "너희가 결코 죽지 아니하리라"(창 3:4).

M. 스캇 펙은 역작《거짓의 사람들_People of the Lie_》에서 마귀를 "실재하는 거짓의 영"이라고 불렀다.[24] 펙이 40대에 예수님을 영접했을 때 현실에 대한 그의 관점이 완전히 뒤집혔다. 유명한 정신과 의사였던 펙은 이전에 무시했던 마귀 같은 개념들에 관해 생각하기 시작했다. 그러고 나서 특별히 악에 관한 한 질문에 자신의 탁월한 지성과 최고의 연구 기술을 적용했다. "악에 사로잡힌 것처럼 보이는 사람들은 어떻게 해서 그렇게 된 것인가?"

그가 내린 첫 결론은 세상에 악한 사람들이 있다는 것이었다. 보통 사람들은 이 말을 듣고 '당연하지. 그건 지구가 둥근 것과 같은 사실이지'라고 생각한다. 하지만 과학계에서 이것은 금기를 깨는 것이다. 과학은 편향 없이 객관적이어야 한다. 하지만 누군가가 악하다고 주장하는 것은 선과 악이 존재한다고 믿는 것이다. 이것은 상식은 될 수 있지만 과학적으로는 이단이다.

펙이 내린 두 번째 결론이자 더 흥미로운 내용은, 바로 사람들이 악해질 때 '거짓을 통해' 악해진다는 것이다. 그가 가진 기본 명제는 우리가 거짓을 믿고 그 거짓을 몸으로 받아들이면 그 거짓이 마치 진리의 뒤집힌 그림자처럼 된다는 것이다. 심리학자 데이비드 베너는 이렇게 말했다. "거짓을 말하는 것이 아니라 거짓에 따라 살게 된다."[25]

예를 들어, 자신이 사랑스럽지 않다는 거짓을 믿는다고 해 보자. 인생을 살다가 어디선가 이 거짓을 받아들이거나 부모와의 망가진 관계나 이별, 실패, 마귀의 역사 등을 통해 이 거짓을 믿게 되었다고 해 보자. 이 거짓을 내 몸, 내 신경생물학적 구조 안에 받아들이면 이 거짓이 내 행동을 좌지우지한다.[26] 그러면 내가 사랑받을 가치가 없다고 믿기 때문에 남들이 나를 무례하거나 모욕적으로 대하도록 허용하게 된다. 혹은 내가 무례하거나 모욕적인 방식으로 행동하게 된다. 오랫동안 이 거짓에 따라 살다 보면 거짓이었던 것이 점차 '진짜'가 되기 시작한다. 결국 실제로 사랑과 존중을 받을 가치가 없는 사람이 되어 버린다. 갈망하는 관계들로부터도 스스로 멀어지게 된다.

영혼의 다른 모든 상처와 마찬가지로, 이것도 사랑의 관계들과 진리를 통해 치유될 수 있다는 점을 꼭 말하고 싶다. 예수님이 "아버지"라 부르신 하나님과 그분의 가족인 교회와 사랑의 관계를 맺고, 하나님의 아들이나 딸로서 자신의 정체성에 관한 진리를 받아들이면 얼마든지 치유가 가능하다.

거짓은 우리 영혼을 왜곡시키고 우리를 파멸로 몰아간다.

지금 미국에서는 언론의 자유를 놓고 격렬한 논쟁이 벌어지고 있다. 미 헌법 수정 제1조를 제한해야 한다는 목소리가 높아지고 있다. 나는 검열보다 언론의 자유를 옹호하는 쪽이지만 말이 해를 끼칠 수 있다는 점에는 전적으로 동의한다. 개념은 무기화될 수 있다.

우리의 기억 속에 여전히 살아 있는 쉬운 예로 나치 독일을 들 수 있다. 〈인디애나 존스Indiana Jones〉에서 〈조조 래빗Jojo Rabbit〉에 이르기까지 20세기 독일에 관한 많은 풍자 속에서 독일이 당시 서구 문명의 정점에 있었다는 사실을 망각하기 쉽다. 당시 독일은 영국 과 동급 이상이었고, 미국을 훨씬 앞지르고 있었다. 예술에서 건축, 문학, 시, 인문학, 과학, 기술까지 어떤 잣대로 봐도 독일은 탁월했 다. 심지어 신학에서도 다른 국가들을 앞질렀다. 독일은 루터와 종 교개혁의 탄생지였다. 그런데 불과 몇 십 년 만에 독일 사회 전체는 '개념들'에 의해 타락했다. 인종에 관한 개념, 국가주의에 관한 개념, 하나님에 관한 개념. 이 개념들은 유럽을 넘어 전 세계를 혼란에 빠 뜨렸다.

이렇듯 개념은 위험할 수 있다. 달라스 윌라드의 말이 옳다. "개념은 인간 자아와 사회 속에 있는 악의 주된 견고한 진이다."[27] 개 념은 단순히 우리의 뇌에서 신경세포들이 연결되어 형성되는 것이 아니다. 오래전 에바그리우스 폰티쿠스가 주장한 것처럼 개념은 우 리 영혼을 속박시키는 영적 실체다. 압제자가 아니라 개념이 우리 를 속박하고 있다.

최근 압제의 위협에 관한 이야기가 많지만, 우리는 이념적 압 제가 정치적 압제보다 훨씬 더 큰 위협이라는 사실을 망각하고 있 다. 사실, 정치적 압제는 이념적 압제를 바탕으로 하는 것이다.

저명한 학자 한나 아렌트는 1951년에 발표한 중요한 책《전체 주의의 기원*The Origins of Totalitarianism*》에서 이렇게 말했다. "전체주의 통치의 이상적인 대상은 설득을 당한 나치나 공산주의자가 아니라

참과 거짓을 …… 더 이상 구분하지 못하는 사람들이다."[28]

비슷한 시기에 윈스턴 처칠은 냉전 이후 세상에 관해 생각하면서 예언자적인 말을 했다. "미래의 제국들은 마음mind의 제국들이다."[29] 그는 미래 시대의 전쟁은 폭탄이 아닌 개념들의 전쟁일 것이라 내다보았다. 해외 특파원 데이비드 패트리카라코스는 *War in 140 Characters: How Social Media Is Reshaping Conflict in the Twenty-Frist Century*(140명 인물들 속의 전쟁: 21세기에 소셜 미디어가 전쟁의 방식을 어떻게 바꾸고 있는가)라는 책에서 이제 전쟁은 더 이상 영토가 아닌 이념에 관한 전쟁이라고 주장했다. 이것이 미국이 테러와의 전쟁에서 이길 수 없는 이유다. 지하드는 이념이며, 탱크로는 이념과 싸울 수 없다. 그렇게 싸우려고 해 봐야 테러의 불에 기름을 더 붓는 결과만 낳을 뿐이다.

이것이 나머지 세상에 자신들의 제품을 수출하는 것을 넘어 새로운 성 개념까지 강요하는 서구 엘리트들의 시도에 대한 반발이 거센 이유이기도 하다. 교황 프란치스코는 서방의 "이념적 식민지화"를 비난했다.[30] 마침내 소수 민족에 대한 식민지화의 참담한 여파에 관한 솔직하고도 심도 깊은 대화가 이루어지고 있다. 여러모로 진보 진영은 이 대화를 주도해 왔다. 이 점에 대해서는 매우 감사하다. 팀 켈러 목사에서 소설가 제이디 스미스까지 많은 사상가들은 개인주의를 강조하고 하나님을 부인하며 전통적 가족을 해체하려는 세속주의적 움직임이 19세기 제국주의만큼(그것보다 더는 아니더라도) 토착 문화들에 파괴적이라고 지적한다.[31] 내 친구이자 문화 분석가인 마크 세이어스는 이것을 "서구 지상주의Western supremacy"라 불렀다. 세상에 '백인주의'를 강요하는 것은 부당한 일이다.

하지만 어떤 이들에게는 '서구주의'(특히 성에 관한 서구의 관념들)를 세상에 강요하는 것이 괜찮은 정도가 아니라 좋은 일이다. 모순이 보이는가?

목사로서 나는 사회정치적 스펙트럼 전체를 아우르는 다양한 사람들과 마주앉아야 한다. 그런데 지난 몇 년간 좌파와 우파 모두에서 이념에 사로잡힌 사람들을 너무도 많이 보았다. 그들을 볼 때마다 가슴이 찢어진다. 이념은 우상숭배의 일종이다. 그것은 삶에 대한 형이상학적 의미를 찾으려는 시도, 하나님 없이 유토피아로 들어가는 길을 찾으려는 세속적 시도다. '이념'에 대해 내가 아는 가장 정확한 정의는, 진리의 일부를 가져다가 전체로 삼는 것이다. 그렇게 할 때 우리는 정신과 마음을 스스로 거짓의 감옥에 가두며, 그 거짓은 우리를 분노와 불안으로 몰아간다. 이념은 자유를 약속하지만 오히려 정반대의 것을 낳는다. 이념은 영혼을 확장하고 해방시키기는커녕 위축시키고 속박시킨다.

하지만 어쩌면 내가 핵심을 잘못 짚고 있는 것인지도 모른다. 문화 전쟁에서 작용하고 있는 이념의 거짓을 지적하기란 쉽다. 하지만 우리를 공격하는 거짓말의 대부분은 일면 기사나 온라인 논쟁에 등장하지 않는다. 이를테면 다음 같은 거짓말이 그렇다.

* 아버지에게 꾸지람만 듣고 자라서 '내 가치가 직장에서의 성공에
달려 있다'라고 믿는 성인 남자.

* 자기 모습을 인스타그램 피드의 사진들과 비교하면서 '나는
사랑받을 수 없을 만큼 못 생겼다'라고 믿는 10대 청소년.

* 어린 시절 에너지가 넘치는 아이였지만 늘 부모에게 혼이 나
이제는 '나는 나쁜 사람이다'라고 믿는 목사.

* 동업자의 배신으로 사업에 실패한 뒤 이제 '내가 손대는 일마다
모두 실패할 것이다'라고 믿는 사업가.

* 다혈질의 완벽주의자 어머니 밑에서 자란 탓에 수십 년이 지난
지금도 '완벽해야 평안해질 수 있다'라고 믿는 중년 여성.

익명 보장을 위해 세부 내용은 바꾸었지만 이것들은 가상의 사
례가 아니다. 실제로 수많은 사람이 목사인 나를 믿고서 털어놓은
수많은 이야기 가운데 몇 가지를 소개한 것이다. 내가 아는 사람들
중에 어느 정도라도 거짓의 속박 아래서 살지 않는 사람은 없다.

우리가 믿게 된 거짓을 마주하는 것은 두려운 일일 수 있다. T.
S. 엘리엇은 이렇게 말했다. "인류는 현실을 도무지 견뎌 낼 수 없
다." 우리가 부여잡고 있는 환상은 우리 정체성의 일부, 나아가 우리
안정의 근거가 된다. 거짓은 우리를 두려움이라는 감옥에 가두면서
도 안전하다고 느껴지게 한다. 그래서 우리 영혼의 토양에서 거짓
을 뽑아내면 고통스러울 수 있다. 데이비드 포스터 월리스는 이렇

게 말했다. "진리는 당신을 자유롭게 할 것이다. 하지만 그 작업이 끝날 때까지는 자유로울 수 없다."[32] 하나님 앞에서 현실을 '있는 그대로' 직시할 때만 평안을 찾을 수 있다.

기만적인 개념들의 형태로 찾아오는 거짓은 인간들과 인간 사회를 파괴의 악순환에 속박시키려는 마귀의 주요 수단이다. 이것은 우리를 에덴에서 점점 더 멀어지게 만든다. 그래서 예수님이 오셨다. 진리이신 예수님이 친히 진리가 무엇인지 말씀해 주시고, 우리에게 현실에 대한 정신 지도를 주셨다. 우리가 '삶이 실제로 작동하는 방식'에 따라 살도록 우리를 해방시키셨다.

"진리를 알지니 진리가 너희를 자유롭게 하리라"(요 8:32). 예수님의 이 말씀은 지금 우리가 거짓에 속박되어 있다는 뜻이기도 하다. 우리는 현실에 관한 거짓된 개념들의 압제에 짓눌려 있다. 이 개념들이 우리를 사로잡아 고통을 겪게 한다. 바울이 말한 것처럼, 우리는 "마귀의 올무"에 갇혀 있다(딤후 2:26).

예수님은 진리의 무기로 우리를 해방시키려고 오셨다. 이것이 예수님이 폭력을 사용하지 않고도 마귀를 이기실 수 있었던 이유다. 예수님은 빌라도 앞에서 재판을 받으실 때 왕이냐는 질문을 받으셨다. 그때 예수님의 대답은 불가사의하면서도 놀라웠다. "네 말과 같이 내가 왕이니라 내가 이를 위하여 태어났으며 이를 위하여 세상에 왔나니 곧 진리에 대하여 증언하려 함이로라"(요 18:37).

이에 빌라도는 "진리가 무엇이냐"라고 반박했다(요 18:38). 이 관점은 미셸 푸코 같은 20세기 프랑스 철학자들에 이르러 만개한다. 여기서 예수님께서는 진리가 '알' 수 있는 대상이었다는 점에 주목해야 한다. "진리를 알지니 진리가 너희를 자유롭게 하리라." 이것이 우리에게는 다소 이상하게 들릴 수 있다. 우리 대부분은 예수님을 따르는 삶이 지식의 삶이 아닌 믿음의 삶이라고 배웠다. 그리고 지식과 믿음은 정반대라고 배웠다.

과연 그럴까?

꼭 그렇지는 않다.

이제 우리는 달라스 윌라드가 말한 "도덕적 지식의 실종"[33]을 마주하고 있다. 그의 갑작스러운 죽음 이후에 이와 같은 제목으로 출간된 책은 그가 철학 발전에 기여한 많은 부분 가운데서도 큰 자리를 차지한다.

이번 장을 끝내기 전에 윌라드의 명제를 간단하게 살펴보겠다. 서구가 세속화되면서 권위의 중심은 '하나님, 성경, 교회'에서 계몽운동의 3대 기둥인 '과학, 연구, 대학'으로 이동했다. 세속적 권위의 이 세 중심은 우리가 알 수 있는 것들을 다시 정의했다. 수학과 생물학 같은 것들은 알 수 있고, 옳고 그름과 하나님 같은 것들은 알 수 없다고 말이다. 그로 인해 종교와 윤리 같은 주제는 믿음의 영역으로 이동했다. 그리고 대부분의 사람들에게 믿음은 '의견이나 느낌, 단순히 희망적인 사고'를 의미한다.[34] 세상이 글로벌화되고 우리가 다른 종교적 세계관들을 더 잘 알게 되면서 서구인들은 종교를 '알 수 있는 유형의 것들'이 아니라, '사적이고 치료적인 목적을 위한 의견들'의 집합으로 보기 시작했다. 일부 사람들은 푸코 같은 포스트모더니스트들의 관점을 받아들여 지식, 심지어 진리 자체도 일종의 억압이라고 주장하기까지 했다.

이 나라에서 이런 변화를 가장 뚜렷하게 볼 수 있는 영역은 교회와 국가의 분리다. 원래 국가가 교회에 개입하지 못하도록 막기 위해 시작된 정교의 분리는 수 세기 동안 돌연변이를 겪었다.[35] 이제 대부분의 미국인들은 교회가 국가에 개입하지 못하도록 막는 것에 초점을 맞춘다. 즉 우리는 종교가 사적 문제이기 때문에 공적 영역에 개입해서는 안 된다고 생각한다. 정부와 교육 기관들 건물마다 '진리veritas'와 '덕virtus'에 관한 성경과 라틴어 저작들의 인용문을 아로새겼던 미국 초기 정부와 대다수 대학의 설립자들에게 그런 말을 하면 과연 어떤 반응이 돌아올까?

이 새로운 틀은 '신학, 윤리, 삶의 의미' 같은 것들이 '알 수 없는 것들'이라고 가정한다. 예수님에 대한 믿음이 현실에 대한 지식을 바탕으로 한다고 믿는다면 '생물학과 국가', '수학과 국가', '구조공학과 국가'의 분리를 말할 수 없는 것만큼이나 '교회와 국가'의 분리에 관한 이야기는 더 이상 없을 것이다.[36]

오해하지는 말라. 기독교 버전의 샤리아 법이나 레위기 법을 정부에서 강제해야 한다고 주장할 생각은 추호도 없다. 다시 말하지만 여기서 정치적인 의도는 조금도 없다. 내 관심사는 어디까지나 예수님의 제자들을 향해 있다. 여기서 내 의도는 예수님의 정신 지도에 대한 당신의 믿음을 강화하는 것이다.

우리는 선, 악, 하나님 같은 종교적 개념들이 알 수 없는 것이며 믿음으로 받아들일 수만 있는 것이라고 배웠다. 때로는 교회가 이 런 세속적 관점을 지지하고 조장했다. 하지만 예수님과 성경 기자 들에게 믿음은 지식을 바탕으로 한 것이었다. 믿음은 지극히 현실 에 근거한 것이다.

하지만 대다수 서구 신자들이 복음서나 성경 전체에 접근하는 방식은 이와 전혀 다르다. 연구 결과가 성경의 어떤 진리를 증명해 주었다는 기사가 가끔 나온다. 내가 최근에 읽은 "주는 것이 받는 것 보다 복이 있다"(행 20:35)에 관한 기사가 그렇다(짧은 버전: 많이 베풀수록 더 행복해진다). 이런 기사를 보면 우리는 '아, 그렇군, 이제 이것이 참인 줄 알겠어'라고 생각한다. 전에는 믿기만 했지만 이제는 안다는 뜻 이다.

나는 요즘 들어 설교를 할 때 사회과학 분야의 연구 결과를 인 용하는 경우가 점점 늘고 있다. 신약의 내용을 사실로 보는 사람들 이 점점 줄어들고 있기 때문이다. 물론 나는 사회과학을 좋아하고 사회의 상황을 파악하고 싶어 한다. 하지만 예수님과 그분의 전기 를 쓴 사복음서 기자들을 '현실의 정확한 안내자'로 믿기 전까지는 '지적 정체 상태'에서 벗어날 수 없다.

성경 기자들은 돈을 어떻게 사용해야 하는지, 누구와 잠자리를 가질지의 문제, 심지어 예수님의 부활 같은 것들도 의견이나 추측으로 보지 않았다. 그들은 그런 것을 엄연한 '현실'로 보았다. 이것이 예수님의 복음과 세상의 다른 주요 종교들의 결정적인 차이다. 다른 종교들과 달리 신약은 철저히 역사 속 사건들을 근거로 한다. 성경에는 시간, 날짜, 이름, 장소가 가득하다. 사복음서들은 신화가 아니라 역사다.

성경 기자들은 언제나 지식에 '반대하지' 않고 오히려 지식에 '근거한' 신앙을 옹호했다.[37] 예수님은 영생을 일종의 지식으로 정의하셨다. "영생은 곧 유일하신 참 하나님과 그가 보내신 자 예수 그리스도를 아는 것이니이다"(요 17:3).

바울은 "내가 믿는 자를 내가 알고"(딤후 1:12) "하나님의 비밀인 그리스도를 깨닫게[알게] 하려 함이니 그 안에는 지혜와 지식의 모든 보화가 감추어져 있느니라"라고 말했다(골 2:2-3).

우리는 믿음을 종교적인 사람들의 것으로 여기지만 사실 우리 '모두'는 믿음으로 산다. 무언가를 믿는다는 것은 단순히 '그것이 사실인 것처럼 산다'는 뜻이다. 그것은 무언가 혹은 누군가를 믿고 그것 혹은 그 사람에게 충실한 상태를 유지한다는 뜻이다. 따라서 질문은 "믿음이 있는가?"가 아니라 "누구 혹은 무엇을 믿는가?"다. 예수님과 성경 기자들은 우리가 예수님과 그분의 가르침에 대한 믿음을 가지기를 원했으며, 그 믿음은 현실에 대한 '지식'에 근거한 믿음이다.

예수님과 성경 기자들은 현실을 안다는 주장이 교만을 의미하지 않는다는 사실도 알았다. 그 주장은 흔히 생각하는 것처럼 압제의 길로 이어지지 않는다. 방금 나를 태워다 준 우버 기사는 신앙을 버린 사람이었다. 그는 이제 무엇을 믿어야 할지 모르겠다며 10분간 쌍소리를 섞어 가며 푸념을 늘어놓더니 설교조로 말을 마쳤다. "예수가 하나님의 아들이라고 남들에게 말할 수 없죠. 내가 옳고 남들이 틀리다고요? 내 생각을 남들에게 강요하는 짓은 절대 하고 싶지 않네요."

현실에 대한 자신의 관점을 다른 사람에게 강요하지 않으려는 태도는 높이 사고 싶다. 하지만 달리 생각해 보라. 지식의 형태로 여겨지는 개념에 대해서는 아무도 그런 식으로 말하지 않는다. "지구가 둥글다고 다른 사람에게 말할 수 없어요." "5 더하기 5는 10이라고 다른 사람에게 말할 수 없어요." "담배는 건강에 해롭다고 다른 사람에게 말할 수 없어요." 이런 식으로 말하는 사람이 있는가? 우리는 사랑하는 사람들의 행복과 건강을 위해서는 잘못된 것이라고 생각하는 것을 거리낌 없이 이야기한다.

흔히 "모든 종교는 동등하다"라고 말한다. 하지만 사실상 이는 어떤 종교도 현실에 대한 지식이 없다는 뜻이다. 따라서 모든 종교를 삶의 길잡이로 진지하게 받아들여서는 안 된다는 뜻이다.

모든 종교는 '전혀' 같지 않다. 물론 많은 공통점이 있기는 하다. 그런 공통분모들은 현실로 가는 길의 푯말일 가능성이 있기 때문에 눈여겨봐야 한다. 하지만 종교들은 많은 면에서 서로 크게 다르다.[38] 그렇지 않다고 주장하는 것은 그 종교들과 그 종교들이 탄생한 문화를 무시하는 것이다. 그것은 일종의 서구 지상주의이며, 서구 지상주의는 옛 유럽 제국주의의 현대판에 불과하다.

심지어 하나님이 사랑이시라는 개념도 보편적인 개념이 아니다. 예수님의 제자들은 하나님을 자기희생적인 사랑의 삼위일체 공동체로서 믿는 반면, 이슬람교도와 유태인들은 하나님을 단일적인 존재로 본다. 힌두교도에는 각기 개성을 지닌 온갖 남신과 여신이 있다. 불교는 어떤 인격적 존재를 신으로 여기지 않고, 팔정도를 통해 이르는 어떤 의식의 상태를 신으로 여긴다. 원주민들은 자연 속에서 신을 보거나 아예 자연 자체를 신으로 여긴다. 이것들은 '하나님'에 대한 매우 상반된 관점들이다.

"물론 그렇지만, 이것은 맹인-코끼리 비유와 같아서, 각 종교는 각기 현실의 다른 측면을 볼 뿐이다?" 물론 어느 정도는 그렇다. 하지만 바로 이것이 내가 말하려는 것이다. 우리가 너무도 많이 쓰는 맹인-코끼리 비유는 우리 모두가 눈이 멀었다는 사실을 가정한다.[39] 예수님은 반대 주장을 펼치신다. 자신이 "세상의 빛"이라고 말씀하신다(요 8:12). 자신이 "포로된 자에게 자유를, 눈먼 자에게 다시 보게 함을 전파"하기 위해 아버지로부터 오셨다고 말씀하신다(눅 4:18). 그때나 지금이나 빛은 무지한 자를 깨우치는 것을 비유한다.

예수님과 신약 기자들은 믿음을 '어둠에 맹목적으로 뛰어드는 것'으로 보지 않았다. 그들에게 믿음은 현실에 대한 예수님의 지식에 근거해 그분께 변함없는 신뢰와 충성을 보내는 삶의 방식이다.[40] 엘튼 트루블러드는 스탠퍼드대학에서 가르칠 당시 이런 놀라운 말을 했다. "믿음faith(신앙)은 …… 증거가 없는 신념belief이 아니라 의심이 없는 신뢰trust다."[41]

이것이 예수님이 선생으로 오신 이유이며, 틈만 나면 학생들에게 "회개하고 복음을 믿으라"라고 촉구하신 이유다(막 1:15). 회개하고 믿는 것은 바로 행복한 삶으로 가는 길에 관한 우리의 정신 지도를 다시 생각하고, 예수님의 정신 지도를 믿는 것을 의미한다.

개념들은 우리가 그것을 믿을 때만 힘을 지닌다. 우리는 매일 온갖 종류의 개념들을 듣는다. 개중에는 탁월한 개념도 있고 황당한 개념도 있다. 어떤 개념이든 우리가 그것을 현실에 대한 정확한 지도로 믿기 전까지는 우리에게 한 톨의 영향도 미치지 못한다. 우리가 믿을 때 불가사의한 에너지와 권위가 그것을 활성화시켜 우리 몸에 생명이나 죽음을 불어넣게 만든다.

그래서 랍비 예수님 밑에서 하는 도제 수업은 단순히 인생에 관한 매일의 강의를 듣기 위해 학생으로 등록하는 것이 아니라, 병사로 입대해 '거짓 대신 진리를 믿기 위한 그분의 싸움'에 동참하는 것이다.

자, 당신은 누구의 정신 지도를 들고 현실을 헤쳐 나가고 있는가? 누구의 개념들을 믿고 있는가? 현재 어떤 거짓을 믿고 있는가?

당신의 몸이나 성에 관한 거짓? 당신이 하나님의 사랑을 받는 존재인지 아닌지에 관한 거짓? 당신의 과거에 관한 거짓? 당신의 미래에 소망이 있는지 없는지에 관한 거짓?

앗, 너무 앞서갔다. 이런 질문에 솔직히 답할 수 있으려면 먼저 한 가지 문제를 더 다루어야만 한다. 이것은 몹시 고통스러운 문제다. 바로 가장 큰 거짓들은 '우리가 참이라고 믿는 것들'이라는 사실이다.

교활한 가짜뉴스, '행복의 욕구'를 공격하다

예로부터 러시아는 기만전술로 유명하다. 냉전 시대에 러시아인들은 새로운 형태의 기만전술을 지칭할 용어로 "데진파르마찌야"(허위 정보)라는 단어를 만들어 냈다. 나중에 이 단어는 "디스인포메이션disinformation"으로 영어 사전에 올랐다. 옛 소련 시절의 비밀경찰 및 첩보 조직 KGB는 거짓, 반쪽 진실, 선전 활동으로 세상을 융단 폭격했다. 그들은 자신들의 세력을 넓히는 동시에 서구의 안정을 깨뜨리기 위해 고위급 스파이들을 서구 미디어, 저널리즘, 연예계 요직으로 침투시켰다. 정보를 캐내고 서구 세력의 에너지를 소모시키고, 더 중요하게는 철의 장막 뒤에서 벌어지는 러시아의 활동을 모르게 만드는 것이 그들의 목적이었다.[1]

전 체스 월드 챔피언으로, 현재 크로아티아에서 망명 생활을 하는 러시아 민주주의 지도자 가리 카스파로프는 이런 발언을 했다. "현대 선전의 목적은 단순히 잘못된 정보를 전달하거나 정책을 추진하는 것이 아니다. 상대방의 비판적 사고를 마비시켜 진실을 파괴하려는 목적도 있다."[2]

최근 디지털 허위 정보를 퍼뜨리는 러시아의 행보를 보면서 진리를 공격하는 마귀의 방식을 숙고하게 되었다.

'영적 전쟁'은 신약 기자들이 실제로 사용한 용어는 아니다. 이것이 큰 문제는 아니지만 우리 자신의 생각(때로는 그릇된 생각)을 개입시키기 쉬워진다는 문제가 있다. 예를 들어, 영적 전쟁 하면 흔히 우리는 양국의 거대한 군대들이 육해공 전역에서 전면전을 벌이는 제2차 세계대전 같은 양상을 떠올린다. 고대의 전쟁을 상상하더라도 서로 호각을 이루는 거대한 두 군대가 방대한 전쟁터에서 부딪히는 J. R. R. 톨킨 소설의 장면을 떠올린다.

하지만 이런 이미지는 성경에서 말하는 마귀와의 싸움과 전혀 어울리지 않는다. 성경 신학으로 보면, 마귀는 십자가에서 이미 예수님께 '패배'했다. 바울은 이 점을 분명히 선포했다. "통치자들과 권세들을 무력화하여 드러내어 구경거리로 삼으시고 십자가로 그들을 이기셨느니라"(골 2:15). 배경을 보면 여기서 "통치자들과 권세들"은 영적 반역을 일으킨 마귀 일당이다. 우리의 영적 조상들은 이것을 "크리스투스 빅토르"("승리자 그리스도"에 해당하는 라틴어)라 불렀으며, 그들 중 많은 이들은 마귀의 패배를 십자가와 부활의 유일한 이유는 아니더라도 주된 이유로 보았다.[3]

따라서 〈라이언 일병 구하기Saving Private Ryan〉나 《반지의 제왕 The Lord of the Rings》은 잊어버리라. 그보다는 러시아 상트페테르부르크에 숨어서 "감시 자본주의surveillance capitalism"의 필두에 선 페이스북이나 구글 등이 수집한 정보를 바탕으로 알고리즘을 짜는 러시아 해커들을 상상하라.[4] 이런 알고리즘은 우리가 가장 정서적으로 약해져서 속기 쉬울 때 작동해서 우리의 두려움이나 욕구를 자극하는 뉴스 기사를 제시함으로 그들이 원하는 행동이나 의견, 관점을 이끌어 낸다.[5]

혹은 시리아 내전을 생각해 보라. 미국과 러시아 같은 주요 세력들이 배후에서 수많은 세력들을 번갈아 지원하고 선동해서 폭동과 혼란을 일으키고 수많은 난민을 낳는 양상을 떠올리라.[6]

군사 이론가들은 21세기에 일어나는 전쟁을 "더러운 전쟁dirty war" 혹은 "비대칭전asymmetric warfare"이라 부른다. 옛 시대 전쟁들은 주로 상대적으로 비슷한 세력끼리 붙는 대칭적 전쟁이었다. 그리고 대개 승자와 패자가 분명히 갈리고 종전이 분명했다. 하지만 그런 시대는 갔다. 이제는 미국 같은 거대한 국가들이 소규모 지하드 집단이나 온라인 해커들과 전쟁을 벌인다. F22 랩터 전투기가 트윗과의 싸움에서 무슨 효과가 있는가. 50구경 기관총을 장착한 군용 지프차가 종교 극단주의자들과의 싸움에서 무슨 필요가 있는가.

더러운 전쟁이 영적 전쟁에 훨씬 더 어울리는 비유다. 우리는 지난 세기의 독일 전쟁 기계와 비슷한 영적 적과 싸우고 있는 것이 아니다. 이 전쟁은 조작된 가짜 영상물·오디오물인 '딥페이크deepfakes'[7], 폭도들의 사제 폭탄, 휴스턴 거리에서 각각 "텍사스의 이슬람화를 멈추라!", "이슬람 지식을 구하라!"를 외치는 시위대들의 격돌에 더 가깝다. 이 시위는 실제로는 러시아 스파이들이 페이스북 광고를 통해 일으킨 것이다.[8]

이것은 진리와 거짓 사이의 전쟁이다.

큐어넌QAnon 같은 극우 성향 음모론의 급부상은 가정들, 나아가 교회들을 무너뜨리고 있다. 가짜뉴스와 (좌파 또는 우파 양쪽으로) 극도로 편향된 언론 보도는 당국에 대한 대중의 불신을 더욱 가중시키고 있다. 진리를 겨냥한 마귀의 공격은 교회만이 아니라 문화 전체에 큰 해를 입히고 있다.

버락 오바마 대통령이 〈소개가 필요 없는 다음 게스트My Next Guest Needs No Introduction〉라는 프로그램에서 데이비드 레터맨과 마주 앉았을 때 한 말은 이후 모든 사람의 입에 오르내리게 되었다. "우리 민주주의의 최대 난관 중 하나는 사실들에 대한 공통의 기준점을 공유하지 않는 정도가 심각하다는 것입니다."[9]

물론 이는 자신의 후임인 도널드 트럼프 대통령을 두고 한 말이다. 〈워싱턴 포스트The Washington Post〉(물론, 편향되지 않은 언론이 아닌 분명 좌편향적인 신문사)는 트럼프가 임기 첫 해에 2,140건의 거짓된 혹은 호도하는 주장을 했다고 추정했다. 이는 하루 평균 5.9건이다.[10] 이 숫자는 그의 임기 동안 꾸준히 증가했다. 이는 결국 큰 거짓말로 발전해 국회의사당 폭동을 일으켰다.

당신의 정치적 성향이 어떠하든 '정직'이 국가를 하나로 연합시키는 데 중요하다는 점에 대해서만큼은 동의할 것이다. 혹시 내가 은근히 좌파를 지지하고 있다는 생각은 하지 말아 주길 바란다. 절대 그렇지 않다. 정치적 성향을 떠나 많은 사람이 트럼프 대통령의 거짓에 신물이 났다.

공화당 상원의원 제프 플레이크는 자신이 당선된 해가 "객관적이고 경험적이고 증거에 근거한 진실이, 중부에서 가장 강한 인물의 손에 의해 미국 역사상 그 어느 때보다도 심한 공격과 능욕을 당한

해였다”고 말했다. [11]

　친군親軍 좌파 성향의 비영리 싱크탱크인 ‘랜드RAND Corporation’(미국의 대표적인 민간 조사 연구 기관-편집자)는 요즘의 문화적 시기를 표현하는 말로 “진실의 쇠퇴truth decay”라는 용어를 만들어 냈다. [12] 그 뒤로 “대안적 사실alternative facts”이라는 표현이 미국 사전에 등재되었다.

　이것은 좌파와 우파 모두에 전이된 암이다. 〈뉴욕 타임스〉의 수석 문학 비평가를 지낸 미치코 가쿠타니는 좌파의 시각에서 트럼프 정부를 비판한 《진실 따위는 중요하지 않다The Death of Truth》라는 책에서 진실과의 이 전쟁이 우파인 트럼프 대통령이나 브레이트바트뉴스Breitbart News(극우 성향의 온라인 매체-편집자)에서 시작되지 않았다고 인정했다는 점에서 적어도 정직하기는 했다. 하지만 이런 좌편향 언론과 지식층들은 포스트모더니즘과 도덕적 상대주의를 미국 학계의 신경기관에 깊숙이 주입시키고 있다. 그로 인해 대학을 중심으로 탈진실post-truth(탈진리, 포스트 투르스) 사회로 가는 운동이 시작되면서 모든 진리가 상대적인 것으로 변하고 심지어 무너져야 할 압제의 형태로 변해 버렸다. [13]

　이제 우리 아이들은 해체주의deconstruction의 낙진 속에서 자라고 있다.

　저명한 사회 비평가 데이비드 포스터 월리스는 비극적인 자살을 하기 전에 한 인터뷰에서 현재의 순간을 정확하게 진단했다.

포스트모더니즘의 전성기에서 전해 내려온 것은 빈정거림, 냉소주의, 조병과 권태, 모든 권위에 대한 의심, 모든 행동 규범에 대한 의심, 그리고 [못마땅한 것을] 회복시키려는 마음 대신 악하게 빈정거리며 판단하는 끔찍한 성향입니다. 이런 것이 우리 문화에 만연하다는 것을 이해하셔야 합니다. 이것이 우리의 언어가 되었습니다. 여기에 너무 깊이 빠져서 이것이 상황을 보는 다양한 시각 중 하나일 뿐이라는 사실조차 보지 못하고 있습니다. 포스트모더니즘의 아이러니가 우리의 환경이 되어 버렸습니다.[14]

이 새로운 환경은 진실과 거짓 사이에 전쟁이 벌어지고, 진실이 지고 있는 환경이다. 허위 정보(성경의 표현으로는 '기만')는 우리 사회와 영혼의 거의 모든 문제의 뿌리에 있다.

이번에도 문화 전쟁의 사례들은 동족의식을 일으킬 수 있다. 우리의 머릿속에 있는 거짓들은 훨씬 더 공통적이기 때문이다. 또한 훨씬 더 위험하다.

* 아내를 믿을 수 없다. 우리 엄마가 바람을 피웠던 것처럼 바람을 피울 것이다.
* 내게 좋은 일은 일어나지 않는다. 그러니 성공하려고 애쓸 필요가 없다.
* 사람들이 싫어할 만한 말이나 행동은 절대 하지 말아야 한다.

* 좋은 날은 다 갔다.

* 누구라도 내 실체를 알고 나면 나를 거부할 것이다.

이런 종류의 거짓말은 정치적 성향을 가리지 않고 공격한다. 이 거짓말들은 초당적이며 지독하다.

'진실의 쇠퇴'라는 이 문화적 시기에 마귀와 거짓에 관한 예수님의 가르침이 전에 없이 옳고 통찰력 깊고 설득력 있게 다가온다. 예수님과 제자들은 거짓, 기만, 거짓 교리, 양의 탈을 쓴 늑대 같은 거짓 교사들에 대해 반복적으로 경고한다.

예수님은 마지막 가르침에서 제자들에게 이렇게 경고하셨다. "너희가 사람의 미혹을 받지 않도록 주의하라." 그리고 나서 "거짓 선지자"가 "많은 사람을 미혹하겠으며" "불법이 성하므로 많은 사람의 사랑이 식어지리라"라고 경고하셨다(마 24:4-12). 이는 바로 지금 우리의 현실을 말씀하신 것이다.

신약 기자들은 기만, 특히 성적 타락 및 거짓 가르침과 관련된 기만에 관한 예수님의 경고를 '40번' 이상 기록하고 있다. 그중 몇 개만 소개하면 다음과 같다.

* "미혹을 받지 말라"(고전 6:9).

* "내가 이것을 말함은 아무도 교묘한 말로 너희를 속이지 못하게
  하려 함이니"(골 2:4).

* "악한 사람들과 속이는 자들은 더욱 악하여져서 속이기도 하고 속기도 하나니"(딤후 3:13).

* "우리도 전에는 어리석은 자요 순종하지 아니한 자요 속은 자요 여러 가지 정욕과 행락에 종노릇한 자요"(딛 3:3).

* "뱀이 그 간계로 하와를 미혹한 것같이 너희 마음이 그리스도를 향하는 진실함과 깨끗함에서 떠나 부패할까 두려워하노라"(고후 11:3).

* "자녀들아 아무도 너희를 미혹하지 못하게 하라"(요일 3:7).

* 바울은 "하나님의 진리를 거짓 것으로 바꾸"고 "불의로 진리를 막는 사람들"에 관해서 썼다(롬 1:25; 1:18).

* 유다는 "가만히 들어온 사람 …… 우리 하나님의 은혜를 도리어 방탕한 것으로 바꾸"는 거짓 교사들에 관해 경고한다(유 1:4).

* 요한계시록을 보면 인류 종말의 때의 사악한 삼위일체는 허위 정보의 달인들이다. 거짓 선지자와 적그리스도는 만국을 "미혹"한다(계 18:23; 19:20; 20:3, 8, 10). 사탄은 "온 천하를 꾀는 자"다(계 12:9).

그림이 그려지는가? 예수님과 그분의 길을 가르치는 초기 교사들에게 기만은 보통 큰 문제가 아니었다.[15] 하지만 오늘날 골수 근본주의자들을 제외하고는 이런 경고를 하는 사람들을 좀처럼 볼 수 없다. 그나마 골수 근본주의자들도 거짓을 차분하고도 합리적인 방식으로 폭로하지 않는다. 그들은 마이크에 대고 고함을 질러 가며 연민보다는 경멸이 가득한 말을 쏟아 낸다.

예수님에게서는 이런 분노의 어조를 좀처럼 볼 수 없다. 예수님이 아주 가끔 그런 어조를 쓰실 때는 언제나 이스라엘의 영적 상태를 망가뜨리고 있는 당시 종교 지도자들을 두고 말씀하실 때였다. 예수님은 계속해서 사람들 귀에 거슬리는 것들, 불쾌한 것들, 인기 없는 것들을 말씀하셨고, 그로 인해 결국 죽임을 당하셨다. 하지만 그분의 어조는 대개 부드럽고 지혜로웠다. '그럼에도 불구하고 잘못을 지적하지 않는 것'을 '사랑'으로 보는 오늘날 서구의 정의와 달리, 예수님은 '사랑 안에서' 끊임없이 잘못을 지적하셨다.

예수님과 신약 기자들은 기만이 시험에, 시험은 죄의 종노릇에 연결되어 있으며, 진리가 우리를 자유하게 한다는 확신을 품고 있었다.

생각해 보라. 마귀는 예수님의 제자인 우리가 어떤 행동을 하게 만들 수 없다.[16] 우리가 그 행동을 선택해야 한다. 그래서 마귀는 예수님이 가르치신 길이 아닌 다른 길로 가도록 우리를 속여야 한다. 그 길이 행복으로 이어진다고 우리가 생각하도록 만들어야 한다. 그러기 위해 그가 주로 사용하는 방법은 '착각'이다. 모든 시험의 특징 중 하나는 거짓을 믿게 유혹하는 것이다. 현실에 관해 착각하게 만드는 것이다.

자, 이 책의 핵심 명제를 다시 소개한다. 다시 말하지만, 영혼과 사회를 파멸로 몰아가기 위한 마귀의 주된 술책은 망가진 욕구에 작용하는 기만적인 개념들을 퍼뜨려 그 욕구들이 죄로 물든 사회에서 정상적인 것으로 여겨지게 만드는 것이다.

기만적인 개념들	▶	망가진 욕구들	▶	죄로 물든 사회
(마귀)		(육체)		(세상)

　　마귀가 거짓말쟁이라는 사실은 충분히 설명했다. 다음으로, 마귀가 정말 '뛰어난' 거짓말쟁이라는 사실을 설명할 차례다. 마귀는 기만의 달인이다. 그는 우리가 생각하는 것보다 훨씬 더 지능적이다. 마귀는 효과적인 거짓말의 요건을 우리보다 훨씬 더 잘 안다.

　　그는 다음과 같은 사실을 잘 알고 있다.

* 가장 효과적인 거짓은 '거의 진실에 가까운 거짓'이다.

　기만의 기술을 다듬고 싶은 사람에게 공짜 조언을 해 주겠다. 95퍼센트쯤 진실인 이야기를 하라. 5퍼센트의 거짓으로 표적을 파멸시키라.

* 그다음으로 효과적인 거짓은 '참이되 완전히 참은 아닌 거짓'이다.

　이것은 양면 중 한 면만 부각시키거나 인생의 복합적인 현실을 지나치게 단순화하는 것이다. 논쟁 중 "그렇기는 하지만" 혹은 "그래요. 그런데 말이에요"라는 말로 반박하는 경우가 그렇다.

마귀는 분명 존재하며 기만의 달인이다. 하지만 그 사실도 우리가 심지어 그의 거짓이 참이지 않은 것으로 드러나도 쉽게 속아넘어가는 이유를 설명해 주지는 못한다.

인류가 합리적이고 자주적인 자아라는 계몽주의 시각을 지닌 사람에게는 이 수수께끼가 특히 혼란스럽다. 사회과학이 이 가정의 허점을 명백히 밝혀냈음에도 이 가정은 여전히 대중의 뇌리에 박혀 있다. 우리는 자신을 쉽게 속는 감정적이고 관계적인 존재로 보기보다는 합리적인 개인으로 보는 경향이 있다.

팀 러바인 박사는 기만을 연구한 세계적인 권위자다. 그는 수년 동안 경찰관에서 CIA 요원까지 수많은 사람과 인터뷰를 했다. 그가 내린 결론은 가장 똑똑한 사람도 거짓말을 탐지하는 일에는 몹시 서투르다는 것이었다. 그는 이 연구를 통해 인간이 기본적으로 진실을 전제한다는 점을 설명하기 위해 '진실기본값 이론truth-default theory, TDT'을 개발했다. 우리는 반대 증거가 충분히 나오기 전까지는 상대방이 진실을 말하고 있다고 가정한다.[17]

저널리스트 말콤 글래드웰은 진실기본값 이론을 다음과 같이 정리했다.

다시 말해, 우리는 결론에 이르기 전에 무언가의 진위에 관한 증거를 천천히 수집하는 냉철한 과학자처럼 행동하지 않는다. 우리는 반대로 행한다. 먼저 믿고서 시작한다. 의심과 불안이 더 이상 떨쳐 낼 수 없을 지경에 이른 뒤에야 비로소 믿기를 '멈춘다.'[18]

그렇다. 우리는 쉽게 속는다. 이 사실이 설명에 도움이 된다. 하지만 이것도 반대 증거가 산재해 있는 상황에서도 우리가 거짓을 믿기로 선택하는 '이유'를 설명해 주지 못한다. 이제 앞의 명제에서 우리의 망가진 욕구들을 다루어야 할 시간이다.

반대 증거가 확실할 때도 마귀의 허위 정보 캠페인이 그토록 널리 성공을 거두고 있는 이유는 그것이 신약에서 우리의 "육체"라고 말하는 것에 작용하기 때문이다. 2부에서 본격적으로 다루겠지만 여기서는 일단 "육체"를 동물적이고 비열한 충동 정도라고만 생각하면 좋을 듯하다.

마귀의 거짓말은 감정적 영향이 없는 무작위적인 내용이 아니다. "기독교인들이여, 조심하라. 엘비스가 아직 살아 있다. 정말이다." 이런 말은 아무도 신경 쓰지 않는다. 이런 말은 감정적으로 우리에게 아무런 영향을 미치지 않는다. 그리고 인터넷을 간단히 검색해 보면 이것이 거짓말인지 금방 알 수 있다.

하지만 이런 거짓말은 어떤가? "이봐, 당신은 행복할 자격이 있어. 하지만 솔직히 인정해. 당신의 결혼 생활은 내내 행복하지 못했어. 당신 아내는 당신과 잘 맞지 않잖아. 그런 경우가 많지. 당신은 너무 일찍 결혼했어. 세상을 잘 모르는 나이에 성급하게 결혼을 했지. 이 결혼생활은 당신이 원하던 게 아니야. 이혼하고 나면 분명 당신과 더 잘 맞는 사람을 찾을 수 있을 거야. 당신을 행복하게 해 줄 사람이 분명 있다고."

이것도 새빨간 거짓말이다. 장기적인 관계들에 관해 인터넷을 대충 검색해 봐도 알 수 있다.[19] 하지만 이 거짓은 내 영혼 깊은 곳의 망가진 부분을 건드릴 수 있다. 나라는 사람의 한편에서는 귀한 아내를 존중하고 결혼 서약을 끝까지 지키고 싶어 한다. 결혼이라는 용광로에서 이타적인 사람으로 성장해 가고 싶어 한다. 하지만 또 다른 편(내 육체)은 그냥 내키는 대로 살면서 마음에 드는 사람을 만나고 싶어 한다.

엘비스에 관한 거짓말은 일부 음모론자들이나 겨우 믿을 것이다. 하지만 두 번째 거짓말에는 취약한 사람이 많다.

목사로서 나는 거짓말이 영혼 안으로 들어오기 이전과 이후를 바로 곁에서 지켜볼 때가 많다. 겁줄 마음은 없지만 그럴 때 정말이지 가슴이 찢어진다. 내가 "이혼하면 더 행복해질 것이다"라는 거짓말을 예로 든 것은 그 거짓말에 당하는 일이 너무도 흔하기 때문이다. 나는 하루가 멀다 하고 그런 일을 목격한다. 가정마다 나름의 사연이 있기는 하겠지만 나는 행복해지려고 이혼을 택했다가 더 불행해지는 사람을 너무도 많이 보았다. 많은 이들이 후회하며 비참하게 살다가 무덤에 들어간다.

당연한 말이지만 의무나 훈련으로서 죄를 짓는 사람은 없다. 아침에 눈을 뜨자마자 이렇게 말하는 사람은 없다. "화요일 오전 7시 군. 포르노를 볼 시간이야. 정말 보고 싶지 않지만 해야만 하는 일이야. 제임스 클리어의 《아주 작은 습관의 힘*Atomic Habits*》을 읽고서 음탕한 사람이 되기로 결심했어. 진정한 바람둥이라는 오랜 꿈을 이루려면 습관이 열쇠야." 이렇게 하는 사람은 없다.

우리는 죄가 우리를 행복하게 해 주리라는 거짓을 믿기에 죄를 짓는다.

예수회 창시자 로욜라의 이냐시오는 죄를 "하나님이 내게 원하시는 것만이 가장 깊은 행복의 길이라는 사실을 믿지 않으려는 것"으로 정의했다고 한다. 그래서 '하나님과 성경에 나타난 그분의 진리에 대한 우리의 믿음'이 마귀의 주된 표적이 된 것이다. 마귀는 우리가 하나님을 의심하고 우리 자신의 판단을 '좋은 삶'의 정확한 나침반으로 믿게 만들면 우리를 사로잡을 수 있다는 것을 안다. 아이러니하게도 죄는, 하나님이 주신 행복의 욕구를 기만적인 개념들을 통해 추구하게 만듦으로써 오히려 우리를 행복에서 더 멀어지게 한다.

하지만 온갖 개념들이 뒤섞인 현대 사회에서 어떻게 진리와 거짓을 가려낼 수 있을까? 이 부분에서 거짓의 아비인 마귀에 관한 예수님의 말씀이 실로 큰 도움이 된다. 유대인이 아닌 현대인들이 성경을 읽으면 예수님이 바리새인들에게 "너희는 너희 아비 마귀에게서 났으니"라고 말씀하신 것이 잘 알려진 한 이야기를 암시하신 것이라는 사실을 놓치기 쉽다. 그 이야기는 바로 뱀과 하와 이야기다.

수천 년 동안 수많은 사람들이 에덴동산 이야기를 인간의 상황을 표현한 인류 역사상 가장 참되고 통찰력 깊은 보고서로 받아들였다. 잠시 이 이야기를 생각해 보자. 성경의 뒤쪽에서 마귀의 화신으로 확인되는 이 뱀은 에덴동산에서의 삶을 만끽하고 있는 하와에게 찾아왔다. 창세기에서 뱀의 첫 번째 특징은 "하나님이 지으신 들짐승 중에 가장 간교하"다는 것이었다(창 3:1). 여기서 "간교한"에 해당하는 히브리어는 '교활한', '꾀바른', '기만적인'을 의미할 수 있다.[20]

뱀의 첫 번째 거짓말은 노골적인 욕이 아니라, 질문의 형태를 띤 미묘한 거짓말이었다. "하나님이 참으로 너희에게 동산 모든 나무의 열매를 먹지 말라 하시더냐"(창 3:1).

하와는 방심한 나머지 이렇게 대답한 것으로 보인다. "아, 그런 것 같아요."

뱀의 그다음 말은 좀 더 직설적이었다. "너희가 결코 죽지 아니하리라 너희가 그것을 먹는 날에는 너희 눈이 밝아져 하나님과 같이 되어 선악을 알 줄 하나님이 아심이니라"(창 3:4-5).

보다시피 뱀은 (무기가 아닌) 간단하면서도 의심을 불러일으키는 개념을 갖고 하와를 찾아갔다. 그 개념은 하나님이 스스로 주장하시는 것만큼 선하거나 지혜롭지 않다는 것이었다. "하나님이 너한

테 무언가를 숨기고 있어. 하나님에게서 독립해서 나랑 같이 네가 하고 싶은 대로 하면 너는 훨씬 더 좋아질 거야."[21] 이것은 다른 모든 거짓의 이면에 있는 거짓이다.

이 거짓말이 하와(그리고 우리)의 망가진 욕구에 어떻게 작용했는지 눈여겨보라. "여자가 그 나무를 본즉 먹음직도 하고 보암직도 하고 지혜롭게 할 만큼 탐스럽기도 한 나무인지라"(창 3:6). 좋은 음식과 아름다움, 사회적 지위를 마다할 사람이 어디에 있겠는가. 특히, 손을 뻗기만 하면 그것을 잡을 수 있다면 누가 마다하겠는가. 안타깝게도 하와는 속아 넘어갔다. 그리고 아담도 넘어갔다. "여자가 그 열매를 따먹고 자기와 함께 있는 남편에게도 주매 그도 먹은지라"(창 3:6). 나머지 이야기는 역사 그대로다.

히브리에서 아담은 고유명사가 아니다. 그것은 "인간"이라는 뜻이다.[22] 하와도 마찬가지다. 하와는 "생명"이라는 뜻이다.[23] 이것이 구약에 아담이나 하와란 이름을 가진 사람이 한 명도 등장하지 않는 이유다. 이 이야기는 "인간"과 "생명"이 현재 상태에 이르게 된 이야기다.

예수님은 요한복음 8장 44절에서 바리새인들에게 "너희는 너희 아비 마귀에게서 났으니"라고 말씀하실 때 이 이야기를 언급하신 것이다. 그 의미는 이렇다. "너희는 아브라함의 자손이라고 주장하지만 사실 너희는 뱀의 혈통이다." 앞에서 내가 예수님이 항상 부드러운 어조로 말씀하신 건 아니었다고 밝힌 내용을 기억하는가?

창세기 3장의 거짓은 '모든 거짓 이면에 있는 원형적인 거짓'이다. 기만(사실상 유혹)은 언제나 두 가지 측면으로 이루어져 있다. 첫째, 하나님에게서 독립하는 것. 둘째, 하나님의 사랑의 말씀을 믿지 않고 우리 머릿속 목소리와 마음의 성향에 따라 선악을 다시 정의하는 것.

달리 설명하자면, 인생을 관통하는 세 가지 큰 질문이 있다.

1. 하나님은 누구신가? (혹은 신은 누구인가? 혹은 하나님이나 신이 존재하는가?)
2. 우리는 누구인가?
3. 우리는 어떻게 살아야 하는가?

다시 말해

1. 삶의 의미와 목적은 무엇인가?
2. 인간이라는 것은 무슨 의미인가?
3. 좋은 삶은 무엇인가?

이 세 질문이 모든 종교, 철학, 교육, 예술, 문화의 출발점이다. 인류의 핵심 질문들.

우리는 묻는다. "하나님은 누구시지? 어떤 모습이실까? 그분을 믿을 수 있나?" 마귀는 거짓말을 한다. "그는 사랑은 없고 질투만 가득한 폭군이야. 널 속이고 있어. 믿지 말아야 해."

우리는 묻는다. "우리는 누구지? 인간이라는 것은 무슨 의미일까? 난 한낱 동물일까? 아니면 그 이상의 존재?"

마귀는 또다시 거짓말을 한다. "너는 '질서정연한 우주에서 한 자리를 차지하지만 여전히 창조주 아래에 있는' 한낱 인간이 아니야. 너는 한계를 넘어 뭐든 네가 원하는 대로 될 수 있어. 정체성은 스스로 정하기 나름이야. 도덕도 스스로 정하는 거지. 네 삶은 너 스스로 통제해야 해. 넌 하나님처럼 될 수 있어."

우리는 묻는다. "어떻게 살아야 하지? 어떤 삶이 좋은 삶일까? 어떻게 해야 그런 삶을 살 수 있지?"

마귀의 거짓말은 이 부분에서 가장 노골적이다. "하나님은 믿을 수 없지만 너 자신은 믿을 수 있어. 너 자신의 지혜와 욕구는 믿을 수 있어. 이 화려하게 반짝거리는 것을 봐. 하나님이 접근하지 말라고 한 나무 말이야. 먹어 봐. 잡아 봐. 경험해 봐. 네 마음이 가는 대로 해. 네 직감은 네가 갈망하는 행복한 삶에 관한 가장 정확한 지도라고."

지금도 이것이 마귀의 전형적인 거짓말이다. '하나님이 누구시고, 우리가 누구이며, 행복한 삶의 비결은 무엇인가'에 관한 거짓말. 거짓말의 구체적인 내용은 세대와 문화, 사람마다 달라진다. 하지만 핵심은 언제나 똑같다. '하나님에게서 벗어나라! 네 마음대로 하라! 너 자신의 본능과 욕구에 따라 선악을 다시 정의하라!'

내가 사는 도시에서 이 거짓말을 가장 잘 보여 주는 사례는 세속적 내러티브다. 불교에서 골라낸 내용, 힌두교의 자아실현 약간, 미국의 자조self-help가 뒤섞인 '동양식 깨달음의 내러티브'도 마찬가지다.

동양식 깨달음의 내러티브는 문화적 엘리트들에게는 덜 영향을 미치고 있지만 특히 포틀랜드 같은 해안 도시에서는 강하게 나타나고 있다.

깨달음을 추구하는 이들의 기본적인 대답은 다음과 같다.

"하나님은 누구신가?"

"우리 모두가 신이다. 인간과 신의 경계선은 서구의 환상이다. 우리 모두의 안에는 신의 불꽃이 있다."

"우리는 누구인가?"

"우리는 신들이다. 우리는 참된 자아들이며, 우리의 욕구는 모든 지혜와 방향의 근원이다. 우리는 외부의 모든 권위에서 해방되어 잠재력을 실현해야 한다."

"우리는 어떻게 살아야 하는가?"

"자신에게 충실하게 살라. 너 자신의 진실을 말하라. 무엇을 하라고 하는 남들의 말을 듣지 말라."

익숙하게 들리는가? 당신이 사는 곳에서도 흔히 듣는 말인가? 친구들과 가족들에게서 자주 듣는가? 심지어 당신의 입에서도 자주 나오는 말인가? 아니면 전혀 혹하게 들리지 않는가?

동양식 깨달음과 힌두교의 자아실현 내러티브가 세상의 포틀랜드들에서 인기를 끌고 있지만, 다른 대부분의 사람들에게는 이런 삶의 방식이 여전히 자조와 긍정적 태도 정도에 머물러 있다.

반면, 세속주의는 훨씬 더 깊이 뿌리를 내리고 있다. "나는 종교적이지는 않지만 영적이다"라는 식의 말들이 많이 들려오는데, 내가 사는 포틀랜드에서 대부분의 사람들은 세속적이다. 그들이 말하는 '영성spirituality'은 대개 요가를 하거나 불가사의를 믿는 것 정도를 의미할 뿐이다. 이는 전통적 의미에서의 '영적인'이라는 말과는 거리가 멀다.

세속 사회는 "하나님은 누구신가?"라는 첫 번째 질문에 부정적으로 답하려는 시도다.

"하나님은 누구신가?"

"신은 없다. 신은 과학 이전 시대의 신화일 뿐이다. 그리고 부족주의와 전쟁의 원인이 된다는 점에서 위험한 신화다. 지금 우리는 고대인들처럼 어수룩하지 않다."

정말 사랑스러운 내 세속 친구들 중 한 명이 최근 이렇게 말했다. "하나님은 믿지 않네. 과학을 믿지."

이것이 세속주의의 문제점이다. 과학을 높이 평가한다는 점이 문제가 아니라(나도 과학을 지지한다), 믿음이 아닌 과학을 근거로 한 객관성을 주장하는 것이 문제다. 하지만 사실 세속주의는 과학적 사실에 대한 하나의 '해석'으로, 이것을 믿기 위해서는 복음을 믿는 것보다 더는 아닐지라도 그만큼의 믿음을 필요로 한다.

현대 세속 사회는 하나님이 없는 것처럼 살려는 최초의 시도다. 이것은 재난의 시작이다. 다음 두 질문에 대한 답이 첫 번째 답에서 나오기 때문이다. '좋은 삶'에 대한 우리의 믿음은 '인간의 의미'에 대한 생각에 근거하며, 다시 이 생각은 '하나님'에 대한 믿음에서 비롯한다.

"창조주와 창조가 존재하는가, 아니면 그저 진화론, 전적인 우연, 적자생존만 있는가?" 이 질문에 대한 답이 무엇을 의미하는지 생각해 보라.

창조주가 있다면 설계가 있다. 설계가 있다면 의도가 있다. 의도가 있다면 도덕이 있다. 그런데 도덕이 있다면 책임이 있다. 하지만 모든 인간은 책임을 피하려고 한다. 이것이 이 부분이 공격을 당하기 쉬운 취약점인 이유다.

창조주가 없다면, 확률과 통계만 있다면, 영화 〈쥬라기 공원 Jurassic Park〉에 나오는 말콤 박사의 말처럼 단순히 삶이 "길을 찾아가는" 것이라면,[24] 설계는 없다. 적어도 지혜로운 지능을 가진 존재의 설계는 없다. 그리고 설계가 없다면 종의 번식 외에 다른 의도는 없다. 그런데 현재 지구는 인구 과잉 상태이기 때문에 얼마든지 이 의도를 버릴 수 있다. 그리고 의도가 없다면 도덕도 없다. 누가 감히 나를 판단하는가? 나더러 뭘 하라고? 내 자유를 제한하겠다고? 도덕이 없다면 책임이 없다. 뭐든 원하는 대로 할 수 있다.

우리 세상에서 소위 지식층들은 하나님을 비롯한 더 높은 권위 앞에서 책임을 지고 싶어 하지 않는다. 그들은 내적인 양심의 가책이나 외적인 법적 제약 없이 그저 자기 좋은 대로 자유롭게 살고 싶어 한다. 이것이 많은 서구인이 하나님을 거부하는 현상 이면의 원인이다. 그 선두에는 이런 마음 자세를 집단적으로 보여 주는 문화적 엘리트들이 있다.[25]

하지만 문제는, 책임이 없으면 현실도 없다는 것이다. 그렇게 되면 대안적 사실로 가득한 트위터 피드와 세상을 해체하여 혼란에 빠뜨리는 프랑스 철학자들만 남는다. 더 중요하게는, 망가진 관계들과 삶의 의미에 대한 혼란의 안개가 자욱해진다. 사람들이 자신에 관한 거짓 내러티브의 압제 아래서 살게 된다. 이것이 니체조차도 서구 문화에서의 "신의 죽음"을 축하하지 않고 한탄한 이유다.[26] 그는 포스트 갓post-God(탈신), 포스트 트루스post-truth(탈진리)의 세상에서 해방이 아닌 무질서를 보았다.

결국 창세기 이야기의 끝에서 어떤 일이 벌어지는가?

그들은 죽는다.

자, 이제 좋은 소식이다. 이 문제에서 빠져나올 길을 탐구해 보자.

'말씀과 기도'로 진리의 신경 경로 뚫기

나는 80년대 지.아이.조G. I. Joe(미국 완구회사가 만든 유명한 액션 피규어. 이후 만화책과 텔레비전 만화영화 시리즈로도 나왔다. 우리나라에서는 지아이유격대로 친숙하다-편집자)와 함께 자란 세대다. 아이들에게 이 폭력적인 장난감을 추천하고 싶지는 않다. 다만 내가 지.아이.조에게서 배운 것 하나를 소개하려는 것이다.

"알면 절반은 이긴 것이다."

만화영화의 30분짜리 각 에피소드는 아이들의 안전에 관한 짧은 장면으로 마무리된다. 한번은 두 아이가 끊어진 전선 근처에서 자전거를 타고 있는데, 내가 가장 좋아하는 캐릭터 중 한 명인 로드블럭이 나타나 아이들에게 전선과 감전의 위험을 설명했다. 그리고 언제나처럼 아이들이 "이제 알아요"라고 말한다. 이어서 로드블럭이 지.아이.조의 상징이 된 말로 마무리한다. "알면 절반은 이긴 거야."[1]

알면 절반은 이긴 것이라는 이 개념은 매우 최근의 개념이요, 매우 서구적인 생각이다. 이 개념은 인간을 욕구 기반의 피조물로 보는 전체론적 관점이 아닌 모든 인간을 합리적인 '다리 달린 뇌'로 보는 데카르트 세계관에서 비롯했다.

우리는 이 개념을 좋아한다. 그 이유는 두 가지다. 첫째, 합리성이라는 평계로 욕구에서 나온 감정적 결정을 정당화해 준다. 둘째, 우리에게 많은 것을 요구하지 않는다. 마귀에 관한 팟캐스트를 듣거나 온라인 수업을 듣거나 책을 읽으라. 그러면 절반은 이긴 셈이다. 하지만 문제는 무언가를 아는 것과 무언가를 '하는' 것은 엄연히 다르다는 것이다. 심지어, 무언가를 하는 것은 무언가를 하기 '원하는' 것과도 다르다.

예일대학의 로리 산토스는 이것을 "지.아이.조 오류"라고 불렀다. 심리학과 인지과학 교수인 산토스의 기본 요지는 단순히 아는 것만으로는 변화하기에 충분하지 않다는 것이다. 변화는 어렵다. 무언가를 아는 것도 중요하지만 그것만으로는 절반을 이겼다고 말할 수 없다. 그것은 승리를 향해 겨우 10-20퍼센트 정도 간 것에 더 가깝다.[2]

좋든 나쁘든 개념이 우리의 삶을 변화시키려면 우리 '마음속으로' 들어가야 한다. 우리의 생각, 감정, 욕구를 통합하는 우리 존재의 깊은 중심으로 들어가야 한다. 거기서부터 우리의 몸, 우리의 근육 기억으로 이동한다. 기독교 언어로 표현하면, 개념이 우리의 영혼 안에 들어가야 변화가 나타난다.

우리는 지난 몇 장에 걸쳐 '개념'을 이야기했다(기억하는가? 개념은 현실에 대한 가정이다). 그리고 예수님에게서 비롯한 현실에 대한 새로운(아니, 아주 오래된) 정신 지도를 설명했다. 이 지도에서는 마귀가 신화나 고대의 미신이 아닌 실질적이고 지능적인 악의 힘이다. 마귀는 영혼과 사회를 파괴하기 위해 혈안이 되어 있으며, 그의 주된 전략은 영적인 더러운 전쟁을 통한 거짓의 전략이다.

우리 영혼의 첫 번째 적인 마귀에 관해 대략적으로 파악했으니 이제 실제로 이 적과 싸우는 법을 알아볼 차례다. 우리가 지금까지

한 것은 그의 전략을 파헤치는 것이었다. 그렇다면 거기에 맞서는 우리의 전략은 무엇인가? 자, 먼저 약간의 이론에서부터 시작해 보자. 그런 다음 실제로 넘어가자.

마귀를 무력화시킬 전략 — 이론

잠시 '영성 형성spiritual formation'에 관한 이야기를 해 보자. 여기서 '영성 형성'은 단순히 우리 영 혹은 속사람이 예수님 형상을 닮아 가는 과정을 의미한다. 반대로, 마귀의 형상으로 변형될 수도 있다. 영성 형성은 예수님의 제자들만을 위한 것이 아니다. 이것은 모든 인간이 겪는 현상이다. 우리는 매일 매 순간 어떤 식으로든 빚어진다. 우리 모두는 의도적으로든 무의식적으로든 어떤 방향으로 형성되어 나간다. 문제는 형성될지 말지가 아니라, 어떤 사람으로 형성될 것인가 하는 것이다.

예수님의 제자들에게 이는 예수님을 닮아 갈 것인지, 마귀를 닮아 갈 것인지에 대한 문제다.

영성 형성의 스승들뿐 아니라 신경과학 및 심리학 분야의 저명한 전문가들, 최고의 사회과학자들은 우리의 정신 지도가 그 핵심 역할을 한다는 사실에 모두 동의한다. 다시 말하지만, 이것이 예수님이 우리를 깨우치는 선생으로 오신 이유다. 예수님은 우리에게 현실과 일치하는 새로운 정신 지도를 주기 위해 오셨다.

하지만 진리만으로는 충분하지 않다. 진리에서 멈추는 것은 지.아이.조 오류다. 무언가가 더 필요하며, 그 무언가는 바로 관계다. 요한복음 4장에 기록된 예수님의 말씀을 보라. 우리에게는 "영"과 "진리"가 필요하다(요 4:23-24). 오랫동안 나는 예수님의 이 언어를 이해하지 못했다. 그러다 마침내 이것들이 영성 형성의 열쇠라는 사실을 깨달았다. 변화하려면, 성장하려면, 육체에서 벗어나 예수님처럼 되려면, 영과 진리가 필요하다.

영은 무엇인가? 오순절 계열의 학자 고든 피는 영을 "능력을 주는 하나님의 임재"[3]라고 정의했다. 이것은 관계를 통해 우리를 하나님께로 이끄는 살아 있는 에너지다. 진리는 이미 살펴보았듯이 '현실'이다. 혹은 삶의 의미를 찾기 위해 의존할 수 있는 말씀들이다. 달리 표현하면 우리는 '관계'와 '현실'을 통해 예수님처럼 형성된다.

인간적인 사례를 들어 보자. '진리가 빠진 영(혹은 관계)'은 의미가 없다. 친구나 가족의 죽음, 병에 걸렸다는 의사의 진단, 실직 같은 고난의 시기를 상상해 보라. 그 일로 당신이 하나님을 심각하게 의심하게 되었다고 해 보자. 그러던 차에 한 친구가 방문한다. 하지만 그는 한마디 말도 하지 않는다. 물론 그것만으로도 큰 위로가 된다. 친구의 사랑에 감사해야 마땅하다. 하지만 그것이 변화를 일으키지는 못한다. 정신 지도를 건강한 회복의 방향으로 조정하기 위한 진리 혹은 의미를 제시하지 않기 때문이다.

반대 경우도 마찬가지다. '영이 빠진 진리'는 냉담하고 심지어 잔인하기까지 하다. 인터넷을 생각해 보라. 그 안에 사실은 가득하지만 그것을 어떻게 다룰지 도와줄 사람은 없다. 인터넷은 끝없는 사실들의 집합일 뿐이다. 위키피디아(온라인 백과사전-편집자)는 그 누구의 인생도 변화시킨 적이 없다. 비극의 한복판에서 하나님을 의심했다가 지하실에서 브리태니커 백과사전을 찾아 읽고서 영혼이 회복되었다는 이야기는 들어 본 적이 없다. 늘 풍자되는 길거리 전도자를 생각해 보라. 우리는 길거리에서 무턱대고 불신지옥만 외치는 전도자들에게 왜 그토록 거부감 느끼는가? 그것은 영이 빠진 진리이기 때문이다. 그것은 관계 혹은 사랑이 빠진 현실이다.

따라서 우리에게는 영과 진리가 '모두' 필요하다. 예수님 및 공동체와의 관계. 우리 랍비의 정신 지도라는 '의미'를 주는 진리. 이 둘 다 우리에게 필요하다.

자, 잘 따라오고 있는가? 좋다. 그래서 예수님이 이 땅에 오셨다. 인간으로서 예수님은 우리에게 '영'을 제시하실 수 있다. 즉 우리에게 관계적으로 다가오실 수 있다. 인간의 고통 가운데서 우리와 함께해 주실 수 있다. 히브리서 기자는 예수님이 "모든 일에 우리와 똑같이 시험을 받으신" 분이라고 말한다(히 4:15). 우리처럼 되는 것이 어떤 느낌인지 그분이 정확히 아신다는 뜻이다. 예수님은 지치고 약해지고 혼란스러워지는 느낌을 아신다. 고난받는 기분을 아신다. 의심을 아신다. 탐욕이나 정욕, 냉담의 유혹을 아신다. 하지만 랍비이시기에 '진리'를 제시하실 수 있다. 현실을 가리키고 고난의 한복판에서 의미를 주실 수 있다. 인간은 사랑의 관계 없이는 살 수 없다. 또한 '우리가 당하는 고난과 우리 존재'에 대한 의미 없이는 살 수 없다. 예수님은 이 둘을 다 주시기 위해 오셨다. 영과 진리.

심리치료therapy라는 실생활의 사례로 살을 붙여 보자. 나는 지난 10년간 심리치료를 받아 왔다. 하나님은 그 시간을 통해 나를 근본적으로 변화시키고 치유해 주셨다. 심리치료는 혼자서 하는 것이 아니다. 제대로 이루어진 치료는 영과 진리를 겸비한다. 내 심리치료사는 예수님을 사랑하는 일흔 살의 박사로, 수십 년간의 경력을 자랑한다. 그와 함께 있으면 영 앞에 앉아 있는 것이다. 반세기 동안 예수님을 따른 경험과 거기에서 흘러나오는 영적 권위를 지녔을 뿐 아니라, 연민과 사랑을 품은 관계적 존재 앞에 앉아 있는 것이다. 또한 그는 혼란스러운 삶 가운데 있는 내게 '현실'과 '의미'를 말해 준다.

앞서 언급한 심리학자 M. 스캇 펙은 마귀를 "실재하는 거짓의 영"이라고 불렀다. 또한 그는 정신적 건강을 "어떤 경우에도 계속해서 현실에 집중하는 것"이라고 정의했다.[4]

이것이 나쁜 심리치료가 그토록 유해하고 위험한 이유다(안타깝게도, 나쁜 심리치료가 정말 많다). 전문가라고 해서 찾아갔는데 당신이 약해진 순간 심리치료사가 비현실을 말한다. 실제로, 심리치료 분야에서는 인간에 대한 예수님의 비전과 크게 상충하는 프로이트의 시각이 여전히 주를 이루고 있다. 그리고 치료실 안에는 심리치료사의 말을 듣고 바로잡아 줄 공동체가 없다. 그리고 벽에는 심리치료사의 자격증이 걸려 있다. 그래서 안타깝게도 기만적인 개념이 무방비 상태로 우리 영혼에 들어오는 경우가 많다.

양육이라는 보다 흔한 사례를 들어 보자. 좋은 양육의 열쇠는 영과 진리를 결합하는 것이다. 이는 간단하지만 터득하고 실천하기는 쉽지 않다. 부모는 자녀 곁에서 관계적인 사랑을 부어 줘야 한다. 치료 분야의 용어를 빌리자면, 아이는 부모가 자신을 공감해 주는 것을 느낀다. 그렇게 상대방의 공감을 느낄 때 우리는 사랑받는 기분을 느낀다. 동시에 부모는 아이에게 현실을 말해 줘야 한다. 하나님이 어떤 분이신지, 아이가 어떤 존재인지, 아이가 어떻게 살아야 하는지에 관한 현실을 말해 줘야 한다(지난 장에서 다룬 세 가지 핵심적인 질문).

세상에 완벽한 부모는 없지만(나도 마찬가지다) 사랑과 신뢰의 관계에서 '현실과 일치한 삶'의 길을 배우며 자란 자녀는 대체로 잘 자란다.

반면, 나쁜 양육은 정반대로, 부재나 거짓으로 가득하다. 부모 중 한 명이 이혼이나 일중독으로, 혹은 단순히 집을 나가서 곁에 없다. 혹은 부모가 곁에 있다 해도 자녀에게 입버릇처럼 거짓을 말하는 경우다. 하나님에 관한 거짓말. "하나님은 너를 창피하게 여기셔." "하나님은 네가 누구와 자든 신경 쓰지 않으셔. 편하게 즐기렴." 자녀에 관한 거짓말. "너는 성공하기 어려워. 너는 아빠랑 똑같

아. 이 바보 같은 녀석아." 어떻게 살아야 할지에 관한 거짓말. "무조건 일등을 해야 해. 먹고 먹히는 세상이야. 그러니 약간의 거짓말은 하고 살아도 괜찮아."

이런 환경에서 자란 아이는 영혼이 망가진다. 치유가 가능할까? 그렇다. 하지만 그러기 위해서는 매우 고통스러운 과정을 견뎌야 한다. 이것이 양육이 그토록 중요한 이유다. 나는 마귀가 무자비한 세속 문화를 통해 가정을 공격하고 있다고 확신한다.

이제 핵심 포인트로 들어가자. 우리는 영과 진리를 통해 예수님 형상을 닮아 간다. 하지만 반대 경우도 성립된다. 우리는 고립과 거짓을 통해 마귀 형상으로 변형된다.

창세기 3장 에덴동산 이야기에서 뱀은 어떻게 하와를 타락시켰는가? 첫째, 하와가 '혼자' 있게 만들었다. 하와가 하나님 그리고 하와의 주된 관계인 아담에게서 떨어지게 만들었다. 이제 하와의 머릿속에는 뱀의 목소리 외에 다른 목소리는 없었다. 마귀의 기만에 맞설 진리가 전혀 없었다. 둘째, 마귀는 '거짓'을 말했다. 그는 하와 마음속에 하나님의 지혜와 선한 의도에 대한 의심을 불어넣었다. 자기만족, 쾌락, 독립을 원하는 하와의 망가진 욕구에 작용할 거짓을 말했다. 홀로 거짓에 노출된 하와는 쉬운 먹잇감이었다.

혹시라도 이것을 성 역할 이야기로 해석하지 않기를 바란다. 안타깝게도 적지 않은 사람이 그렇게 했다. 과연 아담이라면 더 잘했을까? 글쎄다. 여기서 핵심은 하와가 여성이어서 더 속기 쉬웠다는 것이 아니다. 하와가 공동체에서 떨어져 혼자 있었고, 인간은 '누구나' 고립되면 속기 쉽다는 것이다.

이 이야기를 비웃고 넘어가기 쉽다. "고릿적 뱀 이야기 따위에는 넘어가지 않아." 하지만 사람이나 문화가 발달할수록 마귀의 전술은 더 정교해진다. 다시 말하지만 마귀는 우리가 생각하는 것보다 훨씬 더 지능적이다. 창세기 3장에서는 "간교"하다는 표현을 사용한다(1절). 하지만 마귀의 모든 전략은 한 가지 기본 공식을 바탕으로 한다. 바로, 고립시키고 나서 거짓말을 하는 것이다. 망가진 욕구에 작용하는 거짓말을 고른다. 그리고 나서 표적이 하나님에게서 관계적으로 멀어져서 스스로 선악을 다시 정의하게 만든다. 그러면 상황 종료다. 지금도 여전히 이것이 마귀의 공격 방식이다.

목사로서 내가 그동안 만났던, 죄 가운데 들어가거나 하나님을 떠난 수많은 사람들의 사연을 들려줄 수 있다. 그 모든 이야기의 공통점은 언제나 예수님의 다른 신실한 제자들과 함께하는 공동체에서 떠나는 순간 비극이 시작되었다는 것이다.

당신이 저지른 최악의 일을 생각해 보라. 나는 지금 이 글을 쓰면서 내 죄들을 돌아보고 있다. 그 죄들의 대부분은 우리가 혼자 있을 때, 혹은 우리에게 악영향을 미치는 누군가와 함께 있을 때 저지른 것들이다. 교회 목사와 커피를 마시면서 인생을 망칠 만큼 나쁜 짓을 저지르는 사람이 있을까? 오전 열 시에 동네 커피숍에서 한창 성경 공부 모임에 참여하다가 천벌을 받을 죄를 저지를 수 있을까?

성탄절 아침 가족들과 함께 있는 자리에서 지독히 악한 결정을 내리는 사람이 있을까? 이를테면 할머니, 이모와 함께 은행을 털기로 작당하는 사람이 몇이나 될까?

그런 사람은 거의 없다. 좋은 영 혹은 좋은 관계적 존재와 함께 있는 것만으로도 변화가 일어난다. 우리는 좋은 쪽으로든 나쁜 쪽으로든 함께 어울리는 사람을 닮아 간다. 이것이 코로나 19 팬데믹이 그토록 치명적인 이유다. 자가 격리와 사회적 거리두기는 사회적 정의의 한 형태다. 약자들을 보호하기 위한 조치다. 하지만 그것이 정신 건강과 인간 번영에 미치는 악영향은 치명적이다. 자살률이 그 어느 때보다도 높게 치솟았다. 우리가 번성하기 위해서는 공동체가 필요하다.

마귀는 우리에게 공동체가 필요하다는 사실을 우리만큼 잘 인식하고 있다. 그리고 싸움에서 우위를 차지하기 위해 이 정보를 이용한다. 우리를 하나님과 하나님의 사람들에게서 떼어 놓으려고 수단과 방법을 가리지 않는다. 디지털 시대에 마귀의 작업은 한결 편해졌다. 병적인 바쁨, 온갖 관심을 끄는 것들, 스마트폰 중독, 집중을 방해하는 것들이 끊이지 않는 상황, 이 모든 것이 우리를 공동체로부터 단절시키고, 독립을 바라는 우리의 그릇된 욕구를 부추긴다. 이런 말도 있지 않은가. "사탄은 우리를 나쁘게 만들 수 없을 때는 바쁘게 만든다."[5]

디지털 과부하와 바쁨에 관한 이야기가 나온 김에 말하자면,

최근 디지털 프라이버시를 요구하는 목소리가 높아진 것은 실로 흥미로운 사회 현상이다. 나는 이 정치적 대립의 시대에 좌파와 우파가 모두 동의하는 분야를 늘 찾고 있는데,[6] 바로 이것이 그 분야다. 일부 대기업들이 내 인터넷 검색 기록을 알고 내 이메일을 읽고 내 SNS 대화를 본다는 생각을 하면 소름이 끼치면서도 가끔 이런 생각이 든다. '왜 다들 그렇게 숨길 것이 많은가?'

루이스 브랜다이스 대법관은 이런 말을 했다. "햇빛은 …… 최고의 살충제다."[7]

여기서 내 요지는 페이스북의 개인 정보 침해 의심 사례를 정당화하는 것이 아니다. 그것은 분명 큰 문제다. 나는 단지 디지털 프라이버시가 그토록 뜨거운 쟁점인 이유 중 하나는 '자율, 극도의 개인주의, 프라이버시에 대한 서구 사회의 집착'이라는 말을 하고 싶을 뿐이다. 마귀는 이런 집착을 악하게 활용한다. 어둠 속에서 혼자 웅크리고 스크린을 응시할 때 우리는 거짓말에 가장 취약해진다. 마귀의 쉬운 먹잇감으로 전락한다.

바울은 고린도 교인들에게 보낸 편지에서 자신이 강한 언어를 사용하는 이유를 이렇게 설명했다. "이는 우리로 사탄에게 속지 않게 하려 함이라 우리는 그 계책을 알지 못하는 바가 아니로라"(고후 2:11).

안타깝게도 대부분의 경우 우리는 마귀의 계책을 인식하지 못한다. 지난 몇 장은 마귀의 계책을 밝히기 위한 시도였다. 사실, 사탄의 계획은 꽤 분명하다. 그것은 고립과 거짓을 통해 우리를 파멸로 몰아가고, 예수님의 길인 영과 진리가 아닌 다른 길을 제시하는 것이다.

이제 실제에 관해서 이야기해 보자.

마귀를 무력화시킬 전략 — 실제

여기서 '실제'는 세속 사회에서 예수님과 예수님 나라의 영과 진리로 마귀의 고립과 거짓을 무력화하는 습관과 훈련을 의미한다. 예수님의 제자로서 우리는 예수님의 생애를 살피며 마귀와 싸우기 위한 방법을 찾아야 한다. 그분의 습관은 무엇이었는가?

예수님과 마귀의 첫 싸움은 누가복음과 마태복음에 모두 기록되어 있다. 이 이야기의 도입부에서부터 놀라운 것을 발견할 수 있다.

예수께서 성령의 충만함을 입어 요단강에서 돌아오사 광야에서 사십일 동안 성령에게 이끌리시며 마귀에게 시험을 받으시더라 이 모든 날에 아무것도 잡수시지 아니하시니 날수가 다하매 주리신지라.
누가복음 4장 1-2절

여기서 많은 일이 일어나고 있지만 간단하게 정리해 보겠다.

* 성경이 전해 주는 큰 이야기에서 보면 예수님은 두 번째 아담으로 오셨다. 예수님은 아담이 해야 했지만 하지 못한 일, 즉 마귀를 이기는 일을 하기 위해서 오신 참인간이셨다. 기억하는가? 아담은 '인간'을 의미한다. 아담처럼 예수님은 시험을 받으셨다. 하지만 아담과 달리 시험을 이기셨다.

* 예수님은 동산이 아니라, 죄로 인해 인류가 동산에서 쫓겨난 것을 상징하는 광야에 계셨다.

* 예수님은 선악을 아는 나무의 열매를 먹는 대신, 금식하면서 성령으로부터 마귀의 공격을 무찌를 힘을 얻으셨다.

* 마귀는 하와를 공격할 때와 같은 방식으로 예수님께 공격을 시작했다. 즉 예수님 마음속에 하나님께 사랑을 받는 존재라는 정체성에 대한 의심을 불어넣으려고 했다. "네가 만일 하나님의 아들이어든"(눅 4:3). 하나님은 이 대결 직전에 예수님께 이렇게 말씀하셨다. "너는 내 사랑하는 아들이라 내가 너를 기뻐하노라"(눅 3:22). 눈치 빠른 독자라면 이것이 그 옛날 뱀이 했던 말의 업데이트 버전이라는 사실을 눈치 챘을 것이다. "하나님이 참으로 그렇게 말씀하시더냐?"

* 마귀의 3단계 유혹은 교묘하고 교활하고 기만적이었다. 그 유혹은 예수님이 노골적인 죄를 짓게끔 유도하는 것이었다고 생각하기 쉽지만 전혀 그렇지 않았다. 마귀는 대신 예수님의 마음 깊은 곳에 흐르는 욕구를 공략했다. 그것은 하나님 나라를 더 쉽게 취하려는

욕구였다. 옳은 것을 그릇된 방식으로 이루려는 욕구였다.

마귀는 세 번 예수님을 유혹했다. 하지만 예수님은 꿈쩍도 하시지 않고 매번 성경 말씀으로 차분하게 대응하셨다. 이 이야기는 마무리는 다음과 같다.

마귀가 모든 시험을 다 한 후에 얼마 동안 떠나니라.

누가복음 4장 13절

이 이야기는 내 예상과 너무도 다르다. 마치 대화처럼 보인다. 달리 표현할 말이 생각나지 않는다. 검도 없고 포효도 없다. 전의를 끌어올리는 함성도 없다. 그럼에도 분명 이것은 '싸움'이다. 극심한 싸움. 하지만 예수님은 침착하셨다. "전혀 불안해하지 않는 모습"[8]을 보여 주셨다. 아버지의 진리에 대한 고요한 확신을 내비치셨다.

예수님이 이렇게 하실 수 있었던 것은 습관 혹은 오늘날 영적 훈련이라고 부르는 것에서 나왔다. 예수님은 광야에서 하나님과 단둘이 계셨다. 나중에 이것은 '침묵과 고독'으로 불리게 되었다.

예수님은 '기도'를 하셨다.

예수님은 '금식'을 하셨다.

예수님의 마음과 입술에는 '성경'이 가득했다.

바로 이것이 우리가 예수님의 도제apprentice로서 마귀와 싸우기 위해 사용해야 할 방식이다. 우리는 감정적인 혹은 영적인 격분으로 싸우지 않는다. 우리는 예수님의 습관들을 따라 하며 얻은 하나님의 진리에 대한 고요한 확신으로 맞선다.

바이올라대학Biola University의 철학자 스티븐 포터는 물질적인 존재인 우리가 비물질적인 창조주와 어떻게 상호작용하는지에 관한 매우 흥미로운 연구를 했다.[9] 그의 결론은 영적 훈련을 통해서라는 것이다. 나는 '습관'이란 표현을 더 좋아하지만 영적 훈련에 대한 그의 정의는 실로 마음에 든다.

훈련은 물질적인 세상에서 '성령, 임재와 말씀, 그리스도의 진리'라는 비물질적인 현실로 들어가는 구체적인 습관들이다.[10]

예수님의 습관들을 우리의 습관으로 삼아, 우리의 마음과 몸을 하나님께 드리고 그분의 영과 진리에 우리의 영혼을 열어야 한다는 뜻이다. 예수님의 습관들이 무엇인지 알려 주는 공식 목록은 없다. 기본적으로는 예수님의 삶이나 가르침에서 보이는 모든 습관이 영적 훈련이다.

그중에서도 예수님이 광야에서 마귀와의 싸움을 위해 선보인 두 가지 중요한 습관이 있다.

조용한 기도 Quiet Prayer

예수님이 홀로 조용한 가운데 기도로 하나님과 함께하셨다는 사실에 주목하라. 그 순간, 그분의 머릿속에 다른 목소리는 없었다. 그분의 머릿속에 룸메이트와의 대화나 조간신문 기사의 내용, SNS 피드를 스크롤하다가 본 댓글 따위는 없었다. 예수님은 단순히 외부의 목소리들을 제거하기 위해서만이 아니라, 자신의 내적 목소리를 억누르기 위해 광야로 들어가셨다. 또한 예수님은 광야에서 아버지 목소리와 마귀 목소리를 분별하셨다.

많은 사람이 '침묵과 고독'(이 습관을 지칭하는 다른 용어)을 그저 쉬면서 재충전하는 시간으로 오해한다. 삶의 전쟁터로 돌아가기 전에 한숨 돌리는 정서적 쉼의 시간으로 착각한다. 하지만 그것은 예수님이나 사도 바울, 에바그리우스 폰티쿠스의 고독이 아니었다. 그들에게 고독은 전쟁터에서 나와 쉬는 시간이 아니었다. 그들에게는 고독이야말로 전쟁의 승패가 결정되는 시간이었다.

헨리 나우웬은 이를 이런 식으로 표현했다. "고독은 사적인 심리치료의 장소가 아니다." "고독은 변화의 용광로다. 고독이 없으면 우리는 사회의 희생자 신세에서 벗어나지 못하고, 거짓 자아의 환상에 계속해서 빠져 있을 수밖에 없다."[11]

조용한 기도 시간에 마귀의 거짓("거짓 자아의 환상")이 분명하게 드러난다. 어떤 로기스모이(악한 생각 패턴)가 우리 마음을 지배하고 있는지 볼 수 있다. 이 시간에 우리는 결정을 마주한다. '이런 생각에 집중할 것인가, 아니면 새로운 생각을 기를 것인가?' '마귀의 거짓과 예수님의 진리 중 무엇을 믿을 것인가?' 이 조용한 시간에 우리 마음의 관심과 사랑을 놓고 벌이는 전쟁의 승패가 갈린다.

이것이 조용한 기도가 또 다른 중요한 습관과 짝을 이루어야 하는 이유다.

성경 읽기와 묵상

예수님은 마귀의 거짓과 어떻게 싸우셨는가? 예수님은 성경을 사용하셨다. 마귀는 거짓으로 예수님을 세 번 유혹했고, 세 번 다 예수님은 성경으로 응수하셨다. 하지만 명심하라. 이것은 기독교식 마법 주문이 아니다. 성경을 인용한다고 해서 마귀가 곧장 줄행랑을 치지는 않는다. 실제로 이 이야기에서 마귀는 주저 없이 성경으로 반박했다.

여기서 다른 무언가가 일어나고 있는 것이 분명하다.

책의 서두에서 소개했던 에바그리우스 폰티쿠스와 그의 책 *Talking Back: A Monastic Handbook for Combating Demons*(말로 반격하기: 귀신들과 싸우기 위한 수사의 안내서)로 돌아가 보자. 이것은 작은 핸드북이다. 탁월한 서문에 이어서 짧은 글 500여 개가 실려 있다. 각 글은 마귀에게서 온 한 가지 생각이나 감정, 욕구를 적고 그 유혹에 관한 성경 구절을 소개한다.

에바그리우스에 따르면, 로기스모이(악한 생각 패턴)는 우리 영혼을 공격하기 위한 마귀의 주 무기다. 회의적인 서구인들의 귀에는 허무맹랑한 소리처럼 들릴 수 있지만 한번 생각해 보라. 스스로 의지를 가진 것처럼 보이는 생각(혹은 감정이나 욕구)이 떠오른 적이 있는가? 거부하기 힘든 생각이 든 적이 있는가? 그것을 생각하지 않으려고 하는 것이 마치 중력을 거부하는 것처럼 느껴졌는가? 그 생각이 도저히 거부할 수 없는 무게나 힘을 지닌 것처럼 느껴졌는가? 혹시 당신 마음의 평안을 공격하는 생각들이 '단순한' 생각이 아닌 것은 아닐까? 그 이면에 살아 있는 어두운 에너지가 있는 것은 아닐까? 영적 세력이 있는 것은 아닐까? 이것이 단순히 정신 건강이나 긍정적 생각의 문제가 아닌 것은 아닐까? 무언가의 공격이 아닐까?

여기에 실로 큰 것이 걸려 있다. 바울은 이렇게 말했다. "육신의 생각은 사망이요 영의 생각은 생명과 평안이니라"(롬 8:6).

생명이냐 죽음이냐. 평안이냐 혼란이냐. 이런 엄청난 것이 마음 전쟁터에서 결정이 난다. 생명과 평안을 공격하는 로기스모이(악한 생각 패턴)에 굴복하면 그것이 마음속에서 견고한 진이 되어 우리를 옭아맨다. 하지만 성경으로 마음을 향하면 그 올무를 끊어 낼 수 있다.

에바그리우스의 설명을 들어 보자.

귀신들이 우리와 전쟁을 벌여 화살을 쏘는 시험의 시기에 성경으로
응수하라. 그래서 더러운 생각이 우리 안에 머물러 실제 행위의
죄를 통해 영혼을 속박시키고 더럽혀 죽음으로 몰아가지 않게 하라.

왜냐하면 "범죄하는 그 영혼은 죽을지라." 악한 생각이 마음속에 단단히 자리를 잡지 않아 성경으로 응수할 수 있다면 죄를 쉽고도 빠르게 처리할 수 있다.[12]

에바그리우스는 예수님의 본보기를 그대로 소개한 것이다. 단순히 마귀의 거짓에 관해 생각을 하지 않으려는 방식으로 대응하려고 할 수 있다. 하지만 다 알다시피 우리는 아무것도 생각하지 않을 수 없다. 따라서 다른 것을 생각해야 한다. 다시 말해, 성경 말씀을 생각해야 한다. 마귀의 거짓을 하나님의 진리로 대체해야 한다. 새로운 신경 경로를 뚫어야 한다. 새로운 생각이 우리 몸의 신경기관에 깊이 자리 잡게 해야 한다. 우리는 생각하는 대로 '변해 간다.'

현대 신경과학의 연구도 이 사실을 뒷받침한다. 강박장애[OCD] 분야의 최고 전문가인 제프리 슈워츠 박사는 《뇌는 어떻게 당신을 속이는가[You Are Not Your Brain]》라는 책에서 우리의 정신이 말 그대로 뇌의 회선을 바꿀 수 있다는 점을 설명한다. 그는 우리의 정신을 "통제된 주의[directed attention]"라고 정의했다. 원치 않는 생각이 의식에 들어오면 우리가 해야 하는 것은 다른 무언가를 생각하는 것이다.[13] 이것은 매우 단순한 개념이면서도 터득하기 매우 어려운 '훈련'이다.

이 이론은 수천 년간 이어져 온 기독교 전통과도 일맥상통한다. 수천 년 동안 예수님의 제자들은 마음속에 성경 말씀을 가득 채워 넣었다. 그것은 단순히 정보를 수집하고 사실을 외우고 신학 시험에서 옳은 답을 쓰기 위해서가 아니었다. 물론 교리는 중요하다. 매우 중요하다. 하지만 학교 시험에 통과하기 위해서가 아니라 천국에 들어가기 위해서 중요하다. 하나님이 원하시는 사람으로 되어가기 위해 중요하다. 성경을 읽는 목적은 정보가 아니라 영성 형성이다. 성경을 읽는 것은 "주의 마음"을 얻기 위해서다(고전 2:16). 실제로 예수님처럼 '생각하기' 위해서다. 늘 하나님의 생각을 깊이 묵상함으로 실제로 그 생각에 따라 우리 뇌의 회선을 바꾸고, 나아가 우리의 전인을 바꾸기 위해서다.

성경 읽기에 옳은 방식은 없다. 어떤 사람은 천천히 기도하면서 읽는다. '렉시오 디비나Lectio Divina'라고 부르는 방식이다. 그런가 하면 한자리에서 성경의 많은 부분을 쭉 읽는 사람도 있다. 어떤 사람은 조용히 읽고 어떤 사람은 큰 소리로 읽는다. 혼자 읽는 사람도 있고 친구나 가족과 함께 읽는 사람도 있다. 더 깊이 들어가기 위해 성경에 관한 팟캐스트를 듣거나 참고 서적들을 읽는 이들도 있다. 나는 이 모든 방식에 찬성한다. 핵심은 '성경에 관해' 생각하는 것이 아니라 '성경 말씀 자체를' 생각하는 것이다.

이 간단한 습관으로 내 마음, 나아가 내 삶이 변했다. 예수님의 광야 시험에 관한 이야기를 다룬 에바그리우스의 책을 읽고 너무 깊은 감명을 받은 나머지 마귀와 싸우기 위한 나만의 핸드북을 만들었다. 출간한 것은 아니다. 어디까지나 나를 위한 것이다.

나는 몇 달 동안 의식에 떠오르는 모든 생각이나 감정을 적었다. 마귀에게서 반복적으로 오는 거짓된 생각들을 규명했다. 그런 다음, 각 거짓에 대응하는 성경 구절을 생각나게 해 달라고 성령께 간구했다. 때로는 성경 구절이 즉시 생각난다. 하나님이 적절한 구절을 주실 때까지 며칠 혹은 몇 주를 기다려야 할 때도 있다. 일단 특정 구절이 떠오르면 에바그리우스가 한 것처럼 해당 거짓 아래에 그것을 적었다.

'믿음으로 이 비영리사업을 시작하면 우리 가족이 크게 힘들어질 것이다.'

이런 생각 아래에 다음과 같은 성경 구절을 적는다.

"여호와는 나의 목자시니 내게 부족함이 없으리로다"(시 23:1).

'나와 아내는 너무 맞지 않는다. 이혼하면 더 행복해질 것이다.'

이런 생각 아래에 다음과 같은 성경 구절을 적는다.

"하나님이 짝지어 주신 것을 사람이 나누지 못할지니라"(마 19:6). "남편들아 아내 사랑하기를 그리스도께서 교회를 사랑하시고 그 교회를 위하여 자신을 주심같이 하라"(엡 5:25). "남편들아 이와 같이 지식을 따라 너희 아내와 동거하고 그를 더 연약한 그릇이요 또 생명의 은혜를 함께 이어받을 자로 알아 귀히 여기라"(벧전 3:7).

'꼭 필요하지는 않지만 저 새 물건을 꼭 사고 싶다.' '아, 저것만 있으면 행복할 텐데.'

이런 생각 아래에 다음과 같은 성경 구절을 적는다.

"있는 바를 족한 줄로 알라 그가 친히 말씀하시기를 내가 결코 너희를 버리지 아니하고 너희를 떠나지 아니하리라 하셨느니라"(히 13:5).

그런 다음, 각 성경 구절을 암송한다.

여기까지는 그나마 쉬운 부분이었다. 더 어려운 부분은 거짓과 계속해서 싸우면서 내 생각을 관리하는 것이었다. 거짓이 내 의식에 들어온 것이 확인될 때마다 나는 그것과 정면으로 맞서지 않는다. 단순히 채널을 바꾼다. 해당 구절을 떠올리고 진리 쪽으로 주의를 집중한다. 그런 다음 하루를 살아간다. 3초 뒤 다시 거짓된 생각이 돌아오면 그저 같은 성경 구절을 다시 선포하는 방식을 되풀이한다.

이것은 수십 년간 예수님의 제자로 살아오면서 가장 힘든 일 가운데 하나였다. 하지만 이 습관은 내 삶을 바꿔 놓았고 지금도 바꾸고 있다. 마음 전쟁에서 아무리 많은 승리를 거두었다 해도 영적 훈련은 계속해서 필요하다. 우리 모두는 영성 형성에서 꾸준히 성장해 가야 한다.

▨

달라스 윌라드의 역작 《마음의 혁신》에서 다음 대목이 특히 와닿았다.

우리가 처음에 생각 속에서 하나님에게서 멀어진 것과 마찬가지로,

마음의 혁신을 향해 첫 움직임이 시작되는 곳 역시 우리의 생각이다. 생각은 변화를 시작할 수 있고 시작해야만 하는 곳이다.[14]

명심하라. 사고 생활을 관리하는 것은 '우리의' 책임이다. 이 일은 아무도 대신 해 줄 수 없다. 심지어 하나님도 대신 해 주시지 않는다. 디지털 중독이 만연하고 인간의 마음이 그 어느 때보다 수시로 요동치는 세상에서는 이 일이 거의 불가능한 것처럼 들릴 수 있다. 하지만 그렇지 않다. 우리는 이 일을 해낼 수 있다. 물론 시간이 걸린다. 솔직히, 수년이 걸린다. 하지만 하나님의 영과 진리를 중심으로 마음을 정렬하기 위해 새로운 신경 경로를 뚫는 것은 가능한 작업이다. 그리고 반드시 그렇게 해야만 한다. 그런데 이것은 오늘날 많은 사람이 진지하게 받아들이지 않는 책임이다.

나는 매우 보수적인 가정에서 자랐다. 우리 부모님은 두 분 다 미국의 1세대 신자들이었다. 1960년대에 예수님을 영접할 당시 아버지는 20대셨고, 캘리포니아 주에서 음악 활동을 하셨다. 아버지는 예수님을 따르기 시작하면서 반대편 극단으로 치우치셨다. 두 분은 다소 근본주의적인 교회 문화에 둘러싸여 신앙생활을 시작하셨다.

보수적인 가정에서 자라면서 좋지 않은 영향을 받은 부분도 분명 있었지만, 무엇보다 두 분이 정말 옳았다고 생각하는 점이 한 가지 있다. 우리 세대의 많은 사람이 이 점을 완전히 놓치고 있다. 이것은 거짓이 우리 마음에 미치는 힘과 예수님의 제자로서 마음속에 들어오는 것들을 관리해야 할 필요성이다.[15] 우리의 마음속에 들이는 것, 우리가 읽거나 보거나 듣거나 소비하거나 즐기는 것에 관해 우리는 비판적으로 생각해야 한다.

부모님은 엔터테인먼트에 관해 이런 말씀을 자주 하셨다. "쓰레기가 들어오면 쓰레기가 나간다." 보통 이 표현은 텔레비전 프로그램이나 영화에서 사용되는 용어였다. 하지만 만화책, 음란 소설, 특정한 언론사의 기사들, 저속한 표현들을 경계하는 표현으로도 사용되게 되었다. 너무 고지식하다고 비웃을 사람도 있을 것이다. 나 같은 경우에는 어릴 적에 〈스파이더맨Spider-Man〉 시리즈를 한 번도 보지 못한 것이 분하기도 하다. 하지만 지금 교회 안에서 옹기종기 모여 드라마 〈왕좌의 게임Game of Thrones〉의 음란하고 잔인한 장면에 관해 이야기하며 낄낄거리는 소리를 들으면 마음이 심히 불편하다.

우리는 너무, 너무 멀리까지 왔다. 하박국 선지자는 하나님의 눈이 심지어 악을 보지도 못할 정도로 순결하다고 말했다(합 1:13). 하지만 우리는 매일같이 그런 것을 보며 즐거워한다. 심지어 이런 것이 우리 삶을 파멸시키려는 "거짓의 아비"의 술책일지 모른다는 생각조차 하지 않는다.

할리우드 영화를 전부 보이콧하라는 말이 아니다. 다만 우리 마음속에 들어오는 모든 것은 우리 영혼에 좋은 영향을 미치거나 나쁜 영향을 미치거나 둘 중 하나라는 말을 하는 것이다. 신경생물학을 조금만 공부해 보라. 특히, 우리가 보는 것이 우리의 거울신경 세포와 우리 생각에 어떤 영향을 미치는지 조사해 보라. 우리가 보는 것은 뇌에 신경 경로를 만들어 내고, 신경 경로는 신경기관에서 DNA 단백질을 만들어 낸다. 이 단백질은 우리 몸 전체로 퍼져 우리의 일부가 된다. 일부 학자들은 이 단백질이 유전자를 통해 우리의 자녀에게까지 전달된다고 주장한다.

요컨대, 우리가 주의를 집중하는 것은 우리가 어떤 사람이 될지를 결정한다. 우리는 생각하는 대로 된다. 휘휘탄(싱가포르 작가-편집자)의 표현을 빌리자면 "이것은 심오한 진리다. 당신의 마음이 보는 것이 곧 당신이다. 당신이 골똘히 생각하는 것이 곧 당신이다."[16]

이것이 어떤 엔터테인먼트를 즐기고 무엇을 읽고 스크린에서 무엇을 보고 어떤 뉴스 기사를 볼지가 예수님의 형상을 닮아 가는 우리의 영성 형성에 극도로 중요한 이유다(혹은 마귀의 형상으로 변형되는 결정적인 원인이다).

간단한 계산을 생각해 보자. 미국의 일반적인 성인은 하루에 5-6시간 텔레비전이나 인터넷 동영상을 본다.[17] 밀레니얼 세대는 평균 하루에 4시간 휴대폰을 사용한다. 이 숫자를 합치면 거의 10년이다.[18] 바나그룹이 최근 밀레니얼 세대를 조사한 결과, 그들은 디지털 콘텐츠를 소비하는 데 1년 중 거의 2,800시간을 사용하지만 그중 기독교 콘텐츠를 소비하는 시간은 겨우 153시간이다. 나머지 시간에는 유튜브, 인스타그램, 넷플릭스, 애플 같은 인터넷 바다에서

허우적거린다.[19]

　내가 하고 싶은 말은 이것이다. 많은 현대인이 거짓으로 마음을 채우는 데 매일 수많은 시간을 허비한다. 그들의 마음은 하나님의 영과 진리에서 멀어져 있다. 마음에 진리를 채우고 성령 안에서, 하늘 아버지 안에서 쉬는 시간은 기껏해야 아침에 '몇 분'밖에 되지 않는다. 우리가 성경보다 세속 이론의 렌즈를 통해 세상을 보는 것도 무리는 아니다. 우리는 망가진 욕구에 사로잡혀 여느 세상 사람들과 똑같이 굴 때가 많다. 그로 인해 영성 형성이 멈추거나 심지어 마귀의 형상으로 변형되어 간다.

　세상적인 개념에 눈과 귀를 닫고 그것들에 관해 깊이 고민하지 말아야 한다는 뜻은 아니다. 진리를 좇기만 하면 걱정할 것은 없다. 예수님이 정말 스스로 주장하신 대로 진리이시라면 순수한 마음으로 진리를 추구하는 사람은 아무리 돌아간다 해도 결국 예수님께 이르게 된다. 빛 가운데 걸으면 어두움을 두려워할 필요가 없다. 하지만 우리는 비현실의 끝없는 흐름에 무방비로 마음을 열지 않도록 조심하고, 마음에 진리를 가득 채우기 위해 최선을 다해야 한다.

　요즘 나는 닐 스티븐슨의 *Fall; or, Dodge in Hell*(추락; 혹은 지옥에서 피하기)이라는 책을 읽고 있다. 세기말적인 공상과학소설이라고도 할 수 있고 사회 비평 서적이라고도 할 수 있는 이 책은 현재 디지털 기술의 궤적으로 가까운 미래까지 추적하며 내전으로 갈가리 찢어진 미국을 상상한다. 인터넷은 허위 정보(가짜뉴스)가 현실에 대한 정확한 묘사를 추월하는 티핑 포인트^{tipping point}에 도달한 뒤 무너져 내린다. 인류는 두 부류로 나뉜다. 첫째, 디지털 정보들을 가지치기하고 사실과 허구를 구별해 주는 편집자를 동반해서만 디지털 세상에 접근하는 현실적인 사람들. 둘째, 음모이론, 위험한 사고, 폭력으로 이루어진 지독한 비현실 속에서 사는 '아메리스탄^{Ameristan}'이라는 사람들.

이 소설에는 온갖 종류의 엉터리가 존재한다. 이 소설에서 현실적인 미국인들은 북부, 주로 해안 도시들에 사는 세속적인 진보주의자들이다(스티븐슨은 북부 해안 도시인 시애틀에 산다). 미치광이들은 미국 중부와 남부에 살면서 구약을 문자 그대로 해석하는 광신도들이다. 그럼에도 불구하고 사람들을 현실적인 사람과 비현실적인 사람으로 나눈 것 자체는 적절하다고 생각된다(단, 내전이 일어날 것 같지는 않다. 우리는 넷플릭스를 보느라 바빠 내전을 일으킬 겨를이 없다).

현실 속에서 살려면 디지털이든 아날로그든 우리 안에 들어오는 것들을 가지치기해야 한다. 우리는 몸에 들어오는 것에 대해서는 극도로 조심한다. 길가에서 아무 쓰레기나 집어서 입에 넣는 사람은 별로 없다. 마찬가지로, 우리 마음속에 들어오는 것에 대해서도 매우 조심해야 한다. 그리고 우리 마음을 예수님의 현실과 정신지도로 향하기 위해 의식적인 노력을 해야 한다. 그렇게 할 때만이 하나님 나라로 들어가 가장 깊이 있는 삶을 누릴 수 있다.

시인 메리 올리버는 "관심이 헌신의 시작이다"라는 말을 했다.[20] 하나님께 헌신하고 그분의 나라로 들어가기 위한 출발점은 심플하게 그분의 영과 진리로 우리의 관심을 집중하는 것이다.

다시 말하지만, 이것은 '우리의' 책임이다. 매일, 매주 하나님께 관심을 집중하는 것. 그분을 생각하는 것. 그분에 관해 깊이 생각하는 것. 그분을 제대로 아는 것. 하나님에 관한 예수님의 비전에 따라 '자신을 내주고, 창조적이고, 후하고, 흔들림 없고, 서로를 사랑하고 기뻐하는 삼위일체 공동체'로서의 하나님을 올바로 보는 것. 하나님에 관한 예수님의 놀랍도록 매력적인 비전에 따라 우리 자신을 형성해 가는 것. 이것은 어디까지나 우리의 책임이다.

이것은 따분한 종교나 성가신 의무가 아니다. 명심하라. 우리는 이미 하루 종일 온갖 정보로 마음을 채우고 있으며, 그 정보 가운데 상당수는 우리 마음을 분열과 불안, 혼란, 분노로 몰아간다. 우리의 관심을 예수님께로 돌려 그분의 생각이 우리 마음속으로 흘러들게 하면 그분의 평강, 모든 사람을 향한 그분의 사랑과 긍휼, 그분의 깊고도 전염성 강한 기쁨을 경험하기 시작한다. 점점 더 차분해지고 사랑이 많아지며 행복해진다. 그저 그분 안에 거하기만 하면 그렇게 된다.

그러기 위한 열쇠는 그분의 습관들을 실천하는 것이다.

"잠깐, 지금까지 이렇게 많은 지면을 통해 떠든 것이 겨우 성경을 읽고 매일 기도하기 위한 조용한 장소를 찾으라는 말을 하기 위해서라고?"

나도 모르게 웃음이 터져 나온다. 바로, 그렇다! 아침에 눈을 뜨자마자, 휴대폰을 만지거나 브라우저를 열거나 라디오나 텔레비전의 리모컨을 찾기 전에 '조용한 기도, 성경 읽기'를 위한 시간을 먼저 가지라. 마귀의 거짓에 집중포화를 받기 전에 예수님의 진리를 마음속에 꽉꽉 눌러 담으라.

부록에 마귀와 싸우기 위한 당신만의 핸드북을 쓸 수 있도록 실습 자료를 수록했다. 원한다면 직접 해 볼 것을 권한다. 하지만 어떤 방식으로 "마음을 새롭게" 하든(롬 12:1-2) 일단 자신만의 습관을 길렀다면 예수님처럼 하나님에 대한 고요한 확신 안에 굳게 서라.

바울이 에베소 교인들에게 보낸 편지에서 6장은 영적 전쟁에 관한 그의 글 중에서 가장 깊은 내용을 담고 있다. 이 글에서 그는 예수님의 제자들을 로마 병사에 빗대었다. 아래에서 "서다"라는 단어에 주목하라.

> 끝으로 너희가 주 안에서와 그 힘의 능력으로 강건하여지고 마귀의 간계를 능히 대적하기 위하여 하나님의 전신 갑주를 입으라 우리의 씨름은 혈과 육을 상대하는 것이 아니요 통치자들과 권세들과 이 어둠의 세상 주관자들과 하늘에 있는 악의 영들을 상대함이라 그러므로 하나님의 전신 갑주를 취하라 이는 악한 날에 너희가 능히 대적하고 모든 일을 행한 후에 **서기 위함이라.**
>
> 에베소서 6장 10-14절

마귀와 싸움에 관한 다음 조언에서 베드로도 같은 언어를 사용하고 있다.

> 근신하라 깨어라 너희 대적 마귀가 우는 사자같이 두루 다니며 삼킬
> 자를 찾나니 너희는 믿음을 굳건하게 하여[믿음 안에서 **굳게 서서**] 그를
> 대적하라 이는 세상에 있는 너희 형제들도 동일한 고난을 당하는
> 줄을 앎이라.
> 베드로전서 5장 8-9절

굳게 서는 것, 바로 이것이 승리의 비결이다. 예수님은 거짓 가르침 앞에서 언제나 성경에 의지해 그것을 거짓이라 선포하셨다. 다시 말해, 물러나지 않고 거짓에 맞서 굳게 서셨다. 그리고 한 번도 패하시지 않았다.

▲▲▲

한눈에 보는
Part 1 지도

용어 정의

* 진리: 현실
* 거짓: 비현실
* 개념: 현실에 대한 가정
* 정신 지도: 우리가 삶을 헤쳐 나가기 위해 사용하는 개념들의 집합
* 영성 형성: 우리의 영/속사람이 예수님을 닮아 가는 과정

마귀에 관한 예수님의 가르침

* 마귀는 실질적이며, 비물질적이지만 지적인 존재다.
* 마귀의 최종 목표는 우리의 영혼과 사회를 파멸시키는 것이다.
* 마귀의 주된 수단은 거짓이다.

묵상할 핵심 본문

요한복음 8장; 창세기 1-3장; 누가복음 4장

마귀의 전술

'망가진 욕구'에 작용하는 '기만적인 개념들'을 퍼뜨려, 그 욕구들이 죄로
물든 사회에서 정상적으로 여겨지게 만든다.

영성 형성

우리가 예수님의 형상으로 변화되어 모든 선하고 아름답고 참된 것에 따라 살게 되는 것은 '영'과 '진리'를 통해서다. 반면, 혼자서 거짓에 노출되면 마귀의 형상으로 변형되어 무질서와 죽음의 악순환에 갇힌다.

마귀와 싸우는 법

예수님이 가르치신 침묵, 고독, 기도, 금식, 성경 읽기 같은 영적 훈련을 통해 끊임없이 하나님의 영과 진리 앞에 우리 마음을 정한다. 유혹이 닥칠 때는 하나님의 사랑과 지혜에 대한 고요한 확신 안에 굳게 서서, 우리 마음을 다시 성경에 기울인다.

마귀를 무찌르기 위한 훈련

조용한 기도, 성경 읽기와 묵상

요약

마귀의 목표는 먼저 우리를 공동체에서 떼어 놓은 다음, 우리 마음속에 '망가진 욕구들에 작용하는 기만적인 개념들'을 주입시킨다. 현재 우리의 사회가 이런 욕구를 정상적인 것으로 여기기 때문에 이런 개념은 편안하게 느껴진다. 구체적으로, 마귀는 '하나님이 누구시며, 우리는 누구이고, 좋은 삶은 무엇인지'에 관한 거짓말을 한다. 그 목적은 하나님의 사랑과 지혜에 대한 우리의 믿음을 흔들어 약화시키는 것이다. 마귀의 의도는 우리가 하나님에게서 독립하고 선과 악을 우리 맘대로 다시 정의함으로써 우리 영혼과 우리가 속한 사회가 파멸로 치닫게 하는 것이다.

Part 2

The FLESH

육체에 관하여

우리 모두 안에 있는 '망가진 욕구'

진실로 진실로 너희에게 이르노니 죄를 범하는 자마다 죄의 종이라 ……

그러므로 아들이 너희를 자유롭게 하면

너희가 참으로 자유로우리라.

— 예수님, 요한복음 8장 34, 36절

형제들아 너희가 자유를 위하여 부르심을 입었으나

그러나 그 자유로 육체의 기회를 삼지 말고

오직 사랑으로 서로 종노릇하라 ……

내가 이르노니 너희는 성령을 따라 행하라

그리하면 육체의 욕심을 이루지 아니하리라

육체의 소욕은 성령을 거스르고 성령은 육체를 거스르나니

이 둘이 서로 대적함으로 너희가 원하는 것을 하지 못하게 하려 함이니라.

— 바울, 갈라디아서 5장 13, 16-17절

사람들은 스스로 자신의 욕구에 도덕적 족쇄를 채우는 만큼만

시민적 자유를 누릴 자격이 있다. ……

의지와 욕구를 통제하는 힘이 없다면 사회는 존재할 수 없다.

내적 통제력이 적을수록 외적 통제력이 커져야 한다.

무절제한 정신의 소유자들은 자유를 누릴 수 없다는 것이 세상의 이치다.

그들의 욕망은 족쇄를 만들어 낸다.

— 에드먼드 버크, *A Letter from Mr. Burke, to a Member of the National Assembly*(버크가 한 국회의원에게 보낸 편지) 중에서

'가장 강한 욕구'를 '가장 깊은 욕구'라 착각하다

"마음이 시키면 어쩔 수 없죠"라는 유명한 말이 있다. 하지만 이 말을 누가 해서 유명해졌는지 기억하는 사람은 손에 꼽는다. 1992년 저널리스트 월터 아이작슨은 〈타임^{Time}〉 기사를 위해 우디 앨런과 인터뷰를 했다. 주제는 우디 앨런과 순이 프레빈의 악명 높은 불륜 스캔들이었다.

실제로 어떤 일이 있었느냐에 관해서는 의견이 분분하지만 기본적인 내용은 이렇다. 1980년대 내내 우디 앨런은 배우이자 모델인 미아 패로와 사귀다가 헤어지기를 반복했다. 패로와 당시 그녀의 남편 앙드레 프레빈은 먼저 두 아이를 입양했고, 나중에 일곱 살짜리 여자아이(순이)를 입양했다.[1] 그리고 이후 몇 년 동안 패로는 두 아이를 더 입양했다. 그 후에 패로와 우디 앨런 사이에 아들이 생겼다. 그들은 틈만 나면 뉴욕과 로스앤젤레스 신문들의 커버를 장식하는 별종들이었다.

수년이 흘러 패로와 앨런의 관계는 악화되기 시작했고 결국 진실이 폭로되었다. 앨런과 순이가 함께 잠자리를 한 것이다. 당시 앨런은 56세였고 순이는 21살이었다. 앨런은 순이의 '양어머니'와 오랫동안 사귀고 동거한 사실상 순이의 양아버지나 다름없었다. 당시는 미투 운동이 일어나기 수십 년 전이었다. 당시까지만 해도 할리우드는 거의 모든 성적 타락에 대해 면책 특권을 누리는 곳이었다. 그리고 물론 나머지 모든 국민들은 할리우드 스타들의 흐름을 따라갔다. 앨런은 계속해서 순이와 사귀다가 마침내 결혼했다.

월터 아이작슨의 우디 앨런 인터뷰는 마치 포스트모던 윤리에 관한 사례 연구처럼 읽힌다. 우리 시대 최고의 인터뷰 전문가 중 한 명인 아이작슨은 앨런에게 한 톨의 후회나 죄책감, 하다못해 도덕적 혼란이라도 있지 않을까 싶어 그의 마음을 차분하면서도 집요하게 파헤쳤다. 하지만 앨런은 시종일관 잘못을 일절 인정하지 않았다. 인터뷰가 끝날 무렵, 아이작슨은 앨런에게 왜 그렇게 했는지 물었다. 앨런은 잠시 생각에 잠기더니 그 유명한 말을 내뱉었다. "마음이 시키면 어쩔 수 없죠."[2]

사전 준비 없이 나온 이 발언은 우리 세대의 유행어를 넘어 아예 신념체계의 일부가 되었다. 불륜에서 초콜릿 케이크에 이르기까지 무엇이든 합리화하기 위한 수단이 되었다. 도덕적 전통의 선을 넘는 모든 행동에 면책권을 주는 근거가 된 것이다. 하지만 그 말의 시작을 아는 사람은 극소수다.[3] 내 주변에서 가장 자유분방한 사람들도 이런 상황을 이해하지 못한다. 하지만 실제로 그런 일이 일어났다.

세상, 육체, 마귀에 관해 탐구 중인 우리에게 이 이야기는 지금부터 시작하려는 다음 주제에 관한 좋은 사례다. 앨런이 "마음"이라고 부른 것은 신약 기자들이 "육체"라고 부른 것에 더 가깝다.

먼저, 바울이 에베소 교회에 보낸 편지에서 사용한 언어를 보라.

그는 허물과 죄로 죽었던 너희를 살리셨도다 그때에 너희는 그
가운데서 행하여 **이 세상 풍조를 따르고 공중의 권세 잡은 자**(마귀의
또 다른 이름)를 따랐으니 곧 지금 불순종의 아들들 가운데서 역사하는
영이라 전에는 우리도 다 그 가운데서 **우리 육체의 욕심을 따라**
지내며 육체와 마음의 원하는 것을 하여 다른 이들과 같이 본질상
진노의 자녀이었더니.
에베소서 2장 1-3절

보다시피 바울은 적으로 삼인조를 지적한다.

* 세상: "이 세상의 풍조를 따르고."
* 육체: "우리 육체의 욕심을 따라 지내며."
* 마귀: "공중의 권세 잡은 자"(아르콘).

예수님의 초기 제자들은 여기서 '영혼의 세 적'이라는 틀을 얻
었다. 초기 그리스도인들은 옛사람들이지만 바울이 몇 장 뒤에서
말한 것처럼 우리의 싸움이 "혈과 육을 상대하는 것이 아니"라는 사
실을(엡 6:12) 대부분의 현대인보다도 더 잘 인식하고 있었다. 우리의
싸움은 러시아나 ISIS(급진 수니파 무장단체인 이라트-레반트 이슬람 국가-편집자),
중국의 디지털 독재를 상대하는 것이 아니다. 내가 지지하는 정치
정당의 반대 정당을 상대하는 것은 더더욱 아니다. 우리의 싸움은

훨씬 더 교활한 악의 축을 상대하는 것이다.

1부에서는 우리의 첫 번째 적인 마귀가 기만적인 개념을 어떻게 퍼뜨리는지 살펴보았다. 그다음 심문 대상은 육체다. 기억하는가? 앞서 말했듯이 마귀의 주 전략은 망가진 욕구에 작용하는 기만적인 개념들이다. 그의 거짓말은 무작위적이지 않다. 우리와 별로 상관이 없는 거짓말을 하지 않는다. 마귀의 거짓말은 잘못된 방향으로 구부러진 인간 마음의 깊은 균열을 공략한다. 이를테면 이런 식이다. "포르노는 성장의 정상적인 과정이다. 성 착취는 행복하고 만족스러운 삶의 열쇠다."

사도 바울과 신약 기자들이 우리 내적 존재의 이러한 측면에 대해 사용한 단어는 "육체"다. 현대인들의 귀에는 이것이 이상한 언어처럼 들린다. 정확히 무슨 뜻으로 육체라는 단어를 사용한 것인가? 바울이 사용한 헬라어 단어는 '사륵스'다. 영어와 비슷하게 헬라어도 하나 이상의 의미를 가진 경우가 많다. 신약에서 쓰인 헬라어 '사륵스'의 의미도 최소한 세 가지다.[4]

우선, 단순히 '몸'을 의미할 수 있다. 다음 말씀에서 "육체"는 '몸'과 동의어다.

창녀와 합하는 자는 그와 한 몸인 줄을 알지 못하느냐 일렀으되 둘이 한 육체가 된다 하셨나니.

고린도전서 6장 16절

이 단어가 복수로 사용되면 '인류'를 의미한다.

> 그러므로 모든 육체는 풀과 같고 그 모든 영광은 풀의 꽃과 같으니.
>
> 베드로전서 1장 24절

다른 역본에서는 이 구절의 "육체"를 "사람들"로 번역한다. 이런 의미에서 우리의 육체는 적은커녕 전혀 나쁜 것이 아니다. 이것은 그냥 썩어서 죽는 우리의 몸을 의미하는 단어일 뿐이다.

비슷한 맥락에서 '사륵스'의 두 번째 의미는 '민족'이다. 예를 들어, 바울은 빌립보 교인들에게 보낸 편지에서 다음과 같이 말했다.

> 하나님의 성령으로 봉사하며 그리스도 예수로 자랑하고 육체를 신뢰하지 아니하는 우리가 곧 할례파라.
>
> 빌립보서 3장 3절

배경을 보면 바울은 자신의 유대 혈통이 하나님 나라에서 전혀 플러스 요인이 아니라는 점을 설명하면서 빌립보 교회 내에 만연한 일종의 유대 지상주의를 타파하고 있다. 여기서 "육체"는 단순히 '민족'을 의미한다. 인종적·문화적·국가적 정체성과 역사를 지칭한다. 특정 시대와 공간에서 우리가 사용하는 언어, 먹는 음식, 우리 삶을 구성하고 우리의 민족 집단을 다른 집단과 구분시키는 수천 가지 작은 관습을 지칭한다. 이번에도 이 의미에서의 육체는 그 자체로는 전혀 경멸적인 표현이 아니다. 인간의 마음은 너무도 쉽게 편견으로 흘러 다른 민족을 악하게 볼 수 있지만 말이다. 하지만 이 의미에서 육체 자체는 전혀 나쁜 것이 아니다.

하지만 마지막 세 번째 의미가 있다. 우리가 세상과 육체와 마귀에 관해 이야기할 때 이 육체는 몸이나 민족을 지칭하지 않는다. 그것은 바울이 에베소서 2장 3절에서 말한 것을 지칭한다. "우리 육체의 욕심을 따라 지내며." 여기서 "육체"는 '하나님을 떠난 몸의 동물적 갈망'을 의미한다. 로마서 7장 5절에서 바울은 이것을 "죄의 정욕"으로 정의한다.

사실, 첫 NIV^{New International Version} 역본(1978년)에서 학자들은 '사륵스'를 일관되게 "죄의 본성"으로 번역했다. 하지만 신학자들과의 의견이 좁혀지지 않아 2011년 개정판에서는 옛 번역인 "육체"로 돌아갔다.

성경 언어학자들과 번역자들은 헬라어 단어의 이 세 번째 의미, 즉 우리 모두의 안에 있는 악한 욕구, 우리 몸에는 자연스럽게 느껴지지만 엄연히 잘못된 욕구의 의미를 전달하고자 했다. 실제로 우리 모두는 단순한 몸이 아니라 영혼이기도 하다.

나중에 베드로는 육체를 "더러운 정욕"으로 정의하고 그것을 권위에 대한 반항과 연결 지었다(벧후 2:10). 또한 그는 "정욕 때문에 세상에서 썩어질 것"에 관해 말했다(벧후 1:4). 성경을 현대적으로 풀어 번역한 목사이자 학자인 유진 피터슨은 육체를 "죄가 우리의 욕구와 본능에 가져온 타락"으로 정의했다.[5]

기본적으로 육체는 쾌락과 관련된, 특히 성이나 음식과 관련된 천하고 원시적이고 동물적인 자기만족의 욕구다. 생존, 지배 통제의 본능도 육체다. 이것들은 우리 '모두'의 안에 있는 욕구다. 인본주의적인 세상은 끊임없이 우리가 선하다고 말하지만 우리 모두는 어찌해야 할지 알 수 없는 이런 욕구가 자기 안에 있다는 사실을 잘 안다. 이런 욕구는 우리 귀에 늘 들리는 세상의 메시지와 일치하지 않기 때문에 우리는 진실이 튀어나올까 봐 두려워한다. 혹은 자신의 내적 삶에 대해 수치스러워하거나 심지어 자기혐오에 빠지기도 한다.

하지만 신약은 우리 마음의 어두운 골짜기에 관해 가감 없이 이야기하며, 하나님의 사랑과 긍휼의 시선 아래서 그것을 탐구하라고 우리를 초대한다.

이 용어는 바울과 초기 신학자들 특유의 용어다. 하지만 이 '개념' 자체는 특별히 기독교만의 것은 아니다. 지역과 문화를 막론하고 옛사람들은 인간 존재의 문제점에 대해 이런 통찰을 지니고 있었다.

바울보다 5세기 전을 살았던 석가모니는 이렇게 말했다. "예전 시대에는 나의 이 마음은 어디든 이기적인 욕구나 정욕이나 쾌락이 이끄는 대로 방황했다. 거친 코끼리도 조련사가 통제하듯, 오늘날

이 마음은 방황하지 않고 통제의 조화 아래에 있다."⁶ 그는 "정욕이
나 쾌락"의 욕구를 통제하려는 자기 마음의 시도를, 거대한 짐승인
코끼리를 타는 도전에 빗대었다.

비슷한 시대에 플라톤은 전차에 함께 묶여서 서로 주도하겠다
고 싸우는 두 말의 기수에 관한 비유를 사용했다. 그는 한 말을 "명
예와 함께 정숙과 자제를 사랑하는 말"로 불렀다. 다른 말에 대해서
는 "심한 허풍과 외설의 동반자 …… 귀 주변에 털이 수북해서 말뚝
처럼 귀가 먹고, 채찍과 막대기를 함께 사용해야 겨우 말을 듣는"이
라는 표현을 사용했다.⁷ 이번에도 역시, 잘 통제되지 않는 강한 짐승
을 통제하려는 인간에 관한 이미지다.

어떤 랍비들은 우리에게 "사람의 마음속에서 서로 전쟁을 벌이
며 서로 그를 지배하고 홀로 그의 마음을 독차지하려는 두 영혼"이
있다고 가르쳤다. 랍비 잘만은 이 두 영혼을 "동물적 영혼"과 "신적
영혼"이라고 불렀다.⁸

더욱 최근에는 초월주의자 헨리 데이비드 소로가 월든 호수에
서 홀로 영혼을 탐구하던 중 이런 글을 썼다. "우리는 우리 안의 짐
승을 의식하고 있다. …… 그것은 비열하고 육욕적이다. 아마도 완
전히 쫓아낼 수는 없을 것이다."⁹ 심리학자 조너선 하이트는 우리
뇌의 이 부분을 "동물적 자아"로 불렀다.¹⁰ 저명한 뇌 전문가인 제프
리 슈워츠는 "동물적 뇌"라는 표현을 사용했다.¹¹

인간이 "모두 침팬지"이며 침팬지는 서로에게 끔찍하고 추잡

한 짓을 한다고 농담을 하는 조 로건과 일론 머스크의 팟캐스트[12]에서, 바다가재들의 교미 역학을 인간 행동의 모델로 다룬 조던 피터슨[13]까지, 이 옛 개념은 오늘날에도 곳곳에서 계속해서 나타나고 있다.

다시 말하면, 예로부터 인종, 종교, 세대를 막론하고 자기 인식이 강한 인간들은 자기 마음과 몸 안에 욕구들의 계급이 있다는 것을 의식하고 있었다는 것이다. 모든 욕구가 동일하게 만들어지지는 않았다. 최소한 모든 욕구가 동일하게 유익하지는 않다. 생명과 자유, 평안으로 이어지는 더 고차원적이고 더 고상한 욕구들이 있다. 그런가 하면 죽음과 노예 상태, 두려움으로 이어지는 저급하고 동물적인 욕구도 있다.

건강하고 자유로운 사람들은 이런 내적 욕구들을 스스로 관리하고 가지치기한다. 지혜로운 사람은 쾌락이 행복과 동일하지 않다는 점을 안다. 쾌락은 도파민과 관련이 있고 행복은 세로토닌과 관련이 있다. 쾌락은 순간의 좋은 느낌이다. 반면, 행복은 장기적인 만족이다. 내 인생이 지금 이대로 풍요롭고 만족스럽다는 느낌이다. 쾌락은 욕심에 관한 것이지만 행복은 욕심으로부터 해방되는 것이다.

대부분의 윤리학자들은 행복을 일종의 만족으로 정의한다. 행복은 더 많이 가지려고 하지 않고 현재 상태에 감사하는 영혼 깊은 차원의 만족이다. 즉 행복은 '욕구 통제'의 결과로 찾아온다. 성에서 음식과 돈까지 삶의 모든 영역에서 행복 혹은 좋은 삶은 자신의 욕구를 다스린 '뒤에' 찾아온다. 욕심은 억제하고 좋은 욕구는 키워야 한다.

영과 육체의 내적 전쟁에 관한 신약의 구절들은 바로 이것을 말하는 것이다. 신약 기자들은 존재의 깊은 곳에서 벌어지는 욕구들의 보이지 않지만 치열한 전쟁을 알고 있었다. 도스토옙스키는 소설 《카라마조프가의 형제들*The Brothers Karamazov*》에서 이렇게 말했다. "하나님과 마귀는 그곳에서 싸우고 있으며, 그 전쟁터는 인간의 마음이다."

하지만 안타깝게도 예수님의 도에 핵심적인 이 옛 관념은 현대 서구에서 사회적으로 배척을 당하지는 않더라도 다소 낯선 개념이 되어 버렸다.

잠깐 역사를 살펴보자. 철학자 찰스 테일러는 명저 *A Secular Age*(세속 시대)에서 서구가 "권위"의 문화에서 "진정성"의 문화로 이동한 과정을 파헤쳤다. 과거에는 우리가 외부의 권위 구조들(하나님, 성경, 전통 등)이 하라는 대로 살았지만 오늘날 대부분의 서구인들은 내부의 "참자아"가 원하는 대로 살고 있다.[14]

티핑 포인트는 프로이트였다. 나는 심리학자가 아니지만 내가 아는 심리학자 친구들은 대부분 프로이트가 석학이긴 하지만 정말 많은 부분에서 틀렸다고 말한다. 그런데도 그의 많은 개념들이 지금 우리가 마시는 문화적 공기를 형성했다.

프로이트 이전에는 대부분의 서구인들이 스스로 의식하든 의식하지 않든 4세기 성 아우구스티누스의 렌즈를 통해 '욕구'를 바라보았다. 그는 사실 북아프리카 사람이었다. 하지만 아프리카 땅에서 형성된 그의 사상은 천 년 이상 서구 문명의 상당 부분을 형성했다.

아우구스티누스에 따르면, 인간 존재의 기본적인 문제는 망가진 욕구(혹은 망가진 사랑)의 문제다. 그는 인류가 사랑 '안에서' 사랑을 '위해' 창조되었다고 보았다. 따라서 우리는 다른 어떤 존재이기에 앞서 사랑을 하는 존재다. 생각보다 사랑이 먼저다. 그래서 우리는 주로 이성적인 생각이 아니라 욕구에 따라 살아간다. 아우구스티누스의 시각에서 인간 존재의 문제점은 사랑을 하지 않는 것이 아니다. 우리는 사랑을 하는 존재다. 문제는, 잘못된 것을 사랑하거나 옳은 것을 '잘못된 순서'로 사랑하는 것이다.

예를 들어, 자신의 직업을 사랑하는 것은 나쁜 것이 아니다. 오히려 당신이 현재 하는 일을 사랑하기를 바란다. 하지만 사춘기 아들보다 자기 커리어를 더 사랑하면 그것은 망가진 사랑이며 자신과 아들 모두에게 큰 문제를 초래한다. 또 다른 예로, 자녀를 사랑하는 것은 나쁜 것이 아니다. 나도 우리 아이를 사랑한다. 하지만 자녀를 하나님보다 더 사랑한다면? 그것은 순서가 잘못된 것이며, 두 관계 모두를 망가뜨린다.

심지어 섹스를 좋아하는 것도 잘못이 아니다. 하나님은 우리를 성적인 존재로 창조하시고 "번성"하라고 명령하셨다(창 1:28). 하지만 성이 정체성이나 소속감, 삶의 만족을 얻기 위한 일종의 우상이 되면 그것은 망가진 사랑이다. 서구에서 흔히 볼 수 있듯이 성이 구원의 수단이 되면 그것은 망가진 사랑이다. 이것은 단순히 도덕적 차원에서만 잘못된 것이 아니다. 섹스는 영혼 깊은 곳에 있는 사랑, 친밀함, 포용의 갈망을 채워 줄 수 없다. 몸은 단순히 오르가즘을 원하지만 영혼은 그 이상의 것, 즉 사귐과 헌신을 원하기 때문이다.

프로이트 이전의 서구에서 인간 번영의 열쇠는 사랑에 관한 고차원적이고도 올바른 욕구를 키우는 동시에 저급하고 천한 욕망은 억누르는 것이었다. 옛사람들은 이전 세대의 실수를 반복하지 않고 축적된 지혜는 이어 가도록 믿을 만한 '외부' 권위자가 후대에 전해 준 정신 지도로 자신의 욕망을 다스리고자 했다. 물론 이상적인 경우, 이 권위자는 예수님이어야 한다. 신약을 통해 전해받은 그분의 가르침을 따라야 한다. 우리가 이 땅을 거닌 최초의 인간은 아니다. 따라서 이전 세대의 지혜를 받아들이고, 이전 세대의 실수는 되풀이하지 않도록 해야 한다.

프로이트의 시각은 정반대다. 그에게 가장 중요한 욕구는 '리비도libido'다. 그는 이것을 '단순히 섹스만이 아니라 모든 쾌락의 욕구'로 정의했다. 하지만 제약 없는 리비도는 무질서로 이어지기 때문에 우리의 부모와 사회 구조들은 우리의 욕구를 억누르도록 강요했다. 그런데 프로이트에 따르면, 욕구를 억누르는 것은 모든 신경증의 근원이다. 해석하자면 이렇다. 당신이 행복하지 않은 것은 남들이 무언가를 하지 말라고 말하기 때문이다.

누구의 관념이 싸움에서 이겨 현실을 바라보는 서구의 시각으로 자리를 잡았을까?

프로이트의 개념들은 우리 시대의 인기 있는 슬로건과 캐치프레이즈에 수시로 등장하고 있다.

"마음이 시키면 어쩔 수 없다."

"마음이 가는 대로 하라."

"당신 하고 싶은 대로 하라."

"그냥 하라."

"솔직히 말하라."

"자신에게 충실하라Be true to yourself"라는 말도 빼놓을 수 없다.

학창 시절에 배운 셰익스피어 희곡의 이 대사를 기억하는가? "자신에게 충실하라"는 《햄릿Hamlet》의 인용문이다. 오리지널 버전은 "무엇보다도 너 자신의 자아에게 충실하라This above all: to thine own self be true"다.[15] 이 대사는 바로 '어리석은 바보' 폴로니우스가 한 말이다. 우리에게 "자신에게 충실하라"라는 슬로건에 따라 살도록 권장한 사람은 다름 아닌 어리석은 바보였다. 그런데도 우리는 이것을 마치 복음처럼 외치고 있다. 우리는 행복과 번영으로 가는 길이 우리 마음을 따르는 것이라고 가정한다(다시 말하지만, 개념은 '현실에 대한 가정'이다). 우리는 당장 마음이 원하는 것이 우리의 진정한 욕구라고 착각할 때가 많다.

과거에는 육체의 욕구를 억제하는 것이 모든 사람의 책임이었다. 하지만 오늘날에는 참자아의 욕구를 따르는 것이 모든 사람의 권리다.[16]

조너선 그랜트는 명저 *Divine Sex*(신성한 성)에서 이런 구조적 변화를 정확하게 정리했다.

현대의 진정성은 각자 자신의 신념과 도덕을 정립할 것을 권장한다.
유일한 규칙은 '참'자아에 대한 자신의 느낌과 일치해야 한다는
것이다. 우리가 할 수 있는 최악의 행동은 사회나 부모, 교회 같은
외부에서 강요하는 도덕적 규범에 순응하는 것이다. 이런 강요는
하나같이 우리의 독특한 정체성을 훼손시킬 것이 자명하다. ……
참자아는 개인적인 의미를 자기 안에서 찾아야 한다고, 혹은 그
의미가 유일무이한 자신의 개성과 통해야 한다고 믿는다.[17]

행복은 실제로 좋아지는 것이 아니라 좋은 '기분'을 느끼는 것이 되어 버렸다. 좋은 삶은 진정으로 좋은 것들을 원하는 사람이 되어 가는 것이 아니라, 그저 원하는 것을 얻는 것이 되어 버렸다. 서구 문화에서는 하나님이나 성경이 아닌 자아가 권위의 새로운 중심이다.

프로이트가 서구에 미친 영향을 탐구한 전문가인 윤리학자 로버트 C. 로버츠는 다음과 같이 말했다.

> 과거에 하나님을 부정하는 것이 용납되지 않았던 것처럼 지금
> 우리는 자아가 신성불가침이라고 믿기에 이르렀다. 이제 자신을
> 부정하는 것은 옳지 않다.[18]

하지만 육체가 사회를 지배할 때 실제로 어떤 일이 벌어지는가? 신학자 데이비드 웰스의 말을 들어 보자.

> 신학은 심리치료 요법의 하나가 되었다. …… 의에 대한 성경적인
> 관심은 행복의 추구로, 거룩함은 건강함으로, 진리는 느낌으로,
> 윤리는 자신에 관한 좋은 기분으로 대체되었다. 세상은 개인적인
> 상황들의 집합소로, 신앙 공동체는 개인적인 친구들의 모임으로
> 전락했다. 과거가 사라지고 있다. 교회가 사라지고 있다. 남은 것은
> 자아뿐이다.[19]

이제 자아가 새로운 신이요, 새로운 영적 권위자이며, 새로운 도덕이다. 하지만 이것은 자아에게 견디기 힘든 중압감을 지운다. 자아는 이 무게를 견뎌 내도록 설계되지 않았다. "자신을 발견해야 한다. 자신이 되어야 한다. 자신에게 충실해야 한다. 자신을 증명

해 보여야 한다. 자신을 행복하게 해야 한다. 성과를 내서 자신의 연약한 정체성을 보호해야 한다." 이것이 얼마나 큰 부담인지 모른다. 내 헬스 트레이너는 늘 "당신의 위대함을 증명하세요"라고 말한다. 하지만 우리가 그렇게 위대하지 않은 모습을 보이는 수많은 날에 대해서는 어떻게 해야 하는가? 중압감은 말 그대로 우리의 뼈를 녹인다. 현대 세상에 탈진과 불안감을 비롯해 정신적 질환이 만연한 것도 무리는 아니다.

우리 선조들이 "순결"이라고 부른 것이 '자아'라는 이 새로운 종교에서는 "외적 억압이나 내적(심리적) 억압"으로 불린다. 선조들이 "자기수양이나 자제"라고 부른 것을 이제 우리는 "죄"라고 부른다. 욕구가 신성불가침인 세계관에서 '궁극적인 죄'는 자신의 마음을 따르지 않는 것이다. 또 다른 신학자 코넬리우스 플랜팅가는 이렇게 말했다. "이런 문화에서 …… 자아는 훈련되거나 억제되기 위해서가 아니라 탐구되고 만족되고 표현되기 위해 존재한다."[20]

이 개념은 지독히 치명적이다. 그것은 우리가 이 개념을 참이라고 가정하기 때문이다. 이것을 의심하는 것조차 일종의 문화적 이단이다. 남들의 자아에 대해 의심을 제기하는 것도 중범죄다.

하지만 이제 어디서나 들을 수 있는 "자신에게 충실하라"는 주문은 매우 흥미로운 물음을 낳는다. "어떤 자아를 말하는 것인가?"

영적 지도자이자 심리학자인 데이비드 배너는 《나, 주님의 사랑에 안기다*The Gift of Being Yourself*》라는 책에서 이렇게 말했다. "우리가 '나'라고 부르는 것은 사실 많은 부분적 자아들의 집합이다."[21] 그 럴듯한 심리학 용어를 사용한 횡설수설처럼 들릴지 모르겠다. 하 지만 그렇지 않다. 이것은 우리 모두의 안에 있는 욕구의 복잡성을 지적한 것이다. 우리 안에는 온갖 욕구가 존재하며, 그중 많은 욕 구들이 서로 충돌한다. 사람들이 "마음 가는 대로 하라"라고 말할 때 여기서 마음은 어떤 마음을 말하는 것인가? 우리의 마음이 변덕 스러워서 욕구가 기분에 따라 시시각각 변하다면 어떻게 해야 하 는가?

감정적인 요소를 배제한 일상적인 사례를 들어 보겠다. 마트의 계산대를 생각해 보라. 나는 대략 일주일에 한 번 꼴로 이 경험을 한 다. 마트에서 저녁거리를 사서 계산대 앞에 줄을 서 있다 보면 내 친 구 데이비드 베넷이 말하는 "사랑들의 전쟁"[22]을 실질적으로 경험하 게 된다.

오른쪽으로는 잡지 코너가 보인다. 포토샵 처리까지 한 근육 질 배우들의 커버 사진이 눈으로 빨려 들어온다. 해리 스타일스는 새로운 대세다. 라이언 고슬링은 멋지게 나이를 먹어 가고 있다. 티 모시 샬라메는 전 세계 10대 소녀들의 마음을 훔치고 있다. 내 왼쪽 은? 또 다른 종류의 잡지들이 진열되어 있다. 이 잡지들은 먹음직한 음식들로 도배되어 있다. 부리또를 곁들인 엔칠라다와 샤워 크림. "10대 여름 맥주." "새로 생긴 포틀랜드 레스토랑 20선." "꿈의 7단

케이크." 이 두 종류의 잡지들 위쪽 칸에는 무엇이 있을까? 초콜릿을 비롯한 단 음식들.

계산대 앞에 서서 나는 두 가지 깊고도 원시적인 욕구를 느낀다. 한편으로는 라이언 고슬링처럼 보이고 싶다. 하지만 다른 한편으로는 집에 가서 비건 치즈 케이크에 그레이엄 크래커와 딸기 휘핑 크림을 곁들여 폭식하고 싶은 마음이 굴뚝같다. 두 욕구는 모두 내 '참자아'가 '진정으로' 느끼는 욕구다. 하지만 둘은 상호배타적이다. 행동이 굼뜬 40세 남성으로서 나는 단것을 너무 많이 먹으면 안 된다.

그래서 이 심각한 존재론적 문제를 어떻게 해야 하는가? 간단하다. 남성 잡지와 초콜릿 땅콩버터 컵을 '둘 다' 집고 나온다. 그 과자를 우적거리면서 라이언 고슬링의 운동 비결에 관해 읽는다. 내 일부터 시작할 것이다. 고민 끝.

이것은 실생활의 유머러스한 사례이지만 욕구들의 훨씬 더 심각한 충돌도 비일비재하다. 나는 자녀를 잘 키우고 싶다. 자주 함께 시간을 보내면서 아이들의 잠재력을 온전히 이끌어 내 주고 싶다. 하지만 방문을 닫고 혼자 조용히 텔레비전을 보고 싶기도 하다. 아이들의 귀찮은 문제는 스스로 해결하게 놔두고 싶다.

가진 것에 깊이 감사하고 만족하며 살고 싶다. 그리고 주위 사람들에게 후히 베풀며 살고 싶다. 하지만 동시에 꼭 필요하지도 않은 새 재킷을 사고 아직 멀쩡한 차를 새로 바꾸고 싶기도 하다. 아침에 일찍 일어나 성경과 기도로 마음을 하나님께로 향하고 싶다. 하지만 밤늦게까지 드라마를 보고 싶기도 하다. 밤새도록 예를 들 수 있다. 삶의 모든 영역에서 이런 충돌이 발생하기 때문이다. 하고 싶은 말은 이것이다. 현대인들의 경우 가장 강한 욕구가 가장 깊은 욕구는 아니라는 사실을 놓치기가 너무도 쉽다.

가장 강한 욕구가 가장 깊은 욕구는 아니다.

유혹의 순간, 육체의 욕구는 거부하기 힘들 만큼 강렬하게 타오른다. 예를 들어, 동료에 관해 험담하거나, 필요하지도 않은 신발을 사거나, 과식을 하거나, 정욕을 풀거나, 하나님을 무시하거나, 성경을 읽는 대신 넷플릭스를 보고 싶은 욕구가 강하게 일어난다. 하지만 이런 욕구는 우리 마음의 가장 깊고도 가장 참된 욕구가 아니다. 그것들은 우리 영혼의 밑바닥에서 올라온 욕구가 아니다.

조용히 하나님께 나아가라.

심호흡을 몇 번 하라.

당신 마음의 가장 깊은 욕구들이 마음의 표면 위로 올라오게 하라.

당신이 원하는 것은 무엇인가?

당신이 '진짜' 원하는 것은 무엇인가?

필시 깊이 들어가다 보면 하나님을 향한 갈망이 보일 것이다. 하나님의 사랑 안에서 살려는 욕구, 하나님의 평강으로 들어가려는 욕구, 당신의 몸이 "하늘에서와 같이 땅에서" 그분의 뜻이 이루어지는 곳이 되기를 바라는 마음. 이것은 당신 안에 계신 성령의 선물이다.

이것이 인간이 동물이고 도덕은 사회적 구조일 뿐이며 자신에게 충실하게 살아야 한다는 세상의 외침 속에서도 다들 내심 좋은 삶을 살려면 좋은 사람이 되어야 한다고 생각하는 이유다. "고인은 데이팅앱을 통해 수많은 여자를 섭렵했다" 혹은 "고인은 먹고 마시며 즐길 줄 알았다"와 같은 송덕문은 읽어 본 적이 없다. "도둑질을 향한 고인의 열정은 실로 본받을 만하다"라는 송덕문은 더더욱 상상할 수 없다.

사람이 죽으면 남은 이들은 그의 인격 중 가장 좋은 부분을 기린다. 사랑, 희생, 가족과 친구들을 향한 헌신, 겸손, 기쁨, 긍휼. 이 모든 것에는 육체적 욕구의 부인이 필요하다. 세상은 자아실현의 복음을 외치지만 어떤 종류의 자아를 실현할지가 가장 중요하다.

우리의 가장 깊은 욕구(대개, 사랑할 줄 아는 선한 사람이 되는 것)는 육체의 표면적 욕구에 방해를 받는다. 자신의 욕구를 십자가에 못 박지 말고 오히려 그것을 따르라고 권장하는 세상 문화는 상황을 더 악화시키고 있다. "자신에게 충실하라"는 세상에서 가장 나쁜 조언 중 하나다. 육체의 욕구에 굴복하면 많은 사람이 가정하는 것처럼 자유와 생명으로 이어지지 않고 오히려 노예 상태, 최악의 경우에는 중독으로 이어지기 때문이다. 중독은 쾌락에 의해 느리게 진행되는 자살이라고 할 수 있다.

　자, 이제 다음 이야기로 넘어갈 차례다.

'자유'를 빙자한 '욕망'의 족쇄를 차다

해상을 통해 대륙 간 여행을 하던 시절, 미국의 동쪽 방향에서 미국을 방문한 사람은 '자유의 여신상'이 가장 먼저 보였을 것이다. 뉴욕항 입구 리버티섬Liberty Island에 90미터 더 되는 높이로 우뚝 솟아 있는 이 위풍당당한 건축물은 '자유의 땅과 용감한 자들의 고향'을 상징한다. 이런 맥락과 흐름이라면 미국을 건국한 이들이 "생명, 자유, 행복 추구", "만인을 위한 자유와 정의" 같은 슬로건을 후손에게 남긴 것은 딱히 놀랄 일도 아니다. 심지어 패트릭 헨리의 "자유 아니면 죽음을 달라!"라는 외침마저 지나치다고 느껴지지 않는다.

물론 동시에 수 세기 동안 대륙 간 노예무역으로 1,200만 명 이상의 아프리카인들(그 가운데 약 200만 명은 동부 해안을 밟기도 전에 죽었다)을 끌고 온 국가이기도 하다는 비극적인 아이러니는 존재한다.[1] 미국은 영국의 압제에 맞서 싸우는 중에도 세상에 유례가 없을 만큼 '노예를 재산으로 여기는'chattel slavery 지독히 야만적인 제도를 개발했다.

위선은 논외로 하고, 미국인들은 자유를 궁극적인 선으로 추구한다. 로버트 벨라가 이끄는 사회학자들은 미국을 광범위하게 연구한 결과, 미국인들에게 "자유는 가장 중요한 가치였다"라는 사실을 발견했다.[2]

하지만 이 자유에 관한 무언가가 왜곡되어 버린 듯하다. 구조적 인종차별이 가장 분명한 예다. 하지만 이외에도 수없이 많다. 중독뿐 아니라 충동적인 쇼핑, 빚, 사기, 비만, 알코올 중독, 환경 파괴가 만연해 있다. 가정처럼 장기적인 헌신을 필요로 하는 것들은 다 몰락하고 있다. 여기에 더해, 극우 세력의 민족주의적 외국인 혐오증과 극좌 세력의 무정부주의적 충동도 문제다.

우리는 이런 현실을 보며 머리를 긁적인다. "어떻게 자유의 땅에서 이런 일이 벌어질 수 있지?"

노트르담대학 헌법 교수 패트릭 드닌은 《왜 자유주의는 실패했는가*Why Liberalism Failed*》라는 책에서(보수주의적인 내용이지만, 다름 아닌 오바마 대통령이 추천한 책이다[3]) 자유의 문제가 1960년대 푸코, 우드스탁 페스티벌, 성 혁명에서 시작되지 않았다고 주장한다. 그 문제는 1760년대 계몽주의, 미국 건국의 아버지들, 미국 헌법에서 시작되었다. 드닌은 이런 움직임을, 자유에 관한 새로운 정의에 따라 완전히 새로운 종류의 인간을 탄생시키려는 시도라 불렀다. 자유에 관한 이 새로운 정의는 조잡하면서도 저속하다. 바로 자유가 '뭐든 원하는 대로 할 수 있는 능력'이라는 것이다.

이것이 자유에 관한 예수님, 성경 기자들, 역사상 위대한 철학자들의 정의가 아니라는 사실을 아는 현대인들은 그리 많지 않다.

바울이 갈라디아 교인들에게 보낸 편지를 잠시 살펴보겠다. 신약에는 육체에 관한 내용을 다루는 구절들이 적지 않지만 갈라디아서 5-6장은 특히나 내가 좋아하는 구절들이다. 바울의 신학적 틀에서 서구의 자유 개념과 다른 매력적인 비전을 발견할 수 있다. 일단 갈라디아서 5장의 첫머리에서 시작해 보자.

그리스도께서 우리를 자유롭게 하려고 자유를 주셨으니 그러므로
굳건하게 서서 다시는 종의 멍에를 메지 말라.
갈라디아서 5장 1절

얼핏 보면 이 구절은 현대 미국인들의 말처럼 들린다. "자유를
잃지 말라! 아무에게도 아무것에도 통제를 받지 말라!" 하지만 계속
해서 읽어 보면 바울이 말하는 자유가 대부분의 현대인들이 생각하
는 자유가 아니라는 사실이 곧바로 드러난다. 13절을 보자.

형제들아 너희가 자유를 위하여 부르심을 입었으나 그러나 그
자유로 육체의 기회를 삼지 말고 오직 사랑으로 서로 종노릇하라.

해석하자면 이렇다. 너희가 더 이상 모세의 언약 아래에 있지
않다고 해서 예수님 안에서 새롭게 찾은 자유를 남용하지 말라. 망
가진 욕구에 끌려다니지 말고 사랑의 관계에서 비롯하는 제약을 받
아들이라.

여기서 바울은 철학에서 말하는 자기결정권의 의미에서 "자유"
라는 단어를 사용했다. 철학자들은 인간이 자기결정의 자유를 가진
유일한 생명체라고 주장한다. 짐승과 달리 우리는 원시적인 쾌락과
생존의 욕구로만 움직이지 않는다. 물론 우리는 이런 욕구도 '분명'
갖고 있다. 하지만 우리는 자기결정의 자유도 갖고 있다. 이런 욕구

가 그릇되었을 때는 자제할 줄 아는 능력을 갖고 있다.

동물을 생각해 보라. 코요테는 토끼를 먹을지 말지 고민해서 결정하지 않는다. 코요테는 토끼를 보고서 멈춰서 '이것이 옳은 선택인가?'라고 고민하지 않는다. 코요테가 동물보호단체가 펴낸 엄격한 채식주의에 관한 책을 읽거나 마이클 폴란이 진행하는 채식 위주 식단에 관한 팟캐스트를 들을 리는 없다. 코요테는 아주 단순한 공식에 따라 움직인다. 먼저, 토끼를 본다. 곧바로 토끼를 쫓는다. 토끼를 먹는다. 코요테는 철저히 생존 본능에 따라 움직인다. 이것이 동물 세계에는 윤리와 도덕이 없는 이유다. 동물 세계에는 도덕은 없고 원인과 결과, 욕구만 존재한다. 이것이 우리가 동물원에서 포식자가 먹이를 잡아먹었다고 해서 벌을 주지 않는 이유다.

하지만 우리는 코요테가 아니다. 식당에 가면 종업원이 우리에게 무엇을 주는가? 메뉴판을 준다. 살아서 몸부림치는 토끼를 주면서 산 채로 잡아먹으라고 하지 않는다. 우리는 메뉴판을 보면서 가격이며 지방 함유량, 이 음식을 먹으면 기분이 어떨지, 내가 이 음식을 시키면 데이트 상대가 어떻게 생각할지, 어떤 마실 거리와 어울릴지 등을 따진다. 우리는 성공하기 위해 험담이나 거짓말, 불의, 부당 해고를 통해 다른 인간을 '잡아먹을지 말지'도 결정해야 한다.

이것이 우리와 동물들이 다른 점이다. 다른 네 손가락과 맞닿아 물건을 쥘 수 있는 엄지손가락이나 전전두피질prefrontal cortex이 아니라, '행동을 선택할 수 있는 능력'이 바로 동물과 결정적으로 다른 인간만의 차별점이다.

예를 들어, 철새는 겨울마다 남쪽으로 날아가 멕시코 마사틀란에 코를 찍고 돌아오는 기이한 능력을 타고났다. 이것은 실로 놀라운 능력이다. 하지만 철새에게 "금년에는 샌타페이나 들러볼까? 아니면 샌디에이고가 좋을까? 그곳의 예술 행사들이 굉장하다던데!"라고 말할 능력은 없다. 반면, 인간은 어디에서 겨울 휴가를 보낼지 '결정할' 능력이 있다. 물론 대부분의 경우, 숙박비를 감당할 수 있는 곳으로 가야겠지만 말이다. 어쨌든 우리는 막대한 자기결정의 자유를 누린다.

하지만 여기에 문제점이 있다. 자유는 남용하기가 너무도 쉽다. 그리고 자유를 남용하면 사랑을 부정할 수밖에 없다. 바울의 다음 구절을 보라.

> 오직 사랑으로 서로 종노릇하라 온 율법은 네 이웃 사랑하기를 네
> 자신같이 하라 하신 한 말씀에서 이루어졌나니 만일 서로 물고
> 먹으면 피차 멸망할까 조심하라.
> 갈라디아서 5장 13-15절

흥미롭지 않은가? 바울에게 '육체의 기회를 삼는 것'의 반대는

"이웃 사랑하기"였다. 처음에는 좀 이상하게 들릴 수 있다. 서구 문화에서는 주로 사랑을 정욕과 혼동하기 때문이다. 더 광범위하게는, 사랑을 욕구와 혼동한다.

"나는 초콜릿 케이크를 사랑해." 이 말은 "먹고 싶어. 육체의 욕구를 만족시키고 싶어"라는 뜻이다. "나는 남자 친구 혹은 여자 친구를 사랑해." 이 말도 같은 의미일 때가 많다. 성적 욕구 혹은 남녀 사이의 욕구가 나쁘다는 뜻은 아니다. 성은 아름다운 것이다. 성은 하나님이 즐기라고 주신 것이다. 하지만 예수님, 바울, 신약 기자들이 정의하는 사랑은 전혀 다른 현상이다. 그들이 사랑에 대해 사용한 헬라어는 '에로틱erotic'(관능적인, 육욕적인)이라는 영단어의 어원인 '에로스'가 아니라, '아가페'다. 아가페 사랑을 나 나름대로 최대한 정의해 보면 다음과 같다.

다른 사람의 영혼을 기뻐하고 내게 어떤 손해가 되더라도 내 유익보다 '상대방의 유익을 추구하겠다는' 긍휼로 가득한 결단.

사랑은 받기보다는 주려는 욕구다. 사랑은 다른 사람의 유익을 추구하려는, 마음의 확립된 의도다. 사랑은 다른 사람들 안에 있는 고유의 아름다움을 보고, 그들도 그것을 보도록 도와주는 것이다. 사랑이 다른 사람들의 유익을 추구하는 것이라면 다른 사람들을 사랑해 주기 위해서는 현실을 알아야 한다. 그러니까 그들에게 무엇이 '진정으로' 유익한지 알아야 한다. 이것을 기억해 주길 바란다. 나중에 이 문제에 관해 다시 이야기할 것이다.

바울의 요지는 우리의 육체가 사랑에 반反한다는 것이다. 육체는 동물적인 자기만족과 생존의 욕구로 움직인다. UCLA 슈워츠 박사의 정확한 진단처럼, 육체는 "지각을 지니고 고통받는 동족을 자기 욕구의 대상 혹은 걸림돌 이상으로" 보지 않는다. [4]

내 아내는 집안에서 '육신적인'이란 형용사를 자주 사용한다. 가족 중에 한 사람이 자신의 욕구와 필요만 생각하며 까다롭게 굴면 아내는 "너무 '육신적'이야"라고 말한다(나는 집에서 육신적으로 군 적이 없다. 정말이다). 아내의 말이 옳다. 우리는 '육신적'일 때 사랑을 하지 않는다. 그것은 앞에 말한 정의에 따른 사랑은 기쁘기만 한 것이 아니고, 고되고 힘든 과정이기 때문이다. 반면, 육체는 게으르고 자기중심적이다. 육체는 당장 기분이 좋아지는 것을 원한다.

아우구스티누스는 죄를 "자신에게로 향한 사랑"이라고 불렀다. 나중에 마르틴 루터는 이 개념을 빌려와, 자신의 쾌락과 육체적인 만족을 위해 사는 사람들을 "호모 인쿠르바투스 인 세homo incurvatus in se" 즉 "자기 안으로 구부러진 사람"이라고 불렀다. [5]

이 점을 생각하며 바울의 다음 말을 보자.

내가 이르노니 너희는 성령을 따라 행하라 그리하면 육체의 욕심을 이루지 아니하리라 육체의 소욕은 성령을 거스르고 성령은 육체를

거스르나니 이 둘이 서로 대적함으로 너희가 원하는 것을 하지
못하게 하려 함이니라.

갈라디아서 5장 16-17절

지금 서구 문화를 잠식한 메시지는 "너희가 원하는 것을 하라"
다. 팝 스타 빌리 아일리시는 〈보그Vogue〉 인터뷰에서 이렇게 말했
다. "뭐든 원하는 것을 하고 싶어요. ...... 기분 좋은 게 최고죠."[6] 속
살이 비치는 코르셋을 입고 사진 촬영을 한 것을 정당화하면서 한
말이다. 코르셋은 많은 페미니스트들이 여성 혐오와 결부시키는 대
상이다.

하지만 기분을 좋게 해 주는 것이 다 좋은 것은 아니다. 그리고
우리가 절대 해서는 안 되는 행동이 있다면 그것은 뭐든 원하는 대
로 하는 것이다. 뭐든 원하는 대로 해도 된다는 것은 더없이 악마적
인 생각이다.

'내키는 대로 한다'라는 철학을 옹호하는 사람들은 언제나 '아무
에게도 피해를 입히지 않는 한'이라는 조건을 단다. 세계적인 팝 스
타에서 우리 동네의 바리스타들에 이르기까지 우리의 세속적인 이
웃들은 단지 같은 시민들이 행복하기를 바라는 착하고 고상한 사람
들이다. 그들은 법과 질서가 필요하다는 것도 잘 알고 있다. 사실,
그들은 인권에 대해 기독교인들보다 더 높은 기준을 갖고 있을 때가
많다. 인정하기 싫지만 사실이다.

'아무에게도 피해를 입히지 않는 한'이라는 단서의 문제점은 '피해'에 대한 합의된 정의가 필요하다는 것이다. 그런데 우리가 사는 세속적이고 다원론적인 세상에서는 그런 정의가 존재하지 않는다. 이 땅에는 기준으로 삼을 만한 하나님이나 성경 같은 초월적인 도덕적 권위가 더 이상 없다. 심지어 계몽주의 자연법 개념도 어딘가로 사라지고 없다. 남은 것은 이제 자아와 정부뿐이다. 문제는 인류의 번영으로 이어지지 않는 온갖 것들이 이제 합법적이라는 것이다.

피해에 관한 논쟁은 사실상 윤리에 관한 논쟁이다. 어떤 행위를 '사랑'이나 '미움'으로 정의하려면 선악에 관한 합의된 정의가 필요한데, 이 땅에는 이것 역시 존재하지 않는다. 자아라는 새로운 종교에서는 윤리가 철저히 개인화되어 있기 때문에 절대적 의미에서의 피해는 정의하기 어렵다.

이민과 국경수비대를 둘러싼 논쟁을 생각해 보라. 좌파는 "이민단속국을 폐지하라"라고 외치고, 우파는 "미국을 다시 위대하게 만들라"라고 외친다. 어떤 이들은 불법 체류를 노동자들의 경제적 기회와 국가의 문화적 유산에 대한 심각한 위협으로 본다. 반면, 다른 이들은 서류 미비 시민들undocumented citizens을 반대하는 것을 일종의 유색인종 차별, 아이들을 향한 학대, 다양성을 위한 기회의 상실로 본다. 분명, '무엇이 피해인지'에 대한 합의가 제대로 이루어져 있지 않다.

혹은 몸에 착 달라붙는 비키니를 입고 해변에 앉아 있는 여성을 생각해 보라. 그녀는 그것을 여성 인권 신장의 증거로 여긴다. 그런데 그 옆에는 히잡을 두른 이슬람교도 여성이 앉아 있다. 그녀에게 공공장소에 비키니를 입고 나타나는 것은 여성의 존엄성을 훼손하고 '미美'에 대한 세상의 억압적인 관념을 퍼뜨리고 성적 무감각을 조장하는 짓이다. 둘 다 서로를 피해로 경험하고 있다. 한 사람은 억압을 느끼고 다른 사람은 모욕을 느낀다.

워싱턴 주 스포캔에 있는 미국 흑인인권 단체 NAACP 회장을 역임한 은케치 아마레 디알로(주민등록상 이름은 레이첼 앤 돌잘)가 생각난다. 그녀는 오랫동안 흑인으로 활동해 왔는데 2015년 기사가 터졌다. 알고 보니 그녀는 유럽인 외의 피가 조금도 섞이지 않은 사람(백인)이었다. 하지만 스스로는 "흑인으로 여긴다." 결국 그녀는 이스턴워싱턴대학 아프리카 문헌 연구 강사직에서 해고되었을 뿐 아니라, 복지 사기로 인한 위증과 가중 절도죄로 워싱턴 주 정부로부터 고소를 당했다.[7]

그런데도 그녀는 자신이 백인 부모에게서 태어났지만 정신과 삶은 완전한 흑인이라고 계속해서 주장했다. 여기서 누가 피해를 입고 있는가? 자신이 흑인이며 인종 증오 범죄의 희생자라고 주장하는 백인 여성에게 흑인 사회가 피해를 입고 있는 것인가? 혹은 스스로 결정한 인종적 정체성으로 인해 해고를 당한 디알로, 아니 돌잘이 피해를 입고 있는 것인가?

이것들은 현재 포스트모던 윤리가 자리를 잡으면서 '피해냐 유익이냐'에 관한 합의된 정의가 없는 탓에 발생하는 실생활 문제들이다.

하지만 바울이 한 가지가 아니라 두 가지 범주의 욕구들을 기술했다는 점에 주목해야 한다. 바로, 육체와 영이다. 육체가 자기 쾌락을 위한 피상적이고 동물적인 욕구라면, 영은 사랑과 선함을 추구하는 더 고차원적이고도 더 깊은 욕구다. 하나님의 영은 우리의 골수 깊은 곳에 거하시며 우리를 더 높은 차원의 자기희생적인 '아가페'로 부드럽게 부르고 계신다. 우리가 어떤 욕구를 추구하느냐에 따라 우리 영혼과 사회의 궤적이 달라진다.

육체가 우리를 무엇으로 이끄는지 바울의 말을 들어 보자.

육체의 일은 분명하니 곧 음행과 더러운 것과 호색과 우상 숭배와
주술과 원수 맺는 것과 분쟁과 시기와 분냄과 당 짓는 것과 분열함과
이단과 투기와 술 취함과 방탕함과 또 그와 같은 것들이라 전에
너희에게 경계한 것같이 경계하노니 이런 일을 하는 자들은
하나님의 나라를 유업으로 받지 못할 것이요.
갈라디아서 5장 19-21절

이 가운데 귀에 익은 것이 있는가?
"음행과 더러운 것과 호색": 데이팅앱, 하룻밤 섹스 문화, 지역

술집과 클럽.

"원수 맺는 것과 분쟁과 시기와 분냄": 트위터, 손절 문화^{cancel} culture, 뉴스의 대부분.

"당 짓는 것과 분열함과 이단": 직장 내 험담에서 워싱턴 DC의 정치적 다툼까지.

"투기": 인터넷, 쇼핑몰, 광고, 인스타그램이라는 강력한 투기 제조기.

"술 취함과 방탕함과 또 그와 같은 것들": 넷플릭스와 HBO(미국 유료 케이블 네트워크. OTT 유료 스트리밍 구독 서비스의 창시자 격이다-편집자) 같은 방송들.

물론 이는 서구 문화와 이런 앱들의 부정적인 측면을 강조한 것이다. 서구에는 인권, 종교의 자유, 언론의 자유, 물질적인 풍요, 과학, 의학, 교육, 예술 같은 놀라운 것들이 많다. 하지만 이면의 어두운 측면을 무시할 수는 없다. 바울의 요지는 육체의 욕구를 따를 때 이런 영혼과 사회가 만들어진다는 것이다.

비교와 대조를 위해 성령이 우리를 어디로 이끄시는지 보라.

오직 성령의 열매는 사랑과 희락과 화평과 오래 참음과 자비와
양선과 충성과 온유와 절제니.
갈라디아서 5장 22-23절

우리의 현실은 너무도 다르기 때문에 이것이 뜬구름 잡는 소리처럼 들릴 수 있다. 하지만 성령의 토양에서는 분명 이런 종류의 "열매"가 자란다. 성령 안에서 살면 이런 종류의 사람이 된다. 즉 사랑과 희락이 가득하고 걱정이 없으며 서두르지 않고 다른 사람들에게 도움을 주는 선한 영혼이 된다.

바울의 이 논의는 다음과 같이 마무리된다.

그리스도 예수의 사람들은 육체와 함께 그 정욕과 탐심을 십자가에 못 박았느니라 만일 우리가 성령으로 살면 또한 성령으로 행할지니.
갈라디아서 5장 24-25절

십자가 부분(우리의 육체를 죽이는 것)은 나중에 다시 살펴보기로 하고, 여기서는 한 가지만 짚고 넘어가고 싶다. 자유와 노예 상태에 대한 바울의 정의가 서구 세상의 정의와 크게 다르다는 것이다.

각각에 대해 간단히 살펴보겠다. 먼저, 자유. 기독교 사전에서 자유만큼 많은 오해를 받은 단어가 또 있을까 싶다. 철학자들은 자유를 두 가지 종류로 나눈다. 소극적 자유와 적극적 자유다. 소극적 자유는 '~로부터'의 자유다. 이것은 자신의 선택을 제한하는 모든 제약을 제거하는 것이다. 적극적 자유는 '~을 위한' 자유다. 이것은 단순히 선택의 자유가 아니라 '좋은' 것을 선택할 힘이다.

소극적 자유는 스칸디나비아의 위대한 지성인 엘사 공주의 선언에서 잘 나타난다. 영화 〈겨울 왕국Frozen〉의 엘사 공주 맞다.

옳은 것도 없고 그릇된 것도 없어.
나를 옭아매는 그 어떤 규범도 없어.
나는 자유로워!

아, 혹시 내가 쇠렌 키르케고르나 다그 함마르셸드의 글을 인용하리라 예상했는가? 더 진지한 사례로는 (임신 24주 이전에는 낙태를 할 수 있게 허용한-편집자) 1992년 '가족계획협회 대 케이시' 재판Planned Parenthood of Southeastern Pa. v. Casey에서 샌드라 데이 오코너 판사, 앤서니 케네디 판사, 데이비드 소우터 판사의 다수 의견을 들 수 있다.

자유의 중심에는 존재, 의미, 우주, 인간 생명의 신비에 대해
자신만의 관념을 정립할 권리가 있다.[8]

자유에 관한 이런 시각은 개인적인 행복 외에 절대적인 도덕이나 삶의 궁극적인 의미를 믿지 않는 포스트모던 세계관에서 비롯했다.[9] 이 시각에서 자유의 반대는 제약이다. 성경 같은 외적인 권위에서 비롯하든, (결혼이나 양육 같은) 구속적인 관계에서 비롯하든 제약은 다 자유의 반대다. 이 관점에서 자유는 뭐든지 원하는 대로 하기 위한 '해방'이다. 자신을 위한 선을 스스로 정의하는 것. 뭐든 원

하는 대로 추구하고 즐기고 사고팔고 말하고 누구든 원하는 사람과 잠자리를 하는 것. 물론 '아무에게도 피해를 입히지 않는 한.' 이것이 자유다. 이것이 서구에서 자유에 관한 주 관점이 되었다. 이제 우리 아이들은 디즈니 영화 한 편을 볼 때마다 이 관점으로 조금씩 들어간다.

하지만 이것은 자유를 바라보는 바울의 관점이 아니다. 예수님의 관점도 아니다. 근대 이전에 인간 삶을 꿰뚫어 본 대부분의 선각자들의 관점도 아니다. 그들은 적극적 자유에 더 강조점을 두었다. 그들에게 자유는 단순히 선택할 권리가 아니라 '좋은 것'을 선택할 힘이다. 자유는 권위로부터의 독립이 아니라 죄에서 해방되어 사랑의 관계로 들어가는 것이다. 그리고 적극적 자유는 자기만족이라는 '강한' 욕구를 이기고 자기희생적 사랑이라는 '깊은' 욕구를 이루기 위해 우리 외부에서 오는 힘이 필요하다는 뜻이다. 익명의알코올중독자들 모임에서 말하는 "더 높은 힘higher power"을 생각하라.

이제 노예 상태에 관해 이야기를 해 보자. 내 경우, 노예 상태라는 말만 들으면 움찔 놀란다. 미국인으로서 400년이 지나도록 여전히 국가 차원에서 회개가 이루어지지 않고 있는 노예 제도의 수치와 아픔이 떠오르기 때문이다. 보상은커녕 회개조차 없다. 노예 제도를 정당화하기 위해 성경을 오용하는 일부 소수 무리의 헛된 시도가 있으나, 성경은 분명 반대 방향을 가리키고 있다. 인종차별과 비인간화와 압제는 분명 잘못된 것이다. 당장 멈춰야 할 것들이다.

솔직히 내 글과 설교에서 '노예 상태'라는 단어를 사용하는 것조차 망설여질 때가 많다. 하지만 예수님과 신약 기자들은 이 단어를 수시로 사용했다. 애굽 노예들의 후손으로서 이 단어를 사용하면 논란을 일으킬 수 있었다. 하지만 그들은 이 단어로 마귀나 단순히 우리 자신의 육체에 대한 영적 노예 상태를 지적했다.

베드로는 육체에 관한 또 다른 탁월한 글을 남겼다. 이 글에서 그는 "자유를 준다" 약속하지만 "자신들은 멸망의 종들"인 거짓 교사들에 관해 경고했다. 이어서 이 위대한 구절이 등장한다. "누구든지 진 자는 이긴 자의 종이 됨이라"(벤후 2:19).

성경 기자들에 따르면 독재자, 노예 주인, 자멸적 행동, 마약 중독, 알코올 중독, 심지어 휴대폰까지, 우리를 통제하는 것은 뭐든 우리의 '주인'이다. 이것이 히브리 지혜 문학이 악인들은 '자기의 악한 욕망에' 사로잡힌다고 말한 이유다(잠 11:6). 이것이 신약에서 예수님을 영접하기 전의 삶을 "어리석은 자요 순종하지 아니한 자요 속은 자요 여러 가지 정욕과 행락에 종노릇한 자"의 삶으로 묘사한 이유다(딛 3:3).

성경 기자들만 이렇게 말하는 것이 아니다. 옛 선각자들은 대부분 이 시각에 동의할 것이다. 〈뉴욕 타임스〉에 실린 앤드류 설리번의 글을 보라.

대부분의 옛사람들에게 자유는 자연적인 욕구와 물질적인

필요로부터의 자유였다. 자유는 자제, 절제, 덕에 관한 교육을 통해

이 깊고도 자연스러운 욕구를 다스리는 것에 달려 있었다. ……

옛사람들이 우리의 자유를 보면 음탕, 혼란, 욕구에 사로잡힌 노예

상태라고 부를 것이다. 그들은 그 결과로 행복이 아닌 불행을 예상할

것이다.[10]

심리치료 분야에서는 이런 종류의 노예 상태에 대해 "강박증"
이란 표현을 사용한다. 강박증의 사전적 정의는 "무언가를 반복적
으로 하고 싶어 하는, 통제하기 힘들 만큼 강한 감정"이다.[11] 강박증
을 치료하지 않고 그냥 놔두면 욕구에 대한 노예 상태인 중독으로
발전한다.

내가 존경하는 영적 지도자이자 정신과 의사인 제럴드 메이는
다음과 같이 말했다.

강박증이 표면적으로 어떻게 보이든 간에, 표면 아래서는 언제나

우리의 자유를 앗아 가고 있다. 스스로 선택해서가 아니라 안 하고는

배길 수 없어서 무언가를 하게 된다. 물건, 사람, 신념, 행동을

좋아해서가 아니라 단순히 그것을 잃을까 두려워 집착하게 된다.

…… 영적 의미에서 우리 애착과 중독의 대상은 '우상'이 된다.

원하든 원치 않든, 심지어, 아니 특히 그것을 떨쳐 내려고 애쓰는

와중에도 그것에 시간과 정력과 관심을 쏟게 된다. 우리는 자유롭고 싶고, 긍휼한 마음을 갖고 싶고, 행복해지고 싶지만, 이 애착으로 인해 매달리고 움켜쥐고 두려움 속에서 자신에게 몰두한다. 이것이 우리 문제의 뿌리다.[12]

그가 쓴 표현을 눈여겨보라. "우리는 자유롭고 싶다." 그는 적극적 의미에서 자유라는 단어를 사용하고 있다. 뭐든 자신이 원하는 대로 하는 자유가 아니라, 행복해지기 위한 망가진 동물적 욕구로부터의 자유를 말하고 있다.

이것이 서구 민주주의에서 주된 형태의 노예 상태다. 우파의 독재나 좌파의 자유주의, 점점 심해지는 중국의 디지털 검열을 경고하는 목소리가 높지만 그것들은 대부분 공포를 조장하고 대중의 주의를 돌리려는 시도에 불과하다. 육체에 대한 노예 상태야말로 가장 시급한 문제다. 어쩌면 마귀보다도 더 시급한 문제다. 마귀가 오늘 죽어도 우리는 여전히 내일 죄를 지을 것이라는 말도 있지 않은가. 마귀는 우리를 속이거나 유혹할 수만 있을 뿐 우리를 강요하거나 통제할 수는 없다.

물론 최근 많은 서구인들은 '억압'이란 단어를 훨씬 더 광범위한 의미로 사용하기 시작했다. 억압은 기존의 의미(노예를 재산으로 여기는 제도, 여성 혐오를 반영한 법 같은 것들)에서, 모든 형태의 외적 권위나 제약을 의미하는 것으로 변했다. 이제는 법이나 교리, 사회 규범, 부모,

심지어 하나님까지 우리가 원하는 대로 하지 못하게 막는 것은 뭐든 억압이라 부른다.

물론 외부 권위 중에는 억압적이고 유독하고 잔혹한 경우도 많다. 가장 먼저 북한이나 ISIS가 떠오른다. 미국 사회의 일상적인 삶에 가까운 예로는, 구조적인 인종주의, 경찰의 과잉 진압, 1950년대의 숨 막히는 가부장 문화가 그렇다. 분명, 외부 권위에 반대해야 할 시간과 장소가 있다. 2020년 일어난 '블랙 라이브스 매터Black Lives Matter'(흑인의 생명도 소중하다) 운동이 좋은 예다. 하지만 문제는 외부 권위 자체가 아니라 외부 권위의 '남용'이다.

내가 판단하기로, 공공 영역에서는 정부가, 사적 영역에서는 부모가 외부 권위의 역할을 맡는 것이 성경적이다. 이 둘의 역할은 은행 강도든 두 살배기 아기든 스스로 절제할 수 없는 사람들의 육체를 억제시키는 것이다.

사실, 예수님을 따르는 우리는 외부 권위 아래로 스스로 들어가기로 선택한다. 그 권위는 무엇보다도 성경을 통해 드러나는 하나님의 권위다. 아울러 교회도 어느 정도는 우리에게 외부 권위 역할을 한다. 우리가 자유 의지로 외부 권위 아래로 들어가는 것은 권위가 본래 억압적인 것이 아니라 자녀를 위한 양육과 비슷하다는 것을 알기 때문이다. 권위 아래 있는 것은 육체를 다스리는 법을 배우고 사랑의 사람으로 자라기 위한 훈련이다. 우리는 믿을 만한 권위의 원천을 통해 현실을 보게 된다. 권위가 지혜와 긍휼로 잘 사용되면 우리는 현실과 일치하는 삶을 살도록 자라고 성숙해져서, 나중에는 훨씬 더 큰 자유를 감당할 능력을 갖추게 된다.

이것이 우리가 열 살짜리 아이에게 총을, 청소년에게 술을, 음주 운전 경력이 화려한 사람에게 운전면허증을 주지 않는 이유다. 그것은 자유가 꼭 나쁜 것이어서가 아니다. '외적인' 자유를 즐기고 표현할 수 있으려면 먼저 '내적으로' 자유로운 사람이 되어야 하기 때문이다.

또한 이것이 미국 건국자들이 엄밀하게 말해 민주주의가 아닌 공화주의를 꿈꾼 이유다. 진정한 민주주의는 이전에도 최소한 두 번, 즉 고대 그리스와 로마에서 시행되었다. 그런데 두 경우 모두 폭민 통치mob rule로 전락했고, 거기서 다시 독재로 이어졌다. 에드먼드 버크는 역사의 오류를 반복하지 않도록 1791년의 한 편지에서 미국 건립의 기초가 된 논리를 정립했다.

> 사람들은 스스로 자신의 욕구에 도덕적 족쇄를 채우는 만큼만 시민적 자유를 누릴 자격이 있다. …… 의지와 욕구를 통제하는 힘이 없다면 사회는 존재할 수 없다. 내적 통제력이 적을수록 외적 통제력이 커져야 한다. 무절제한 정신의 소유자들은 자유를 누릴 수 없다는 것이 세상의 이치다. 그들의 욕망은 족쇄를 만들어 낸다.[13]

자제가 결여된 자유는 재난으로 이어질 수밖에 없기 때문이다.

성 아우구스티누스는 이 점을 잘 알고 있었다. "선택의 자유는 선을 위해서는 충분하지 않지만, 악을 위해서는 충분하다."[14]

현대 서구 세상이 자유라고 부르는 것 중 대부분은 예수님의 도에서 노예 상태라고 부르는 것들이고, 그 반대의 경우도 마찬가지다. 조지 오웰식으로 표현하자면, 자유는 압제이고 압제는 오히려 자유다.

수십 년간 세속의 중심부, 뉴욕에서 산 팀 켈러는 자유를 다음과 같이 명쾌하게 정리했다.

> 세상 문화가 말하는 자유는 자유가 아니다. 진짜 자유는 일부 자유를 얻기 위해 다른 자유를 전략적으로 잃을 때 찾아온다. 진짜 자유는 제약이 없는 상태가 아니라, 적절한 제약과 잃어야 할 자유를 선택하는 것이다.[15]

이것의 궁극적인 예는 사랑이다. 사랑의 관계보다 더 큰 제약이 있는가? 친밀함을 얻기 위해서는 독립을 포기해야 한다. 일전에 한 멘토가 내게 말했듯이 "친밀함은 헌신의 안전한 울타리 안에만 거한다."[16]

우리 가정, 아버지로서 내 책임, 신약의 윤리 등의 제약이 떠오른다. 나는 이런 제약과 싸울 수 있다. 심지어 이런 제약으로부터 도망칠 수도 있다. 하지만 내 자아는 절대 내가 도망치도록 놔두지 않는다. 내 머릿속에서 귀스타브 튀봉의 경고가 끊임없이 들린다. "속박을 당하는 기분이다. 그래서 탈출을 꿈꾼다. 하지만 헛된 희망을 조심하라. 자유를 얻기 위해 도망치지 말라. …… 당신 자신에게서 도망치면 당신의 감옥이 함께 뛸 것이니."[17]

반면, 내 제약 안에 머물면서 그 제약이 할 일을 하도록 허용하면, 내 의무를 다하는 것이 내 감정이나 욕구만큼이나 '진정한' 것임을 받아들이면, 내 제약은 나를 내 육체의 압제에서 해방시켜 사랑의 사람으로 빚어 준다.

물론 자유와 노예 상태에 관한 이 비전의 원천은 예수님이시다. "진실로 진실로 너희에게 이르노니 죄를 범하는 자마다 죄의 종이라"(요 8:34). "진리를 알지니 진리가 너희를 자유롭게 하리라"(요 8:32).

예수님은 완벽히 자유로우셨다. 옥스퍼드대학 신학자 마이클 그린은 이렇게 말했다. "그 어떤 것보다도 자유를 중시하는 이 시대에 예수님은 역사상 가장 자유로우신 분으로서 우리의 문제점을 지적하신다."[18]

또 다른 옥스퍼드대학 교수 C. S. 루이스는 "인생의 주된 일은 우리 모두가 태어날 때부터 갇혀 있는 우리 자신이라는 작고 캄캄한 감옥에서 나오는 것이다"라고 말하면서 "감옥을 '사랑하게' 되는 것"의 위험을 경고했다.[19]

이것이 인생이라는 여행이다. 우리의 온전하고 새로운 모세,

예수님을 따라 노예 상태에서 자유의 땅으로 탈출하는 것. 예나 지금이나 예수님은 우리를 죄와 자아의 감옥에서 구해 내 새로운 생명의 땅으로 인도하시려고 손을 내미신다.

그렇다면 이제 질문은 이것이다.

우리는 어떻게 자유로워질 수 있을까?

한 번에 한 알씩 '영생'을 위한 씨를 뿌리라

레슬리 제이미슨은 회고록 《리커버링*The Recovering*》에서 중독이 밤마다 계속해서 출몰하는 유령과도 같다고 고백했다. 그는 중독에 관해 세상 어디에서도 볼 수 없는 회고록을 쓰려고 머리를 쥐어짜다가 그것이 불가능한 작업이라는 것을 깨달았다. 그것은 중독이 인간의 존재 상태이기 때문이다. "중독에 관한 모든 이야기는 이미 나온 이야기다. 중독은 필연적으로 반복되기 때문이다. 파괴적이고, 환원주의적이며, 재순환이라는 동일한 방식으로 모든 사람을 근본적으로 무너뜨린다. 그 핵심은 이것이다. 무언가를 갈망한다. 사용한다. 이를 되풀이한다."[1]

죄는 사람들을 똑같게 만든다. 육체에 굴복하면 모두 똑같은 패턴으로 돌아간다.

갈망한다.

사용한다.

이를 되풀이한다.

우리는 이것을 중독이라고 부른다. 예수님과 바울은 이것을 노예 상태라고 불렀다.

참, 바울의 말은 아직 끝나지 않았다. 그는 갈라디아 교회를 향한 마지막 경고와 함께 성령 안에서의 자유와 육체의 종노릇에 관한 논의를 이어 간다.

스스로 속이지 말라 하나님은 업신여김을 받지 아니하시나니

사람이 무엇으로 심든지 그대로 거두리라 자기의 육체를 위하여
심는 자는 육체로부터 썩어질 것을 거두고 성령을 위하여 심는 자는
성령으로부터 영생을 거두리라 우리가 선을 행하되 낙심하지 말지니
포기하지 아니하면 때가 이르매 거두리라.

갈라디아서 6장 7-9절

들어 본 구절인가? 필시 그럴 것이다. 특히 "선을 행하되 낙심
하지 말지니"라는 대목은 누구나 한 번쯤은 들어 봤으리라. 이것은
힘든 시기를 지나는 친구나 가족을 위로하거나 격려할 때 자주 인용
되는 구절이다. 물론 이 구절을 이렇게 사용해도 좋지만, 사실 여기
서 바울은 힘든 시기를 극복하는 것에 관해 말한 것이 아니다. 이 구
절은 우리의 육체와 싸우는 것에 관한 내용이다. 자주 인용되는 이
구절에서 우리는 우리가 육체의 노예가 되거나 성령으로 육체에서
해방되는 기제에 관한 중요한 힌트를 얻을 수 있다.

보다시피 세 적들의 전략에 관한 우리의 이론이 바울의 신학에
서 다시 나타나고 있다.

"스스로 속이지 말라." 기만적인 개념들.

"자기의 육체를 위하여 심는 자." 망가진 욕구에 작용하는.

"썩어질 것을 거두 …… 리라."

여기서 바울은 노예 상태에서 완전한 파멸로 긴장 수위를 높이
고 있다. 그는 노예 상태가 정적이지 않고 역동적이라고 말한다. 노

예 상태가 결국 파멸로 이어진다고 주장한다.

다행히 성령도 역동적이시다.

성령을 위하여 심는 자는 성령으로부터 영생을 거두리라.

갈라디아서 6장 8절

많은 사람이 영생을 사후 삶의 '양量'으로 생각한다. 하지만 신약 기자들은 영생이 예수님의 도제들에게 '지금' 시작되어 도제로 살아가는 평생 동안 자라서 영원까지 이어지는 삶의 '질質'을 의미하는 것으로도 보았다. "사람이 무엇으로 심든지 그대로 거두리라." 자유와 생명을 심든, 반대로 노예 상태와 죽음을 심든, 그대로 거둔다.

성경 밖에서 이 개념은 수확의 법칙으로 불린다. 이것은 기독교 교리라기보다는 인간이라는 존재의 상태에 관한 보편적 이치에 가깝다. 다들 다음과 같은 말을 들어 본 적이 있을 것이다.

"뿌린 대로 거둔다." "돈을 낸 값어치만큼 한다." "고통 없이는 얻어지는 것이 없다." "콩 심은 데 콩 나고 팥 심은 데 팥 난다." 인과응보. "결실을 거둘 때가 되었다." 모두 수확의 법칙을 말하는 것이다.

예수님도 수확의 법칙을 가르치셨다. "주라 그리하면 너희에게 줄 것이니 곧 후히 되어 누르고 흔들어 넘치도록 하여 너희에게 안겨 주리라"(눅 6:38). "너희가 헤아리는 그 헤아림으로 너희가 헤아림을 받을 것이니라"(마 7:2). 이것은 매우 단순하면서도 심오한 개념인

데, 기본적으로 두 부분으로 이루어져 있다.

1. 모든 원인은 결과를 낳는다. 야구 방망이로 공을 치면 공이 앞으로 날아간다. 이 법칙은 '비영적인' 세계만큼이나 영적인 세계에도 해당된다. 우리 대부분은 꽤 어린 나이에 이것을 깨닫는다. 하지만 다음 부분은 덜 직관적이다.
2. 결과가 딱 원인만큼은 아닐 때가 많다. 일종의 증폭 효과가 있다. 장기적으로 우리의 행동은 예상보다 훨씬 더 큰 결과를 낳는다.

바울은 농경 사회의 독자들을 대상으로 글을 썼다. 그래서 그는 씨뿌리기와 수확의 비유를 사용했다. 나는 농부는 아니지만 우리 대부분은 바울의 취지를 이해할 만큼의 기본적인 농업 지식은 갖추고 있다.

1. 장미 씨앗을 뿌리면 무엇을 얻는가? 장미를 얻는다. 덩굴옻나무 씨앗을 심으면 유해한 풀을 얻는다. 하지만 더 중요한 사실은······
2. 장미, 담쟁이덩굴, 사과, 밀까지 어떤 씨앗을 뿌리든 손톱보다 작은 검은 점이 시간이 지나면 식물이나 거대한 나무로 자란다.

바울이 우리와 같은 지식경제 사회의 독자들을 대상으로 글을 썼다면 복리의 비유로 이 개념을 설명하지 않았을까 추측해 본다. 자산관리사와 함께 장기적인 재정 목표와 은퇴 후 삶을 계획해 본 적이 있는가? 나는 20대 초반에 처음 취직을 했을 때 이런 경험을 했는데, 그 기억이 지금도 생생하다. 처음 취직을 했을 때의 기분이란! 하지만 월급이 많지는 않았다. 그래도 매달 각종 공과금을 밀리지 않았고, 그러고도 조금은 남았다. 당시 우리 교회의 장로님 중한 명이 투자은행에 다니셨는데, 친절하게도 우리 부부를 앉혀 놓고 무료 재무 상담을 해 주셨다. 대부분은 버는 것보다 적게 쓰고, 은퇴 후 삶을 위해 투자하라는 식의 기본적인 조언이었다. 하지만 복리에 관한 설명은 지금도 생생하게 기억이 난다. 이론에 관한 설명을들을 때는 그런가 보다 했는데, 이후 45년간의 이자를 계산해 그래프로 그린 것을 보고는 눈이 똥그래졌다.

잔고는 시간을 두고 서서히 늘어난다. 대학 졸업 후 혹은 20대 초반이 되어서야 투자를 시작했다면 30대에는 크게 재미를 보지 못한다. 물론 40대에는 조금 나아진다. 하지만 50대에는 복리의 기적이 폭발하기 시작한다. 참을성 있게 꼬박꼬박 저금했던 돈이 기하급수적으로 불어나기 시작한다.

투자 전문가인 스티브는 단연 최고의 조언을 해 주셨다. "매달얼마나 많이 투자하느냐가 중요한 게 아니에요. 얼마나 일찍 시작하느냐가 더 중요하지요."

계산을 해 보면 실로 놀랍다. 열여덟 살부터 1년에 5천 달러씩딱 10년간만 투자하고 멈춘다고 해 보자(총 5만 달러의 투자). 그렇게 해도 은퇴할 때, 스물여덟 살에 시작하여 매년 5천 달러씩 은퇴 나이까지 부은 것(총 20만 달러의 투자)보다 더 많은 돈을 손에 쥐게 된다.[2]

이것이 복리의 기적이다. 이것은 단순히 금전적인 현실이 아니라 인생 전반의 현실이다. 그리고 바로 이것이 내가 말하고 싶은 요지다.

신학자 코넬리우스 플랜팅가는 바울이 갈라디아 교인들에게 한 말에 관해 다음과 같이 말했다.

> 무엇을 뿌리든 수확의 법칙이 작용한다. 선이나 악, 사랑이나 미움, 정의나 압제, 포도나 가시, 은혜로운 칭찬이나 기분 나쁜 불평, 무엇을 투자하든 이자와 함께 그것을 받는다. 사랑하는 사람은 사랑을 받는다. 미워하는 사람은 미움을 받는다. 용서하는 사람은 대개 용서를 받는다. 검으로 사는 사람은 검으로 죽는다. "하나님은 업신여김을 받지 아니하시나니 사람이 무엇으로 심든지 그대로 거두리라(갈 6:7).[3]

이것이 우주의 이치다. "하나님은 업신여김을 받지 아니하시나니 사람이 무엇으로 심든지 그대로 거두리라"는 명령이 아니라 현실을 있는 그대로 진술한 것이다. 수확의 법칙을 피해 가려고 하는 것은 중력을 거스르려고 하는 것과도 같다. 웬만하면 시도하지 않는 편이 현명하다.

바울은 수확의 법칙을 노후 자금 마련 전략이 아닌 영성 형성에 적용했다. 혹시 잊었을까 싶어 다시 말하면, 영성 형성은 예수님 닮은 선한 사람이나, 반대로 악한 사람으로 형성되어 가는 과정을 말한다. 육체에 씨앗을 뿌릴 때마다, 다시 말해 육체의 욕구에 넘어가 죄를 지을 때마다, 우리 마음 밭에 무언가를 뿌리는 것이다. 그것이 뿌리를 내리고 자라서 결국 일그러진 본성의 수확을 낸다.

감사하게도, 성령에 대해서도 같은 법칙이 작용한다. 성령께 씨앗을 뿌리라. 속사람이 하나님의 영과 연결되도록 성장시키는 데 몸과 마음의 자원을 투자하라. 그렇게 하면 당신의 중심 깊은 곳에 무언가를 심는 것이다. 시간이 지나면 그것이 뿌리를 내리고 자라서 그리스도를 닮은 성품의 열매를 맺는다.

다시 말하지만, 이것은 보편적 세상의 이치다. 신경과학 분야에서 비롯한 유명한 헵 법칙Hebb's law(도널드 헵 박사의 이름을 딴 법칙)은 "함께 활성화하는 세포들은 서로 연결된다"는 것이다. 해석하자면 이렇다. 무언가를 생각하거나 행할 때마다 그것을 다시 생각하거나 행하기가 더 쉬워지고, 이 과정을 반복할수록 저절로 반복되는 순환을 깨뜨리기가 더 힘들어진다. 생각과 행동은 반복을 통해 뇌의 습관 시스템인 기저핵basal gangila(대뇌핵)으로 들어간다. 기저핵은 그 안에 무엇을 심느냐에 따라 우리의 가장 좋은 친구가 될 수도 있고 최악의 적이 될 수도 있다. 그 안에 심은 것은 나중에 뇌의 배선으로 자리를 잡는다.[4]

이것이 나중에는 자전거를 타는 것이 그토록 쉬워지는 이유다. 처음 자전거를 배울 때가 기억나는가? 필시 엄청 힘들었을 것이다. 수도 없이 넘어져 무릎에 멍이 들었을 것이다. 하지만 연습할수록 쉬워졌다. 매일 자전거를 타고 출퇴근하는 사람이라면 정말 눈을 감고도 탈 수 있다. 자전거 타기가 반복을 통해 근육 기억에 자리를 잡았기 때문이다.

이것이 며칠 전 내가 지인의 집에 집들이를 가다가 잠깐 아내와 잡담을 나눈 사이에 엉뚱하게도 그가 전에 살던 집으로 가는 도로에 들어선 이유다. 그곳을 자주 갔기 때문에 나도 모르게 그쪽으로 핸들을 꺾은 것이다.

이것이 하나님이 설계하신 인간 뇌의 경이로움이다. 우리는 자기결정의 자유로 몸과 마음을 옳은 방향으로 향할 수 있다. 그러면 나중에는 습관이 우리 몸과 마음을 자동적으로 옳은 방향으로 이끈다.

안타깝게도 이것은 죄를 멈추기가 그토록 어려운 이유이기도 하다. 육체(죄)에 씨앗을 뿌릴 때마다 뇌에 새로운 신경 경로가 뚫린다. 거기서부터 근육 기억이 형성된다. 이것이 반복되면 신약에서 말하는 노예 상태 혹은 성 아우구스티누스가 말하는 "만족의 족쇄 shackles of gratification"[5]에 이른다. 최근에는 신경과학이 이 기제의 생물학적 측면들을 이해하는 데 도움을 주었지만 옛 시각은 수확의 법칙, 영성 형성, 죄의 종노릇을 종합한 시각이다.

성 아우구스티누스는 처음부터 성자가 아니었다. 그는 인생의 많은 부분을 4세기 플레이보이로서 살았다. 그의 초기 삶은 섹스와 돈과 권력을 좇는 삶이었다. 나중에 그는 회고록과 신학의 결합이라고 할 수 있는 《고백록 _Confessions_》에서 예수님의 도제가 되기 전에 정욕의 종으로 살아온 세월을 털어놓았다.

> 욕망의 종노릇을 하면 습관이 형성되고, 저항이 없으면 습관은 꼭 해야 하는 일로 발전한다. 이런 연결을 통해 …… 나는 가혹한 노예 상태로 속박되었다.[6]

여기서 "가혹한 노예 상태"는 죄의 노예 상태를 말한다. 마음에서 생각, 행동, 습관, 인격을 거쳐 노예 상태 아니면 영생으로 이어지는 이 간단한 기제는 예수님을 따르는 도제의 삶의 핵심 기제다.

내 말보다 플랜팅가의 말을 듣는 편이 나을 듯하다.

> 수확의 법칙을 더 자세히 진술하면 이렇다. 하나의 생각을 뿌리면 하나의 행동을 거둔다. 하나의 행동을 뿌리면 또 다른 행동을 거둔다. 몇 개의 행동을 뿌리면 하나의 습관을 거둔다. 몇 개의 습관을 뿌리면 하나의 인격을 거둔다. 하나의 인격을 뿌리면 두 개의 생각을 거둔다. 이 새로운 생각들은 각각 이 과정을 되풀이한다.[7]

영성 형성(혹은 기형적 변형)의 순환은 저절로 반복되어 그리스도의 형상으로 나아가거나 통제 불능의 상태로 흐른다.

좀 더 분명한 시각을 얻기 위해 이 개념을 심리학, 철학, 신학의 렌즈를 통해 살펴보자. 우리는 이 세 가지를 각각 다른 학문 분야로 생각하는 경향이 있지만 원래부터 그랬던 것은 아니다. 각 분야의 전문가들에게 감사해야 마땅하지만 인간 경험을 각각의 하위 학문으로 세분화하면 그 과정에서 무언가가 빠진다는 느낌을 지울 수 없다. 과거에는 심리학, 철학, 신학을 하나의 전체로서 연구했고, 그 연구는 영성의 틀 안에서 사제나 목사를 통해 이루어졌다. 자, 이제 최대한 이 세 가지를 다시 하나로 합쳐 보자.

우선, 심리학을 파헤쳐 보자. 저널리스트 찰스 두히그는 베스트셀러 《습관의 힘*The Power of Habit*》에서 심리학자들이 오랫동안 말해 온 개념을 유행시켰다. 그것은 우리의 선택이 습관이 되고, 습관은 인격이 되며, (그리스도가 이 땅을 거니시기 500년 전 로마 시인 헤라클레이투스가 말한 것처럼) 인격은 곧 운명이라는 것이다. 우리가 어떤 행동을 하면 그 행동이 우리에게 '어떤 행동'을 한다. 다시 말해, 우리의 행동은 우리의 삶을 형성해 간다.

'습관의 힘'이라는 개념은 운동 습관이나 이메일 습관, 업무 습관에 적용하면 흥미진진한 개념이 될 수 있다. 하지만 영성 형성이라는 맥락에서 이 힘을 생각하면 정신이 번쩍 들고 식은땀이 흐를 수밖에 없다.

저명한 심리학자이자 연구가인 에리히 프롬 박사는 두 번의 세계대전을 모두 겪으면서 그 트라우마로 유대교 신앙을 잃었다. 그는 오랫동안 나치주의를 연구한 결과, 처음부터 악한 사람은 없다는 결론에 도달했다.[8] 사람들은 "오랜 일련의 선택을 통해 시간을 두고 천천히" 악해진다.[9]

다음은 악과 인간 존재의 상태에 관한 탐구서인 에리히 프롬의 책 《인간의 마음*The Heart of Man*》의 한 부분이다. 탁월한 통찰이다.

잘못된 결정을 내릴수록 우리의 마음은 점점 굳어진다. 자주 옳은 결정을 내릴수록 마음은 부드러워진다. 나아가, 마음이 살아난다. ……

삶에서 자신감, 정직, 용기, 확신이 자랄수록 바람직한 새 행동을 선택하는 능력도 자라 간다. 그러다 보면 바람직한 행동보다 바람직하지 않은 행동을 선택하기가 더 어려워진다. 반면, 항복과 비겁의 행동 하나하나는 나를 약화시켜 더 많은 항복의 행동이 들어올 문을 연다. 그러다 보면 결국 자유를 잃는다. '더 이상 그릇된 행동을 할 수 없는 상태'와 '옳은 행동을 할 자유를 잃은 상태' 사이에는 수많은 선택의 길이 있다. ……

대부분의 사람들이 삶의 기술에서 실패하는 것은 그들이 원래 나쁘기 때문이 아니다. 더 좋은 삶을 이루려는 의지가 없기 때문도 아니다. 그것은 결정을 해야 하는 갈림길에서 깨어서 보지 않기

때문이다.[10]

우리의 인격을 돌처럼 굳게 만들거나 번영하도록 해방시키는 것은 일상의 사소해 보이는 작은 결정들이다.

'불륜'이라는 흔한 예를 들어 보자. 불륜은 지금도 대체로 인정하는 몇 안 되는 금기 중 하나다(물론 이마저도 변하고 있다). 지금까지 목회를 하면서 나는 어느 날 아침 행복하고 건강한 가정에서 눈을 떠서 그날 밤 불륜을 저지른 사람은 단 한 명도 보지 못했다. 모든 불륜은 불륜의 행동으로 시작되지 않았다. 수천 개의 사전 행동으로 시작되었다. 배우자와의 데이트를 건너뛰기로 한 한 번의 선택. 부부 상담을 그만두기로 한 한 번의 선택. 불륜 드라마를 보기로 한 한 번의 선택. 이런 선택들이 오랜 시간에 걸쳐 표면 아래서 조용히 쌓이고 쌓인 결과다.

'부정적인 태도'라는 덜 극적인 예를 들어 보자. 이 주제에 관해서는 내가 전문가로서 말할 수 있다. 불평하고 비판하고 신세한탄을 하고 부정적인 면에 초점을 맞추는 결정을 반복할수록 우리는 '천성적으로' 부정적이고 어둡고 불행하고 어울리기 싫은 사람으로 변한다. 그러다 보면 결국 하나님의 선한 세상에 감사하며 행복과 경이감 속에서 사는 능력 자체를 아예 상실한다.

C. S. 루이스의 다음 말은 섬뜩하기까지 하다.

지옥은 …… 불평하는 기분으로 시작된다. 아직은 당신 자신과 그 기분이 구분이 된다. 당신이 그 기분을 비판하기도 한다. …… 하지만 더 이상 그렇게 할 수 없는 날이 올 수 있다. 그때는 그 기분을 비판할 '당신'이 더 이상 남아 있지 않다. 심지어 그 기분을 즐길 '당신'도 없다. 그저 불평 자체만 기계처럼 영원히 계속된다.[11]

하지만 이번에도 역시, 반대 경우도 성립한다. 매일 기뻐하기로 선택해 보라. 하나님의 선한 세상에서의 삶을 휴대폰이나 새로운 앱을 통해서가 아니라, 감사, 축하, 평온한 기쁨의 렌즈를 통해 보는 습관을 길러 보라. 그러면 기뻐하고 감사하는 사람, 하나님 및 다른 사람들과 함께하는 삶을 깊이 즐기는 사람으로 점점 빚어진다. 처음에는 의지의 행위로 시작된 것이 결국 내적 본성으로 자리를 잡는다. 선택으로 시작했으나 그것이 점점 인격으로 굳어지는 것이다.

장담한다. 나는 20대 초반 대학 시절에 뚫은 완벽주의, 냉소주의, 부정적인 생각의 신경 경로를 수년 동안 바로잡아 왔다. 예수님의 도제로 살아가는 시간이 해를 거듭할수록 내 마음은 지옥에서 점점 더 멀어져 하나님 뜻이 이루어지는 곳이 되어 갔다.

이것이 선택과 결정, 습관의 힘이다. 이 힘은 좋게 사용될 수도 있고 악하게 사용될 수도 있다. 이 힘은 우리를 자유나 노예 상태로 이끈다. 우리가 결정을 내리면 그 결정이 우리를 빚는다. 우리가 하는 선택은 쌓이고 쌓여서 결국 인격을 형성한다.

　이 점을 염두에 두고서 철학으로 넘어가 보자. 철학의 가장 오래된 물음 하나는 자유 의지에 관한 물음이다. "자유 의지란 정확히 무엇인가? 이 개념이 하나님의 주권, 자연의 법칙들, 우리의 유전적 설계와 어떻게 양립하는가?" 학계와 교계 모두에서 논쟁이 끊이지 않는다.

　하지만 인간에게 스스로 결정할 자유가 있다는 점만큼은 대부분의 철학자들이 동의하는 바다. 인간에게는 본능과 충동을 초월하는 결정의 자유가 있다. 우리는 원시적이고 진화적인 충동 혹은 동물적인 뇌로 움직이지 않는다. 다윈주의 유물론자들은 인간이 동물, 기껏해야 영장류라고 주장한다. 실제로 우리가 동물, 특히 영장류로 알려진 종과 매우 흡사한 것은 사실이다. 우리는 먹고 자고 짝짓기를 하고 싸우고 두려워하고 아프고 죽는다. 하지만 진화론자들도 우리가 동물과 달리 이런 충동을 '억누를' 능력이 있다는 점을 인정해야 한다.

　동물들은 다른 쪽 뺨을 돌려 대거나 원수를 사랑할 수 없다. 동물들은 그날 상대방의 감정을 배려해서 자신의 성욕을 참을 수 없다. 동물들은 배고픔이나 성적 흥분을 참을 능력이 없다. 배가 고프면 당장 먹어야 하고 성적으로 흥분이 되면 당장 짝짓기를 해야 한다.

　반면, 인간은 이런 욕구를 절제할 수 있다. 우리는 점심 식사로 샐러드를 먹기로 선택할 수 있고, 불륜을 저지르지 않기로 선택할 수 있다. 적어도 처음에는 그렇게 결심할 수 있다. 하지만 여기서 더 깊이 들어가려면 철학의 도움이 필요하다. 철학자들에 따르면 스스로 결정할 자유는 평생 같은 수준에 머물지 않는다. 우리의 선택에 따라 그 수준은 올라가거나 내려간다. 한 번 선택을 할 때마다 우리는 더 자유롭게 사랑하게 되거나 육체에 더 깊이 속박된다.

프린스턴과 예일에서 수학한 그레고리 보이드의 말을 들어 보자. 그의 책 *Satan and the Problem of Evil*(사탄과 악의 문제)은 모든 일에 '이건 다 하나님 뜻'이라는 식으로 말하는 태도의 문제점을 경고한 책 중에서 단연 최고다. 그 책에 영성 형성에 관한 이런 글이 있다.

> 스스로 결정할 자유는 궁극적으로 더 높은 형태의 자유(사랑이 가득한 피조물이 될 자유)나 가장 낮은 형태의 속박(사랑에 참여할 능력의 상실)으로 이어진다. 하나님의 사랑에 영원히 열린 존재나 영원히 닫힌 존재가 된다. 전자는 영생이고, 후자는 영원한 죽음이다.[12]

두 번의 세계대전을 모두 겪었지만 에리히 프롬과 달리 그 결과로 그리스도인이 된 C. S. 루이스는 다음과 같이 말했다.

> 우리가 선택을 내릴 때마다 우리의 중심 부분, 즉 선택을 내리는 부분이 이전과 약간 다른 무언가로 변한다. 수많은 선택을 하면서 우리는 이 중심 부분을 평생에 걸쳐 서서히 하늘의 존재나 지옥의

존재로 변화시킨다. ······ 전자가 되는 것은 천국의 삶이다. 그러니까 기쁨, 평안, 지식, 능력의 삶이다. 후자가 되는 것은 광기, 공포, 어리석음, 분노, 무기력, 영원한 외로움의 삶이다. 우리 모두는 매 순간 이 둘 중 한 상태를 향해 나아간다.[13]

계속해서 그는 우리 모두가 "불멸의 공포나 영원한 광채"로 변해 간다고 말했다.[14] 사랑 안으로 따라오라는 예수님의 초대를 거부하는 사람들을 두고 그는 이렇게 말했다. "처음에는 따르지 않을 것이고, 결국에는 따를 수 없게 된다."[15]

철학의 통찰은 이것이다. 우리의 결정 하나마다 우리의 자유는 커지거나 작아진다. 이것이 나이를 먹을수록 바뀌기가 어려운 이유다. 젊은이들은 인간의 본성을 더 유연하게 보는 경향이 있다. 그것은 젊을수록 실제로 그렇기 때문이다. 20대는 늘 '나는 어떤 사람이 될까?'라는 생각을 하며 살아간다. 하지만 그런 생각은 점점 사라진다. 40세가 되면 '이게 나야'라는 생각을 하기 시작한다.

우리 조부모는 모두 세상을 떠나셨지만, 아내에게는 98세의 할머니가 계시다. 이블린 할머니는 내가 지금껏 산 세월보다 더 오랫동안 예수님을 따르신 독실한 가톨릭 신자이시다. 지난 추수감사절에 저녁 식사 전 약 30분 동안 할머니와 나란히 앉아 이야기를 나눈 적이 있다. 할머니는 크게 넘어지셔서 한참을 입원했다가 퇴원하신 상태였다. 여전히 휠체어에 앉아 고통을 견디고 계셨다. 또한 할머니는 58년간 해로하다 10년 전 사별한 할아버지를 몹시 그리워하셨다. 하지만 그런 상황에서도 절대 불평을 하지 않으셨다. 항상 기쁨과 감사로 넘치며 눈앞의 순간에 최선을 다하신다. 내가 할머니의 입에서 끌어낸 최악의 불평은 고작 "늙는 건 좀 싫어"였다.

이블린 할머니는 자유롭다. 인생의 상황에 따라 변하는 감정의 노예 상태로부터 자유롭다. 젊고 아름답고 배우자가 있고 돈이 많아야 하나님이 주신 삶을 즐길 수 있다는 생각에서 자유롭다. 이블린 할머니는 철학자들이 추상적으로 주장하는 개념을 현실적으로 보여 주는 사례다. 그것은 부정적인 말과 행동, 감사, 걱정, 기쁨 같은 습관을 오랫동안 유지할수록 변하기가 어렵다는 것이다.

마지막으로 신학이다. 신학의 최대 질문 중 하나는 지옥에 관한 것이다. "지옥은 정확히 무엇인가? 성경은 이 문제에 관해 '실제로' 무엇을 가르치며 무엇이 우리의 추정인가? 누가 지옥에 가며, 지옥이 옳은 용어인가? 지옥은 영원히 지속되는가, 아니면 얼마 동안만 지속되는가?" 물론 계속해서 따라 나오는 질문이 있다. "사랑 많으신 하나님이 어떻게 한 사람이라도 지옥에 보내실 수 있는가?"

단테의 《신곡 지옥편*Inferno*》에서 미국 고속도로 광고판에 등장하는 그림까지 지옥에 관한 온갖 황당한 개념들이 있다. 《신곡 지옥편》은 시, 영성, 사회 비평 측면에서는 역작이지만 지옥에 관한 신학 측면에서는 잘못된 추측이 난무하는 책이다. 여기서 논쟁을 벌일 생각은 눈곱만큼도 없다. 다만 한 가지만 말하고 싶다. 지옥이 무엇이며 사랑의 하나님이 어떻게 사람들을 그곳에 보내실 수 있느냐에 관한 오랜 논쟁에서 자주 간과되는 사실이 하나 있다. 그것은 어떤 이들에게는 천국이 일종의 지옥일 수 있다는 사실이다. 천국이 온전히 드러나면 어떤 모습일지 정확히 알 수는 없지만, 한 가지 분명한 것은 왕이신 예수님의 통치 아래 사는 사람들의 공동체일 것이다. 이런 천국을 모두가 원하리라는 생각은 착각이다.

예수님을 믿지 않는 내 친구들은 하나님 없이 사는 삶에 지극히 만족하는 듯 보인다. 그들은 존재론적 고민을 별로 하지 않는다. 마음속에 있는 하나님 모양의 구멍을 막으려고 애쓰지 않는다. 그들은 하나님 없이 자신의 도덕적 관념만으로 사는 것에 지극히 만족하는 듯 보인다. 그들은 그저 결혼해서 자녀를 낳고 의미 있는 일을 하다가 때가 되면 죽으면 그만이라고 생각한다. 그들은 마냥 즐겁기만 한 것처럼 보인다. 고민이라고 해 봐야 "이번 주말에는 어느 맛집을 찾아갈까?" 정도가 전부인 듯하다. 그들 대부분은 선하고 지적이고 사랑 많은 친구들이다. 나는 그들을 존경하고 그들과 어울리는 것을 좋아한다. 그런데 지금 예수님과 또 그분의 공동체와 함께할 생각이 추호도 없는 사람들이 과연 천국에 들어가 영원히 사는 것을 원할까?

혹시 이렇게 말하는 독자가 있을지 모르겠다. "그건 자신이 무엇을 놓치고 있는지 잘 몰라서 그러는 것일 뿐이죠. 마귀의 기만의 안개가 완전히 걷혀 현실을 분명히 보고 나면 누구나 새로운 세상에서 예수님과 함께 살고 싶게 돼 있다니까요."

그럴지도 모른다. 하지만 플로리다를 비유로 다른 시각을 제시해 보겠다(플로리다에 사는 독자들에게는 미리 사과한다. 하지만 조금만 참고 읽어 달라). 나는 서부 해안에서 태어나서 거기서 쭉 자랐다. 내가 처음 플로리다에 간 때는 6월이었는데, 습도가 무려 80퍼센트였다. 데이토나비치의 구조는 과연 레이싱 경주로 유명한 도시다웠다. 사방 몇백 킬로미터 이내에 싱글 오리진 커피 전문점은 단 한 곳도 없었다. 더위는 숨이 막힐 수준이었다. 땀을 잔뜩 흘려 당시 입은 스키니 진이 민망할 정도로 몸에 달라붙었다. 호텔에서 주차장을 지나 강연할 행사장까지 걸어가느라 고생했던 기억이 난다. 낑낑, 낑낑, 낑낑…… 어기적거리며 길을 걷는 모습이 마치 따뜻한 지역에 서식하는 펭귄처럼 보였을 것이 분명하다. 참, 플로리다에는 악어들이 있다는 것을 잊지 말라. 사람을 산 채로 잡아먹는 무시무시한 녀석들이다.

미국 동부 해안 지역과 중서부 지역에 사는 친구들은 플로리다 골프 코스에서 은퇴 생활을 즐기는 것이 많은 사람의 꿈이라고 말한다. 지금도 언젠가 푸르른 플로리다로 넘어가 느긋한 삶을 즐기기 위해 미시건 주 서부에서 혹독한 겨울 칼바람과 싸우고 공장에서 밥 먹듯이 야근을 하며 악착같이 돈을 모으는 사람들이 있다. 그들은 한 푼이라도 아끼려고 차도 사지 않는다. 그들에게 플로리다는 지상천국이다.

하지만 내게는 그렇지 않다. 내게 플로리다는 여느 곳과 별반 다르지 않다. 나는 습도가 높은 곳에서는 축 처진다. 그리고 골프에는 관심도 없다. 골프 자체가 지루하다. 내가 내린 수많은 선택과 캘리포니아로 이민을 온 내 선조들이 내렸던 선택들을 통해 나는 골프 코스가 지천에 깔린 플로리다가 전혀 천국처럼 느껴지지 않는 사람이 되었다. 골프를 즐기기 위해 오랜 세월 밤낮없이 일하는 사람들도 있지만 나는 골프가 전혀 재미있지 않다.

지금쯤이면 내가 무슨 말을 하려는 것인지 감을 잡았으리라 믿는다. 달라스 윌라드는 이렇게 말했다. "어떤 이들에게는 하나님이 해 주시는 가장 좋은 것이 오히려 지옥이다."[16] 지독한 인종차별주의자나 못 말리는 거짓말쟁이, 하나님을 맹렬히 미워하는 사람들은 천국에서 오히려 불행할 것이라는 뜻이다.

이미 노예 상태와 죽음 혹은 자유와 생명으로 향하는 영혼의 궤적을 '죽음'이 그저 확정하는 것일 뿐인 건 아닐까? 팀 켈러는 지옥을 "무한대로 가는 길에서 하나님을 떠나 자유롭게 선택한 정체성"으로 정의했다.[17] C. S. 루이스의 말을 들어 보자. "하나님이 우리를 지옥으로 보내시는 것이 아니다. 우리 안에서 자라는 무언가가 있다. 애초에 싹을 자르지 않으면 그것이 그 자체로 지옥이 된다."[18]

예수님을 따르는 것이 영원한 삶을 위해 지금 훈련하는 것이라면? 그것이 "세세토록 왕 노릇"(계 22:5)을 제대로 감당할 만큼 자유로운 사람이 되어 가는 일종의 학교라면?

이것이 자유의 힘이요, 잠재력이다. 그리고 동시에 이것이 자유의 위험이다.

다시 말하지만 이것은 우리가 무엇을 뿌리느냐에 따라 나쁜 소식도 될 수 있고 좋은 소식도 될 수 있다. 우리가 하는 모든 생각, 우리가 따르는 모든 욕구, 우리가 하는 모든 선택은 우리 미래에 대한 투자다. 우리가 원하는 사람이 되기 위한 투자다. 우리가 숲을 어떻게 키워 가는가? 한 번에 씨앗 하나씩 뿌려서다. 우리가 삶을 어떻게 키워 가는가? 한 번에 작은 결정 하나씩을 내려서다.

그러니 무엇을 뿌릴지 신중하게 선택하라. 무엇을 생각하고, 무엇을 말하고, 무엇을 행하고, 누구와 어울릴지 깊이 고민하라. 지금 당신은 영원한 곳에서 살아갈 자신의 모습을 만들어 가는 중이다. 인격은 곧 운명이다.

'금식과 죄 고백'으로 성령께 나를 열기

어릴 적 나는 꽤 민감한 아이였다. 루스 버로우스 자서전의 도입부가 전혀 남 얘기 같지 않다. "나는 고통스러울 만큼 민감한 성격을 갖고 이 세상에 태어났다."[1] 게다가 나는 약간 거칠기도 해서 자주 말썽을 일으키고 나서 심한 죄책감에 시달리곤 했다.

자상한 부모님을 비롯해서 내 주변에는 내 죄책감을 덜어 주려고 한 친절한 사람이 많았다. "죄책감은 예수님이 아니라 마귀에게서 오는 거란다." "예수님이 너 대신 죗값을 다 치르셨어. 그러니까 너무 괴로워할 필요는 없단다." "너는 착한 아이야."

하지만 이런 말을 들을 때마다 마음에 와닿지는 않았다. 듣기 좋은 말이긴 했지만, 과연 정말로 그럴까?

신약 기자들은 모든 죄책감이 나쁘다고는 말하지 않는다. 실제로 많은 학자가 성경에 '죄'나 '빚', '잘못'으로 번역된 많은 헬라어를 '죄책감'으로 번역하는 것이 더 적절하다고 주장한다.[2]

이것은 현대 서구에서는 거의 이단에 가깝다. 매일같이 자존감을 먹고 자란 이 세대에 자신에 관해 나쁜 감정을 품는 것은 궁극적인 악이다. 하지만 내가 아는 한도 내에서는, 죄책감을 전혀 느끼지 않는 사람은 두 부류다.

첫째, 성자들. 존 웨슬리가 말하는 "그리스도인의 완전"에 이르렀기 때문에 죄를 거의 짓지 않아서 죄책감 없는 삶을 사는 사람들이 있다.

둘째, 소시오패스. 그들은 뻔뻔하게 죄를 짓는다. 그들은 뭐든 원하는 대로 하고서 한 톨의 죄책감도 느끼지 않는다. 동료들의 자리를 빼앗기 위해 온갖 음해 공작을 펼치고 나서 맥주를 마시러 간다. 더 극단적인 형태의 살인자는 사람을 죽이고 나서 맥주를 마시러 간다. 죄책감이라곤 찾아볼 수가 없다. 후회도 없다. 밤새 뒤척임도 없다. 바울의 말처럼 그들은 "자기 양심이 화인을 맞아서"(딤전 4:2) "머리[그리스도]를 붙들지 아니"한다(골 2:19).

이보다 더 좋은 방법은 죄책감과 수치심으로 나누는 것일지도 모르겠다. 죄책감은 '행동'에 관한 것이고, 수치심은 '사람 자체'에 관한 것이다. 죄책감은 "내가 한 행동은 나쁜 것이다"라고 말한다. 수치심은 "나는 나쁘다"라고 말한다. 죄책감은 '내가 한 행동은 사랑스러운 행동이 아니기 때문에 바로잡아야 한다'라고 생각한다. 수치심은 '나는 사랑스럽지 않다. 내겐 아무런 희망이 없다'라고 생각한다.

수치심은 유익이 거의 없다. 대부분의 경우, 지독히 해롭다.[3] 우리 모두는 자신에게 소속감과 인생의 목적을 주는 정체성에 따라 살아간다. 정체성은 자신에 대한 생각이다. 그런데 수치심은 우리의 정체성이 형편없거나 사랑스럽지 못하거나 구제 불능이라고 말한다. 그 결과 우리는 거짓 정체성에 따라 살게 되며, 그 삶은 당연히 형편없는 삶이다.

하지만 죄책감은 좋은 것일 수 있다고 말하고 싶다. 죄책감이 '우리 죄에 대한 건강하고 성숙한 반응'인 상황과 시간이 있다. 죄책감이 영혼에 미치는 영향은 고통이 몸에 미치는 영향과 비슷하다.

죄책감은 일종의 도덕적 불편함이다. 고통은 끝없는 고통일 때만 나쁜 것이다. 잠깐의 고통은 하나님이 우리의 몸을 위해 주신 선물이다. 고통은 무언가를 최대한 빨리 바로잡으라고 말해 주는 하나님의 사자다.

죄책감은 우리가 그것을 계속해서 곱씹을 때만 건강하지 못한 것이다. 죄책감이 뇌리에 깊이 박혀서 수시로 비난의 목소리를 내면 건강하지 못한 것이다. 하지만 스스로 괜찮다고 하며, 혹은 그 까짓것 괜찮다는 친구의 말을 듣고 죄책감을 억누르는 것도 그에 못지않게 해롭다. 지각을 마취시키는 쾌락을 즐기며 억지로 죄책감을 잊어버리려는 것도 마찬가지다.

건강한 사람들은 다 종종 죄책감을 경험한다. 모든 사람, 심지어 훌륭한 사람도 다 실수를 저지르기 때문이다. 누구나 세상의 도덕적 조직을 찢어 낼 때가 있다. 죄책감은 무언가를 바로잡아야 한다고 알려 주는 신호다. 죄책감은 사랑의 사람으로 성숙해 가는 과정의 일부이기도 하다.

모든 부모는 이것을 알고 있다. 모든 부모는 자녀가 잘못했을 때 적절한 죄책감을 주겠다는 생각을 속으로 하고서(혹은 대놓고 표현하고서) 마땅한 벌을 준다. 우리 부부는 아이들에게 친절하게 대하는 편이지만 항상 그런 것은 아니다. 우리는 멋진 두 아들을 키우고 있는데, 범인을 밝히지는 않겠지만 최근 한 녀석이 다른 녀석을 때렸다. 레고 장난감이 누구 것인지를 놓고 언성을 높이다가 주먹다툼으로 번진 것이다. 아이들은 그렇게 싸우면서 자란다! 하지만 나는 자녀를 사랑하는 아버지로서 잘못을 저지른 아이에게 죄책감을 주고 '싶었다.' 내가 가학적이라서 그런 것이 아니었다. 아이가 괴로워하는 꼴을 보고 싶기 때문이 아니었다. 그 아이를 사랑하기 때문이었다. 우리 아이가 사랑의 사람으로 자라기를 원했기 때문이다.

사실, 부모들이 자녀에게 숨기는 비밀 중 하나는 우리의 벌이 자녀가 느끼는 죄책감과 반비례할 때가 많다는 것이다. 자녀가 잘못을 깊이 후회하며 괴로워하면 부모는 표정이 누그러져 심판관과 배심원의 역할 대신 아이를 위로하고 아이의 진정한 정체성을 말해 주는 역할을 맡는 경향이 있다. 하지만 자녀가 핑계를 대고 누군가에게 상처를 준 것을 대수롭지 않게 여기면 부모는 대개 (아이를 괴롭히기 위해서가 아니라) 아이의 생각을 바로잡아 주기 위해 벌의 수위를 높인다.

이것은 우리가 잔인해서가 아니라 오히려 자녀를 사랑하기 때문이다. (자기기만에 따라) 죄책감을 억누르는 습관을 기르면, 조용하지만 끊임없는 양심의 소리를 잠재우는 기술을 터득하게 될 수 있기 때문이다. 도덕적 고통에 둔감해지면 결국 자신의 삶과 세상을 망가뜨리게 된다.

육체에 관한 이 이야기를 듣고 어떤 일이 떠올라 죄책감이 든다면 어떻게 할 것인지 깊이 고민하기를 바란다. 어떤 습관, 어떤 오락을 즐긴 일, 특정한 소비나 관계로 인해 마음 한구석에서 거리낌이 있다면 그 기분에 관심을 기울이기를 바란다. 그 기분을 너무 곱

썹지도 말고 억누르지도 말고 성령이 어떻게 역사하시든 그것에 마음을 열기를 바란다. 리지외의 테레사의 아름다운 말이 떠오른다. "당신을 불쾌하게 하는 시험을 차분하게 감내할 때 당신은 예수님이 기쁘게 거하시는 처소가 될 것이다."[4] 지금 건강한 종류의 죄책감을 느끼고 있다면 그것에 관해 무언가를 하라.

자, 마지막 질문 하나가 남아 있다. "어떻게?" "우리의 육체와 어떻게 싸워야 하는가?"

이 부분에서도 바울의 글이 말할 수 없이 도움이 된다. 앞서 우리는 갈라디아서 5장 끝에 나오는 육체와 싸우는 법에 관한 부분을 넘어갔다. 이제 그 부분으로 돌아갈 차례다.

> 그리스도 예수의 사람들은 육체와 함께 그 정욕과 탐심을 십자가에
> 못 박았느니라 만일 우리가 성령으로 살면 또한 성령으로 행할지니.
> 갈라디아서 5장 24-25절

1단계. 내 육체를 십자가에 못 박는다

바울의 세상에서 십자가 형벌은 인간에게 알려진 가장 잔인하고 고통스럽고 치욕스러운 처형의 형태였다. 이것이 예수님이 돌아가신 방식이었다. 그리고 이것이 우리가 육체와 싸우는 방식이다.

육체를 어르고 달래며 키워서는 안 된다. 오히려 그것을 '십자가'에 못 박아야 한다. 칼뱅주의자들은 '죽이기mortification'란 표현을 사용한다. 이것은 '죽음'을 의미하는 라틴어 어원 '모르스mors'에서 파생한 14세기 용어다. '모르스'는 영단어 '모털mortal'(죽을 수밖에 없는 인간)의 어원이기도 하다.[5] 우리는 육체를 말 그대로 죽여야 한다.

지난 장에서 살폈듯이, 죄 관리의 복음은 통하지 않는다. 육체는 정적인 상태가 아니라 역동적인 상태이기 때문이다. 가인이 아담과 하와의 죄를 따라 동생 아벨을 죽인 창세기 4장 이야기에서 하나님은 죄를 내면의 짐승으로 묘사하셨다.[6] 그런데 이 짐승은 우리가 굶기느냐 먹이를 주느냐에 따라 작아지거나 커진다.

이 부분에서도 짐승의 뇌에 관한 신경생물학의 개념이 도움이 된다. 세속 학문 분야의 말도 도움이 된다면 들어야 한다. 앞서 소개했던 제프리 슈워츠 박사는 자신이 멘토로서 돕고 있던 한 아버지 없는 젊은이에게 보낸 편지에서 다음과 같이 말했다.

> 육체를 만족시키지 말게. 육체가 원하는 대로 해 줄수록 육체의 갈망은 만족을 모르는 지경까지 커지기 때문이네. (감자 칩이든 오르가즘이든 그것을 자꾸만 더 원하게 되지.) 그런 면에서 거짓은 다름 아닌 짐승이라네.[7]

육체에 씨앗을 뿌릴 때마다 우리 안의 그 짐승 같은 부분에 먹이를 주는 것이다. 그 짐승은 점점 자라서 우리의 자유를 더 강하게 장악하며 우리를 안에서부터 산 채로 잡아먹으려고 한다. 그래서 베드로는 "육체를 따라 더러운 정욕 가운데서 행하"는 자들은 시간이 지날수록 "이성 없는 짐승 같아서 …… 멸망 가운데서 멸망을 당하"게 된다고 말했다(벤후 2:10, 12). 그의 표현이 좀 심하게 들릴지 모르지만 누구를 비난하려는 것이 아니라 사랑 안에서 현실을 솔직히 말한 것일 뿐이다. 육체의 욕구를 충족시킬수록 육체는 우리의 존재 전체를 장악하여 짐승으로 전락시킨다. 겉으로는 점잖은 모습을 유지해도 속은 짐승으로 변해 간다.

이것이 바울이 느긋하게 빈둥거리지 않은 이유다. 육체를 단순히 관리하거나 억제시킬 수는 없다. 육체를 아예 죽이기 위한 전쟁을 시작해야 한다.

하지만 여전히 "어떻게?"라는 질문은 남아 있다.

2단계. 성령으로 산다

이것은 정말 중요한 이야기다. 성령으로 살라는 명령은 갈라디아서 5장에서 육체에 관한 바울의 가르침의 처음과 중간과 끝에 나오는 동일한 세 명령의 마지막 명령이다.

1. "성령을 따라 행하라"(16절).

2. "성령의 인도하시는 바가 되면"(18절).

3. "성령으로 살면 또한 성령으로 행할지니"(25절).

다른 종교와 철학, 심지어 과학 분야에서도 육체와 영이라는 신약의 개념과 비슷한 범주를 찾을 수 있다. 기독교 밖에서, 심지어 종교가 없는 사람들도 욕구의 계급을 인식하고 있다. 그들도 많은 욕구가 서로 충돌하며 부인해야 할 욕구가 많다는 점을 이해하고 있다. 이것은 기독교만의 문제도 새로운 문제도 아니다. 예로부터 이어져 온 인간 본연의 문제다.

새로운 것은 바울의 해법이다. 육체와 싸워서 이기기 위한 바울의 해법은 의지력이 아닌 '성령의 능력'이다. 바울은 자신의 뺨을 때려 가면서 자기 힘으로 육체를 이겨 내려고 하지 말고 그저 '성령으로 살라'고 권고한다.

물론 의지력은 나쁜 것이 아니다. 사실, 예수님을 따르는 세월이 길어질수록 좋은 것을 택하는 능력이 강해진다. 처음에는 견디기 힘들 만큼 어렵고 남들의 끊임없는 지적과 감시가 필요했던 것이 갈수록 점점 쉬워진다. 우리 안에 빚어진 그리스도의 성품이 자연스럽게 발휘된다.

하지만 우리 대부분은 아직 그 수준에 이르지 못했다. 당신은 어떨지 몰라도 나는 아직 멀었다. 그래서 내 전략은 이것이다. 일단,

의지력이 통할 때는 그것을 사용한다. 하지만 의지력은 내가 원하는 만큼 잘 통하지 않는다. 최소한, 내 가장 깊은 문제들에 대해서는 도통 힘을 쓰지 못한다.

'과자 하나만 더' 정도의 상대에는 의지력이 효과를 발휘할 수 있다. 하지만 의지력 VS 마음 깊은 곳의 트라우마는? 의지력 VS 중독은? 의지력 VS 어릴 적 부모에게서 받은 상처는? 이런 경우, 승산이 없다. 전전두피질에 작용하는 시험이라면 의지력이 충분히 훌륭한 무기가 될 수 있다. 하지만 편도체에 작용하는 문제, 그러니까 뇌나 영혼이 깊은 상처를 입거나 나쁜 방식으로 굳어진 경우, 의지력으로는 육체를 이기기에 역부족이다.

트라우마나 과거의 상처에서 비롯한 자멸적인 행동에 맞서 의지력으로 싸우고 있지만 뜻대로 되지 않는다면 더 이상 자책하지 말고 전략을 바꾸라. 의지력은 당신의 문제에 대한 답이 아니다.

레슬리 제이미슨은 자신이 중독을 이겨 낸 과정을 다음과 같이 밝혔다.

내 의지력보다 더 강한 무언가를 믿어야 했다. …… 이 의지력은 맹렬하게 돌아가는 정교한 기계로, 많은 일을 해냈다. 전과목 A 학점을 받게 해 주었고, 논문을 쓰게 해 주었고, 크로스컨트리 훈련을 이겨 내게 해 주었다. 하지만 의지력을 술에 적용했을 때는 내 삶이 점점 작아지는 느낌밖에 들지 않았다. 점점 기쁨이 사라졌다. 주먹을

꽉 쥐고 애를 써도 소용이 없었다. 제정신을 회복시킨 더 큰 힘은 나 자신이 아니었다. 이것이 내가 아는 전부였다.[8]

승리하려면 내 외부에 있는 힘을 의지해야 한다. 우리와 함께 싸워 전세를 역전시켜 줄 동맹군이 필요하다. 그 힘은 바로 예수님의 영이다.

어떻게 이 힘을 얻을 수 있을까? 간단하다. 연습을 통해서다. 의지력으로 '할 수 있는 것'(몸을 일으켜 영적 훈련을 하는 것)을 하고, 의지력으로 '할 수 없는 것'(영혼의 세 적을 이기는 것)은 성령의 능력으로 하는 것이 최상의 시나리오다.

지금까지 우리는 영적 훈련이 영적 전쟁이라는 전제 아래 논의를 해 왔다. 다시 말해, 예수님의 습관들은 우리가 세상, 육체, 마귀와 싸우는 방식이다. 지난 장에서 살폈던 습관의 힘을 생각해 보라. 우리의 습관은 우리에게 영향을 미친다. 사실상 예수님의 습관은 육체의 습관에 대응하는 반反습관이다. 예수님의 습관은 그분의 삶과 가르침에서 발견되는 습관으로, 육체의 습관을 바로잡아 준다. 이 습관을 행할 때마다 우리의 영(우리의 영은 내적 의지력의 근육이라고 할 수 있다)은 점점 강해지고 육체(우리 안의 짐승)는 점점 약해진다.

하지만 예수님의 습관은 단순히 우리의 의지력 근육을 키우기 위한 반습관만은 아니다. 이 습관은 우리 자신을 초월한 힘을 의지하기 위한 수단이다. 이 습관을 행하면 우리 안에서 끌어낼 수 있는 그 어떤 내적 힘보다도 훨씬 더 강력한 영적 에너지 혹은 힘으로 살수 있다. 이것이 많은 사람이 이 습관을 '영적' 훈련이라고 부르는 이유다. 이 습관은 성령을 향해 우리를 열어 준다는 점에서 영적이다. 저명한 오순절 계열 학자 고든 피는 성령을 "능력을 주시는' 하나님의 임재"로 정의했다.[9]

역시 육체에 관해 논한 로마서 8장에서 바울은 예수님의 죽음과 부활을 육체와의 싸움에서 이기기 위한 우리의 새로운 능력과 연결 지었다.

> 율법이 육신으로 말미암아 연약하여 할 수 없는 그것.
>
> 로마서 8장 3절.

바울에 따르면, 예수님 이전에는 인간은 하나님의 명령을 온전히 따를 수 없었다. 인간의 선한 의지는 육체의 방해를 받기 때문이다. 하지만,

> 하나님은 …… 죄로 말미암아 자기 아들을 죄 있는 육신의 모양으로 보내어 …… **육신을 따르지 않고 그 영을 따라 행하는** 우리에게 율법의 요구가 이루어지게 하려 하심이니라.
>
> 로마서 8장 3-4절

이 구절에서 굵은 글씨로 표시한 부분은 바울이 두 행위의 시너지 효과를 염두에 두었다는 점을 보여 주기 위해서다. 우리를 옭아매는 육체의 마수를 푸는 해법은 우리의 의지력을 끌어모으는 것이 아니라 성령을 의지하는 것이다. 계속해서 바울은 하나님께로 마음을 향하는 단순한 행위를 통해 "그 영을 따라" 살라고 말한다.

> 육신을 따르는 자는 육신의 일을, 영을 따르는 자는 영의 일을
> 생각하나니 육신의 생각은 사망이요 영의 생각은 생명과
> 평안이니라.
> 로마서 8장 5-6절

영적 훈련은 아주 간단하다. 영적 훈련은 우리의 마음을 성령께로 여는 동시에 육체에 대해서는 닫는 작은 행위를 규칙적으로 하는 것이다. 육체에 관해 특히 중요하다고 판단되는 두 가지 습관을 집중적으로 살펴보자. 금식과 고백이다.

금식

예수님의 습관 가운데 금식만큼 현대 서구 교회에서 외면받고 경시되는 습관도 없다. 인간을 '레스 코기탄스res cogitans'[10] 즉 '사유하는 실체'로 보는 계몽주의 이후의 지식 사회에서 정신이 아닌 '위장', 즉 소화기관을 통해 영적 힘을 얻는다는 개념은 황당하게 들릴 수

있다. 그래서인지 요즘은 금식을 주기적으로 하는 예수님의 제자들을 좀처럼 찾아보기 힘들다.

하지만 그리 오래지 않은 시절만 해도 금식은 기독교의 핵심 습관이었다. 수백 년 동안 교회는 일주일에 두 번씩, 화요일과 금요일에 금식을 했다. 그리스도인이라면 누구나 그렇게 했다. 교회가 사순절이라는 절기를 정한 4세기에 금식은 원래 이슬람의 라마단과 비슷했다. 부활절에 이를 때까지 예수님의 제자들은 아침을 굶고 나가 해가 질 때까지 음식을 입에 대지 않았다. 40일 동안. 매년.

다시 말하지만, '음식'을 입에 대지 않았다. 다른 금욕에 대해 '금식'이라고 표현하는 말을 자주 듣는다. 예를 들어 우리는 '미디어 금식'이나 '쇼핑 금식'이라는 말을 흔히 사용한다. 이런 훈련은 좋지만 엄밀히 말해서 금식은 아니다. 이것은 금욕이며, 기독교에서 꽤 오랜 전통을 가진 유익한 습관이다. 나는 이런 훈련에 전적으로 찬성한다. 하지만 금식은 이런 것과 다르다. 금식은 육체를 굶겨 죽이기 위해 몸에 '음식'을 주지 않는 것이다.

금식은 영혼이 전인whole man이라는 성경적 신학을 근거로 하는, 진정한 의미에서의 심신 활동이다. 서구의 많은 기독교인들이 가정하는 것과는 달리, 영혼soul은 우리의 비물질적이고 비가시적인 부분(정신이나 의지에 더 어울리는 표현)이 아니다. 영혼은 뇌, 신경기관, 위장을 포함한 우리 몸의 모든 부분을 포함하는 전인이다.

여기서 분명히 할 것은 우리의 몸이 악evil은 아니라는 점이다.

이 부분에서 중세 수도원 운동은 큰 오판을 했다. 때와 장소와 방식이 맞으면 쾌락도 선물인 것처럼 우리의 몸은 선물이다. 하지만 영혼의 나머지 부분과 달리 몸은 죄로 인해 타락했다. 그 결과, 우리의 몸은 육체와의 싸움에서 성욕, 투쟁-도피 반응, 생존본능을 통해 우리에게 맞설 때가 많다.

금식은 육체와의 싸움에서 우리의 몸을 적이 아닌 동맹군으로 되돌리기 위한 방법이다. 믿지 못하겠다면 직접 한번 해 보라. 직접 무슨 일이 일어나는지 확인하라. 다만 미리 경고하면, 처음에는 금식이 힘을 얻는 방법처럼 느껴지지 않는다. 리처드 포스터는 이렇게 말했다. "다른 어떤 훈련보다도 금식은 우리를 통제하고 있는 것이 무엇인지 적나라하게 드러낸다."[11]

금식만큼 우리에게 굴욕감을 안기는 훈련도 없다. 금식을 시작하면 슬픔이나 불안감, 심지어 분노까지 일어나는 경우가 흔하다. 물론 꾸준히 훈련을 하면 이런 감정은 대개 사라지고 기쁨, 만족, 하나님과의 친밀함, 영적인 힘이 찾아온다. 하지만 쾌락, 즉각적인 만족, 관능적인 욕구 같은 이 시대의 신들에 대한 중독의 금단 현상으로 얼마 동안은 영혼이 힘을 잃는다. 금식의 첫 번째 효과는 주로 우리가 어느 부분에서 속박되어 있는지 밝혀 주는 것이다.

금식은 우리의 몸이 '원하는 것을 얻지 못하도록' 하는 훈련이다. 이 훈련을 통해 우리의 몸은 원하는 것을 항상 얻을 수는 없다는 점을 배운다. 이것이 감정과 욕구로 움직이는 세상 문화 속에서 금식이 심지어 기독교인들에게도 이상한 개념일 수밖에 없는 또 다른 이유다. 우리는 행복해지기 위해 원하는 것을 얻어야 한다고 생각하며, 우리가 생각하는 '원하는 것'은 대개 우리의 육체가 원하는 것이다. 이것은 잘못된 생각이다.

금식은 우리의 몸이 원하는 것(음식)을 주지 않기로 자발적으로 선택하는 것이다. 그 결과, 우리가 원하는 것을 누군가(혹은 인생의 환경이나 심지어 하나님)가 주지 않아도 흥분하거나 화를 내지 않는다. 인생이 우리 뜻대로 되지 않아도 행복과 평안을 누릴 수 있도록 훈련이된다. 이것이 제대로 된 금식은 중세의 자학적 형태와 달리 자유로 가는 길인 이유다. 금식은 고난을 행하는 것이다. 금식은 우리의 몸에 고난받는 법을 가르치는 것이다. 고난은 피할 수 없는 현실이다. 금식을 통해 우리는 이 고난을 기쁨으로 감내하는 법을 배운다.

성경 읽기(마귀의 거짓과 싸우기 위해 우리 마음에 진리를 가득 채우는 방법)가 '마귀'와의 싸움에 도움이 된다면, 금식(우리의 육체를 굶겨서 우리를 옭아매는 지배력을 약화시키는 방법)은 '육체'와의 싸움에 도움이 된다.

나는 종종 영적 지도를 하는데, 습관적인 죄로 시달리는 영적 친구와 마주앉을 때마다 주기적인 금식(일주일에 한 번이 바람직)을 권한다. 특히 성적인 죄와 싸우고 있다면 금식을 강권한다. 금식이 즉효약이기 때문이 아니다. 전혀 그렇지 않다. 나는 변화의 노력을 매번 무위로 돌리는 중독과 자멸적인 행위가 대부분 트라우마에 뿌리를 두고 있다는 사실을 잘 알고 있다. 우리의 약함은 상처와 깊이 연관

되어 있다. 우리 모두는 치유가 필요하다. 이에 관해 할 말이 많지만, 다른 어떤 훈련보다도 금식을 통해 죄의 사슬을 끊는 성령의 능력이 우리 몸속에 흘러든다.

최근 수요일마다 금식을 시작한 절친한 친구와 방금 아침 식사를 했다(그렇다. 좀 아이러니한 상황이다). 그는 식도락가이며 놀기를 좋아하는 성격이다. 그래서 그 친구에게서 불평을 들으리라 예상했다. 그런데 오히려 그는 금식만큼 자신의 삶을 크게 변화시킨 훈련은 없었다며 엄지를 치켜세웠다.

사실 전혀 놀랄 일이 아니다. 예수님이 마귀와 정면으로 대결하러 가셨을 때 금식하신 것이 조금이라도 놀랄 일인가? 하루 이틀도 아닌 무려 40일이었다. 이 이야기를 잘못 해석하기 쉽다. 나도 오랫동안 그랬다. 나는 예수님이 거동도 하기 힘들 만큼 완전히 지치고 약해질 때까지 마귀가 기다린 것이라고 생각했다. 하지만 그것은 금식과 영적 능력 사이의 정비례 관계를 완전히 곡해한 생각이었다. 40일을 금식하신 후 예수님의 영적 능력은 '최고조'에 달해 있었다. 그래서 그분은 마귀의 거짓을 지혜롭게 분별하고 그자의 유혹을 통쾌하게 물리치실 수 있었다. 바로 이것이 금식의 힘이다.

죄 고백

개신교 교회에 다니는 현대 신자들에게 이것은 예수님의 습관 중 두 번째로 자주 경시되는 습관이다. 금식과 비슷하게 중세 말 가톨릭교회는 죄 고백을 남용했다(오늘날에도 그 잔재가 남아 있다). 고백은 공동체 안에서 이루어지는 것이 아니라, 고백자와 사제 사이의 사적이고 치료적인 관행으로 왜곡되었다. 신원이 드러나지 않도록 커튼이 설치되었고 사실상 고백자를 위한 면죄부 기능을 했다. 최악의 경우, 고백은 종교적 남용이나 부패한 성직자의 돈벌이 수단으로 전락했다. 짐작했을지 모르겠지만 고백은 마르틴 루터를 비롯한 종교 개혁자들의 분노를 자아낸 많은 관행 중 하나였다. 그 결과, 많은 개신교도들이 그 관행을 완전히 버렸다. 하지만 개혁자들이 반대한 것은 그 관행 자체가 아니라, 그 관행의 '남용'이었다.

그 관행 중 개신교에 남은 것은 주로 성찬식에서 이루어지는 활동이다. 성찬식에서 우리는 떡과 잔을 받기 전에 마음속으로 하나님께 죄를 고백하고 회개한다. 이런 고백 방식의 문제점은 중세 교회의 문제점과 비슷하다. 즉, 사적이다. 고백이 용서만이 아니라 '자유'로 이어지려면 죄를 자신만의 은밀한 곳에 숨겨 두지 말고 빛 가운데로 끌고 나와야 한다.

디트리히 본회퍼는 이 점을 잘 알고 있었다.

죄는 사람을 혼자 있게 만든다. 죄는 사람을 공동체에서 끌어낸다. 사람이 고립될수록 그를 공격하는 죄의 힘은 더 파괴적으로 발전한다. …… 죄는 아무에게도 알려지지 않기를 원한다. 죄는 빛을 피한다. 죄는 드러나지 않은 어둠 속에서 사람의 존재 전체를

망가뜨린다.[12]

공동체에 관한 최고의 책으로 널리 인정받는《말씀 아래 더불어 사는 삶*Life Together*》에서 발췌한 글이다. 본회퍼는 교회에 암적인 영향을 미치는 제3제국Third Reich(나치 독일)에 저항하기 위해 세운 공동체인 핑켄발데Finkenwalde에서 살았고, 그 경험을 통해 고백을 공동체, 아니 모든 관계의 중요한 측면으로 보게 되었다. 그것은 우리가 가장 취약할 때 가장 깊은 친밀함이 싹트기 때문이다. 예수님의 형제 야고보는 "너희 죄를 서로 고백하며 병이 낫기를 위하여 서로 기도하라"라고 명령했다(약 5:16). 여기서 "서로"라는 표현에 주목하라.

사랑의 공동체 안에서 우리의 죄를 고백할 때 진정한 능력과 자유가 찾아온다. 우리가 알고 믿는 사람들 앞에서 죄를 큰 소리로 고백하는 행위 자체에 사슬을 끊는 힘이 있다.

이것이 오늘날 대부분의 교회에서 하는 것처럼 성찬식에 참여하면서 마음속으로 하나님께 죄송하다고 말씀드리는 것이 익명의 알코올중독자들 모임만큼 사람을 해방시키지 못하는 이유다. 익명의알코올중독자들 모임은 주로 음침한 교회 지하실에서 평범한 사람들이 커피를 마시며 서로에게 이렇게 고백한다. "안녕하세요, 제 이름은 아무개입니다. 저는 알코올 중독자입니다. 어젯밤에 또 인사불성이 될 때까지 술을 퍼부었어요."

이 모임이 교회 성찬식보다 신약에서 말하는 고백에 훨씬 더 가깝다. "익명의알코올중독자들 모임의 교재Big Book가 처음에는 '출구The Way Out'라고 불린" 것도 무리는 아니다. 그것은 알코올 중독만이 아니라, "자아가 밀실공포증에 시달리며 기어 다니는 공간"에서 빠져나오는 출구다.[13]

여기서 성찬식을 폄하할 생각은 추호도 없다. 단지 당신이 공동체 안에서 참된 고백의 진가를 맛보기를 바랄 뿐이다.

당신이 이번 장에서 꼭 기억했으면 하는 사실은 이것이다. 육체와 싸워서 이기기 위한 길은 우리의 의지력이 아니라, 성령의 능력을 의지하는 것이다. 예수님의 습관들을 통해 이 능력을 얻을 수 있다. 금식과 죄 고백은 육체와의 전쟁에서 특히 효과적인 습관들이다. 하지만 이외에도 시도해 볼 만한 습관이 많다. 중요한 것은 일상에서 성령의 임재와 능력을 의지하며 살아갈 방법을 찾는 것이다.

다른 것은 다 잊더라도 이것만은 기억하길 바란다. 우리 모두는 육체와의 전쟁을 마주한다. 이것은 피할 수 없는 전쟁이다. 하지만 꼭 양쪽이 팽팽한 전쟁으로 흐를 필요는 없다. 아무리 기를 쓰고 싸워도 변하는 것이 없어서 지쳤는가? 다 포기하고 싶은가? 그런 상황에서 분명 빠져나올 수 있다.

2부의 포문을 열었던 말로 돌아가 보자.

"마음이 시키면 어쩔 수 없죠."

완전히 틀린 말은 아니다. 우리는 마음의 욕구를 통제할 수 없다. 마음은 말 그대로 자신만의 의지를 갖고 있다. 하지만 저 말은 우리가 욕구는 통제할 수 없지만 그것에 '영향'은 미칠 수 있고 우리가 더 이상 그것의 통제를 받지 않는 상황에 이를 수 있다는 점을 완전히 놓치고 있다.

욕구는 감정의 형제로, 비슷한 기능을 한다. 감정을 순식간에 바꿀 스위치 같은 건 없다. 슬프거나 두렵거나 화가 날 때 행복 스위치를 켜면 원치 않는 감정이 갑자기 어디론가 사라지지 않는다. 하지만 그렇다고 해서 우리가 감정을 어떻게 할 힘(혹은 책임)이 전혀 없는 것은 아니다. 대개 우리의 감정은 우리의 생각을 따른다. 따라서 감정을 바꾸고 싶다면 생각을 바꿔야 한다. 감정은 마음대로 바꿀 수 없지만 생각은 어느 정도 바꿀 수 있다.

욕구도 비슷하게 작용한다. 우리가 욕구는 통제할 수 없지만, 마음이 육체에서 멀어져 성령께로 향하도록 어떤 습관에 몸과 마음을 집중시킬지는 통제할 수 있다. 그럴 능력이 우리에게 있다. 따라서 우리는 이 부분에서 하나님과 사람들 앞에서 일종의 책임이 있다.

이것이 야고보가 욕구 자체는 반드시 죄라고 볼 수 없지만 우리가 어떤 종류의 욕구를 만들어 낼지에 대해서는 하나님 앞에서 책임이 있다고 강조한 이유다.

사람이 시험을 받을 때에 내가 하나님께 시험을 받는다 하지 말지니
하나님은 악에게 시험을 받지도 아니하시고 친히 아무도 시험하지
아니하시느니라 오직 각 사람이 시험을 받는 것은 자기 욕심에
끌려 미혹됨이니 욕심이 잉태한즉 죄를 낳고 죄가 장성한즉 사망을
낳느니라.

야고보서 1장 13-15절

야고보는 절제되지 않은 욕구의 위험성을 경고하는 동시에, 성령이 사랑하는 것을 사랑하고 성령이 원하는 욕구를 기르라고 명령한다. 성경의 다른 부분에서는 마음을 지키라는 표현을 사용한다. 마치 보초를 서듯 우리는 우리 내면에 들어오는 것들을 단속해야 한다. 성경에서 마음은 사람의 생각, 감정, 욕구를 말한다. 달리 표현하면, 정신, 정서, 의지다. 우리는 이 세 가지 모두를 지켜야 한다.

헨리 나우웬은 이렇게 말했다. "마음은 의지가 있는 곳 …… 개인의 삶의 중심 기관, 개인의 삶의 모든 것을 통합시키는 기관이다. 우리의 마음은 우리의 성격을 결정한다. 따라서 하나님이 거하시는 곳일 뿐 아니라, 사탄이 가장 맹렬한 공격을 퍼붓는 곳이다."[14] 이것이 우리가 "영혼을 거슬러 싸우는 육체의 정욕"(벧전 2:11)과 "사람으로 파멸과 멸망에 빠지게 하는" "어리석고 해로운 욕심"(딤전 6:9)을 경계해야 하는 이유다.

마음을 지키는 방법은 습관을 사용하는 것이다. 몸과 마음의

규칙적인 행위를 통해 우리는 육체에 씨앗을 뿌려 육체의 노예 상태로 점점 더 깊이 들어가거나, 성령께 씨앗을 뿌려 하나님의 세상 안에서 그분과 함께 더 자유롭고도 기쁜 삶을 누릴 수 있다.

따라서 우리의 모든 습관, 모든 생각, 모든 관계, 아니 우리 삶의 모든 것을 다음과 같은 채에 걸러야 한다.

* 이것은 내 육신과 영 중에서 어디에 씨앗을 뿌리는 것인가?
* 이것은 나를 더 노예 상태로 만드는가, 아니면 더 자유롭게 만드는가?
* 이것은 나를 짐승과 인간 중 무엇에 더 가깝게 만드는가?

명심하라. 영성 형성의 열쇠는 우리가 통제할 수 없는 것(육체)에 영향을 미치기 위해 우리가 통제할 수 있는 것(습관)을 바꾸는 것이다.

나는 육체에 관한 바울의 갈라디아서 강해에서 거의 마지막에 나오는 다음 대목에 깊은 감명을 받았다.

우리가 선을 행하되 낙심하지 말지니 포기하지 아니하면 때가
이르매 거두리라.
갈라디아서 6장 9절

여기서 바울의 권면은 힘든 직장을 그만두지 말라거나 힘들어도 꿈을 끝까지 추구하라는 것이 아니다. 배경을 보면 여기서 바울이 말하는 "선"은 육체에 맞선 싸움이다. 이 아름다운 구절은 무엇보다도 우리의 동물적 본성에서 벗어나기 위한 노력을 포기하지 말라는 뜻이다. 그 이유는 바로 이 구절의 백미에서 찾을 수 있다. "때가 이르매 거두리라." 이번에도 배경으로 볼 때 바울은 그리스도를 닮은 인격과 자유의 수확을 의미한 것이다. 복리의 비유를 다시 사용하자면, 우리의 자원을 계속해서 예금하면 막대한 수익을 거두는 것은 시간문제다.

이 글을 쓰는 지금, 나는 지독히 힘든 한 주를 마쳤다. 몇몇 인간관계 문제로 스트레스가 극심했다. 안식일을 보내면서도 마음이 진정되지 않았다. 나는 성인이 되고 나서 내내 불안감에 시달렸다. 지금은 많이 나아졌지만 여전히 종종 불안감이 추악한 고개를 다시 쳐들곤 한다. 날씨가 끝내주게 좋은 안식일에 뒷마당에 앉아 하나님이 주시는 깊은 평안과 기쁨을 누렸다고 말할 수 있으면 좋으련만, 전혀 그렇지 못했다. 스트레스와 친구를 향한 미움으로 온몸이 긴장 상태였다. 설상가상으로 '불안감에 대한' 불안감이 몰려왔고, 그 불안감을 떨쳐 내지 못하는 나 자신에 대해 수치심이 밀려왔다.

고개를 떨어뜨리고서 '과연 내 평생에 이 불안감의 족쇄에서 벗어날 수 있을까?'라며 자책하던 중, 갑자기 성령이 복리를 설명하던 스티브의 그래프를 생각나게 하셨다. 성령이 그 그래프를 내 은퇴 지금이 아니라 내 평안에 적용하라고 말씀하시는 것이 느껴졌다.

20대의 존 마크 코머와 평안…… 별로 봐 줄 만하지 않다. 심한 불안감에 시달리는 "고통스러울 만치 예민한 성격"의 소유자.

30대의 존 마크 코머와 평안…… 조금 낫지만 아직 멀었다.

40대…… 와, 눈에 띠는 상승세가 나타난다. 하지만 여전히 갈 길이 멀었다.

하지만 60대에는? 깊은 샬롬이 보인다. 어떤 일이 닥쳐도 내 영혼은 하나님 안에서 평안하다.

이제 나는 '미래의 나'에 대한 이 비전을 품고서 매주 안식일을 실천한다. 스위치를 켜서 내 불안감을 순식간에 통제할 수는 없지만 내 휴대폰은 끌 수 있다. 하나님이 안식일을 통해 내 안에 그분의 영을 더욱 채우시고 나를 불안에서 해방시키시며 내 영혼에 평강의 열매를 맺어 주실 줄 믿고서 쉴 수 있다. 나는 멀리 바라보면서 최선을 다해 예수님의 도를 실천하고 있다.

우리 아버지는 내가 산 세월보다도 더 오랫동안 목회를 하셨다. 아버지 책상에는 아버지가 매일 되새기셨던 짧은 문장 하나를 넣은 액자가 놓여 있다. "긴 안목으로 보라."

지금 어떤 문제를 마주하고 있는가? 무엇으로부터 빠져나와야 하는가? 도무지 끊어 내기 힘든 생각의 패턴? 기쁨을 갉아먹는 강박증이나 중독? 뿌리를 뽑으려고 안간힘을 써보지만 예기치 못한 순간에 창피하게 튀어나오는 인격적 흠? 기분이 어떤가? 슬픈가?

패배감이 밀려오는가? 다 그만두고 싶은가? 삶이나 인격에서 기대 수준을 낮춰 버린 영역이 있는가? 승리는 기대하지도 않고 그저 전쟁을 벌이는 것만으로 만족하고 있는가, 아니면 아예 무감각해져 버렸는가?

그러지 말라.

선한 일에 지치지 말라.

때가 되면 거두리라.

긴 안목으로 보라.

▲▲▲

한눈에 보는
Part 2 지도

용어 정의

* 육체: 쾌락과 관련된, 특히 성(性)이나 음식과 관련된 천하고 원시적이고
  동물적인 자기만족의 욕구
* 성령: 우리 안에서 능력을 주시는 하나님의 임재
* 현대 서구에서 말하는 자유: 뭐든 자신이 원하는 대로 허용하는 것
* 신약에서 말하는 자유: 선한 것을 원하고 행할 능력
* 현대 서구에서 말하는 사랑: 욕구, 주로 성욕
* 신약에서 말하는 사랑: 다른 사람의 영혼을 기뻐하고 내게 어떤 손해가
  되더라도 내 유익보다 상대방의 유익을 추구하겠다는, 긍휼로 가득한
  결단
* 수확의 법칙: 모든 행동에는 결과가 따르며, 대개는 행동에 비해 훨씬 큰
  결과가 나타난다.

묵상할 핵심 본문

갈라디아서 5-6장, 로마서 8장 1-13절, 베드로전서 2장 9-22절

마귀의 전술

'망가진 욕구'에 작용하는 '기만적인 개념들'을 퍼뜨려, 그 욕구들이 죄로
물든 사회에서 정상적으로 여겨지게 만든다.

영성 형성에 적용된 수확의 법칙

생각을 뿌리면 행동을 거둔다. 행동을 뿌리면 또 다른 행동을 거둔다. 여러 개의 행동을 뿌리면 습관을 거둔다. 습관을 뿌리면 인격을 거둔다. 인격을 뿌리면 육체에 대한 노예 상태나 성령 안에서의 자유라는 운명을 거둔다.

육체와 싸우는 법

예수님이 보여 주신 습관들, 특히 금식과 죄의 고백을 통해 우리의 영을 먹이고 우리의 육체를 굶겨야 한다. 그렇게 하다 보면 우리 자신의 의지력 근육이 강해질 뿐 아니라, 더 중요하게는 우리 자신을 초월한 능력 곧 하나님의 영에 우리 마음과 몸을 열게 된다.

육체를 무찌르기 위한 훈련

금식, 죄 고백

요약

마귀의 기만적인 개념들은 무작위적이지 않다. 그것들은 망가진 욕구, 즉 신약 기자들이 "육체"라고 부르는 것을 겨냥한다. 육체는 자기만족과 자기보호를 추구하는 동물적이고 원시적이고 본능적인 충동이다. 해법은 우리 힘으로 헤쳐 나가는 것이 아니라, 하나님의 능력을 얻게 해 주는 습관들을 통해 성령 안에서 자유롭게 사는 것이다.

Part 3

The WORLD

세상에 관하여

죄로 물들어 '정상'(正常)이 왜곡된 기형 사회

내가 비옵는 것은 그들을 세상에서 데려가시기를 위함이 아니요

다만 악에 빠지지 않게 보전하시기를 위함이니이다

내가 세상에 속하지 아니함같이

그들도 세상에 속하지 아니하였사옵나이다

그들을 진리로 거룩하게 하옵소서 아버지의 말씀은 진리니이다

아버지께서 나를 세상에 보내신 것같이

나도 그들을 세상에 보내었고.

— 예수님, 요한복음 17장 15-18절

이 세상이나 세상에 있는 것들을 사랑하지 말라

누구든지 세상을 사랑하면 아버지의 사랑이 그 안에 있지 아니하니

이는 세상에 있는 모든 것이 육신의 정욕과 안목의 정욕과

이생의 자랑이니 다 아버지께로부터 온 것이 아니요

세상으로부터 온 것이라 이 세상도, 그 정욕도 지나가되

오직 하나님의 뜻을 행하는 자는 영원히 거하느니라.

— 요한, 요한일서 2장 15-17절

친구가 공유해 줬어요.

— 숀 패닝

자아가 '권위'로, 트렌드가 '참'으로 등극하다

2000년 9월 7일, MTV 비디오 뮤직 어워드 시상식. 유명 방송인 카슨 데일리가 브리티니 스피어스를 소개하기 위해 무대에 올라 있었다. 그런데 그는 먼저 관중에게 깜짝 게스트를 소개했다. 무대 왼쪽에서 냅스터^{Napster} 설립자 숀 패닝이 등장했다. 그는 나이를 짐작하게 하는 배기 청바지에 검정 메탈리카 티셔츠를 입고 나타났다.

데일리: "옷이 멋지네요."

패닝: "친구가 공유해 줬어요."[1]

혹시 냅스터나 메탈리카를 모르는 세대들을 위해 배경 설명을 해 보겠다. 때는 2000년, 헤비메탈의 신으로 추앙받는 메탈리카 멤버들이 스튜디오에 모여 곧 개봉할 영화 〈미션 임파서블^{Mission: Impossible}〉의 오리지널 사운드 트랙 "I Disappear" 작업을 했다. 그런데 어느 날 아침 그들은 전국 라디오 방송을 통해 그 곡이 나가고 있는 것을 알게 되었다. 그들이 곡을 아직 발표하지도 않은 때였다. 심지어 아직 정식 녹음도 하지 않았다. 누군가가 완성되지 않은 그 곡을 훔쳐 디지털 세상에 퍼뜨린 것이었다.

메탈리카 멤버들이 도둑을 추적해 보니 범인은 당시 갓 서비스를 시작한 냅스터라고 하는 파일 공유 사이트였다. 그 사이트에서는 그 곡만이 아니라 메탈리카 앨범 전체의 음원을 다운로드할 수 있게 풀려 있었다. 그것도 공짜로.

그렇게 음악 역사상 가장 악명 높은 난타전 중 하나가 시작되었다. 메탈리카는 저작권 침해와 무려 천만 달러에 달하는 부당한 수익 혐의로 소송을 걸었다. 그런데 미국 지방법원에서는 승소했지만 여론이라는 법정에서는 패소했다. 메탈리카의 돌아선 팬들, 언론, 음악 비평가를 비롯한 많은 이들이 그들을 탐욕스러운 자들이라고 맹비난했다. 이 논란은 유명해진 동영상 하나를 탄생시켰다. 그 동영상은 메탈리카를 황금 람보르기니를 사기 위해 장사를 하는 자들로 그린 만화 패러디였다.[2]

냅스터의 항변은 기본적으로 이러했다. "메탈리카는 부자다! 돈이 썩어 나갈 만큼 많다. 반면 우리는 가난한 대학생들이다. 메탈리카의 앨범을 살 돈이 없다. 산처럼 쌓인 돈에서 아주 조금 빼 가는 것인데 뭐가 그리 대수인가."

메탈리카의 반박은 간단했다. "부자한테 훔치는지 가난한 사람한테 훔치는지는 중요하지 않다. 도둑질은 다 불법이고 잘못된 것이다. 또한 우리는 우리의 예술을 우리가 통제하고 싶다."

분명한 사실을 말하자면 이 사건에서 도덕적으로 애매한 구석은 없다. 이 문제에 관해 논하기 위해 윤리학자를 부를 필요는 없다. 사회학자들이 연구한 대부분의 문화에서 도둑질은 도덕적 금기다. 도둑질을 하지 않는 것은 사람들이 공동체 안에서 함께 살아가기 위한 일종의 도덕적 한계선이다. 냅스터는 마치 로빈 후드처럼 보이려고 하고 있지만 실상은 전혀 로빈 후드가 아니고, 설령 로빈 후드라 해도 도둑질은 엄연한 잘못이다(나중에 냅스터는 1억 2,100만 달러에 매각되었다. 그들은 전혀 가난하지 않았다).

냅스터는 최초의 해적 사이트들 중 하나일 뿐이었다. 이런 사이트는 처음에는 음악 분야에서 나타나서 텔레비전과 영화를 거쳐 인터넷을 통해 사회 전반으로 빛의 속도로 퍼져 나가고 있다. 불과 몇 달 만에 "모두가 그것을 하고 있다."

영화가 시작되기 전에 나오던 불법 복제판 사용을 경고하던 광고를 기억하는가?

당신은 자동차를 훔치지 않습니다……

그리고 비디오 판매점에서 DVD를 슬쩍 가죽 재킷 속에 넣는 사내를 비롯해서 물건을 훔치는 장면이 이어진다.

해적판 영화를 다운로드하는 것은 도둑질입니다.
도둑질은 불법입니다.
불법 복제. 범죄입니다.[3]

(이런 자막은 흔들거리는 흑백 활자로 나오는데, 실제로는 그렇게 오래되지 않았지만 1991년에 만들어진 것처럼 보였다.)

이것은 유치원 수준의 도덕이다. 하지만 오랫동안 영화가 상영되기 전에 이런 공익광고가 나왔다. 법적·윤리적 옳고 그름은 더없이 분명한데도 '대부분의' 사람들은 '도덕적 선'을 넘었다. 그러다 보니 불법 복제판 사용이 어느새 사회적으로 용인되는 행위가 되어 버렸다. 도대체 사람들은 왜 그럴까?

이런 것이 히트를 치던 2000년에 나는 대학생이었다. 당시 나는 인디 밴드에서 기타를 치는 데 심취해 있었다. 예수님을 제외하면 음악이 곧 내 인생이었다. 학교 수업을 마치고 바리스타로 아르바이트를 하면서 시간당 6.5달러를 벌었는데 CD 한 장은 번사이드 지역 레코드점에서 보통 18달러에 판매되었다. 세전 수입으로 계산하면 서너 시간을 일해야 CD 한 장을 살 수 있는 셈이었다. 콜드플레이의 명반에 반나절 치 임금을 투자하는 것은 몰라도, 듣도 보도 못한 신생 그룹의 앨범이라면? 반나절 치 임금은 무명 그룹에 모험을 걸기에는 너무 큰 금액이었다.

그래서 냅스터가 또래 사이에서 자연스럽게 받아들여졌다. 내가 속한 인디 밴드 멤버들은 모두 구운 CD에 샤피펜으로 신생 그룹의 이름을 휘갈겨 써서 돌려 들었다. 거짓말하고 싶지 않다. 나도 여러 번 그랬다.

하지만 결국 그것이 도둑질이며 구운 CD를 주고받는 것을 그만두는 것이 옳다는 것을 깨달았다. 하지만 범죄의 세계에서 발을 빼는 것은 그리 쉽지 않았다. 그때부터 친구들이 주는 공짜 CD를 뿌리칠 때마다 비난과 코웃음이 돌아왔다. 물론 미성숙한 자기 의에 빠져 있던 내가 기분 나쁘게 말한 탓일지도 모른다. "미안하지만 나는 이제 도둑질 따위는 하지 않아." 하지만 나중에 내가 말투를 좋게 바꾸어도 여전히 냉소적인 반응이 돌아왔다. "네가 뭔데 우리를 판단해?"

우리는 CD를 구운 친구를 '판단하는 것'을 잘못으로 보고 도둑질은 크게 잘못으로 보지 않는 도덕적 환경에서 살고 있었다. 불과 몇 년 사이에 옳고 그름이 대중의 의견, 더 정확히는 대중의 '욕구'에 따라 변하고 도덕적 선이 이동했다.

내 친구들은 예수님과 신약 기자들이 말한 "세상"의 단적인 예다. 마침내 우리는 영혼의 세 번째 적에게 이르렀다. 이 적은 구운 CD가 아니다. 바로, "세상"이다. 나는 마지막 범주인 세상과의 싸움 속으로 들어가기 전 긴장을 푸는 차원에서 냅스터에 관한 가벼운 이야기로 3부의 포문을 열었다. 자, 그렇다면 세상은 정확히 무엇을 의미할까? 예수님이 세상에 관해 뭐라고 말씀하셨는지를 보면서 시작해 보자.

세상에 관한 예수님의 가장 유명한 말씀은 아마도 세상의 마법에 빠지지 말라는 경고일 것이다.

사람이 만일 온 천하를 얻고도 자기를 잃든지 빼앗기든지 하면
무엇이 유익하리요.
누가복음 9장 25절

하지만 예수님은 세상을 단순히 피해야 할 시험이 아니라, 방어해야 할 위협으로 보셨다.

> 세상이 너희를 미워하면 너희보다 먼저 나를 미워한 줄을 알라 너희가 세상에 속하였으면 세상이 자기의 것을 사랑할 것이나 너희는 세상에 속한 자가 아니요 도리어 내가 너희를 세상에서 택하였기 때문에 세상이 너희를 미워하느니라 내가 너희에게 종이 주인보다 더 크지 못하다 한 말을 기억하라 사람들이 나를 박해하였은즉 너희도 박해할 것이요.
>
> 요한복음 15장 18-20절

여기서 예수님은 제자들에게 세상이 결국 그분을 십자가에 못박고 그들도 매우 비슷하게 대할 것이라고 경고하셨다. 예수님의 제자들과 세상의 관계는 적대적이다. 예수님의 논리를 따라가 보면 이 관계가 납득이 간다. 예수님은 세상을 마귀의 통치 아래에 있는 곳으로 보셨고, 다가올 그분의 죽음과 부활을 인류가 마귀의 압제에서 해방되는 사건으로 보셨다.

> 이제 이 세상에 대한 심판이 이르렀으니 이 세상의 임금이 쫓겨나리라.
>
> 요한복음 12장 31절

하지만 세상과의 적대적인 관계에도 불구하고 예수님은 제자들이 세상에서의 책임을 내던지는 것을 원하시지 않았다. 내가 수도원 운동을 옹호하긴 하지만 예수님은 수사가 아니셨다. 예수님은 세상으로부터 도망쳐 초야로 숨지 않으셨다. 물론 광야로 가셨다. 하지만 정해진 일정을 마치고 돌아오셨다. 이것이 우리가 따라야 할 본보기다.

예수님의 마지막 말씀 중 일부를 보겠다. 이것은 도제들을 위해 아버지께 드리신 기도다.

> 내가 아버지의 말씀을 그들에게 주었사오매 세상이 그들을
> 미워하였사오니 이는 내가 세상에 속하지 아니함같이 그들도 세상에
> 속하지 아니함으로 인함이니이다 내가 비옵는 것은 그들을 세상에서
> 데려가시기를 위함이 아니요 다만 악에 빠지지 않게 보전하시기를
> 위함이니이다 내가 세상에 속하지 아니함 같이 그들도 세상에
> 속하지 아니하였사옵나이다 그들을 진리로 거룩하게 하옵소서
> 아버지의 말씀은 진리니이다 아버지께서 나를 세상에 보내신 것같이
> 나도 그들을 세상에 보내었고.
>
> 요한복음 17장 14-18절

이것은 예수님이 세상에 관해 하신 많은 말씀 중 하나다. 예수님은 세상에 관해 이외에도 많은 말씀을 하셨다. 당연히 신약 기자

들도 예수님의 이 논의를 이어받아 더욱 확장했다. 예를 들어, 우리의 마음을 사로잡는 세상의 강력한 흡인력에 관한 요한의 통찰력 깊은 경고를 보라.

> 이 세상이나 세상에 있는 것들을 사랑하지 말라 누구든지 세상을
> 사랑하면 아버지의 사랑이 그 안에 있지 아니하니 이는 세상에
> 있는 모든 것이 육신의 정욕과 안목의 정욕과 이생의 자랑이니
> 다 아버지께로부터 온 것이 아니요 세상으로부터 온 것이라 이
> 세상도, 그 정욕도 지나가되 오직 하나님의 뜻을 행하는 자는 영원히
> 거하느니라.
> 요한일서 2장 15-17절

오늘날 예수님의 제자들에게 세상은 다소 새로운 개념일지 모르지만, 그것은 예수님의 가르침에서 시작해 신약 전체를 관통하는 중심 개념 중 하나다. 이제 이 모든 구절을 하나로 합쳐 하나의 정의를 도출해 보자. 이 성경 기자들이 말하는 세상은 정확히 무엇을 의미하는가?

세상은 헬라어로 '코스모스'다. 여기에서 영어 '카즈모스cosmos'가 나왔다. "육체"에 해당하는 헬라어 단어와 마찬가지로, 이 단어도 여러 의미를 가지고 있다. 신약에서 헬라어 '코스모스'는 최소한 세 가지 의미로 쓰인다.[4]

때로 이 단어는 우주, 더 정확하게는 지구를 의미한다. 예를 들어, 로마서 1장 20절이 그런 경우다.

창세〔세상의 창조〕로부터 그의 보이지 아니하는 것들 곧 그의 영원하신
능력과 신성이 그가 만드신 만물에 분명히 보여 알려졌나니
그러므로 그들이 핑계하지 못할지니라.

여기서 세상은 전혀 적이 아니다. 이 세상은 하나님의 "능력과 신성"이 공연되는 극장이다. 이 세상은 매일같이 하나님의 실재, 그분의 지혜, 후하심, 창의적인 지성, 사랑을 보여 주는 전광판이다. 이번 장을 쓰는 지금 나는 내가 세계에서 가장 좋아하는 도시 가운데 하나인 호주 멜버른에 있다. 방금 야라 벤드 공원에서 꽤 긴 아침 조깅을 마쳤다. 실로 감동적인 시간이었다. 한 걸음을 뗄 때마다 하나님의 놀라운 영광에 가슴이 벅차올랐다.

하지만 성경의 또 다른 곳에서 '코스모스'란 단어는 야라강이나 지구의 아름다움이 아니라, 인류를 지칭한다. 너무도 유명한 요한복음 3장 16절의 경우가 그렇다.

하나님이 세상을 이처럼 사랑하사 독생자를 주셨으니 이는 그를
믿는 자마다 멸망하지 않고 영생을 얻게 하려 하심이라.

하나님은 분명 로키산맥이나 오스트리아 알프스산맥을 사랑하신다. 하지만 여기서의 세상은 지구가 아니라, 지구에 사는 인류를 지칭한다. 피조물의 일부로서 창조주의 사랑의 시선을 듬뿍 받고 있는 인류를 가리킨다. 여기서 세상은 부정적인 것이 아니라, 긍정적인 것이다. 세상은 분노나 비난의 대상이 아니라, 사랑의 대상이다.

하지만 이 책이 말하고자 하는 영혼의 세 적, '세상, 육체, 마귀'에서의 세상은 세 번째 의미에서 '코스모스'다. 훨씬 더 부정적인 색채를 띤다.

한 헬라어 사전 편찬자는 "세상"을 다음과 같이 간단하게 정의한다.

세속 사회와 결부된 관행과 기준의 시스템.[5]

기억하는가? 앞서 우리는 세속 사회를 '하나님이 없는 것처럼 살려고 하는 사회'로 정의했다. 아브라함 요수아 헤셸에 따르면, 세상은 사람들이 다음과 같이 믿는 곳이다.

인간만이 세상을 지배하고 오직 자연의 힘만 인간의 적이 될 가능성이 있다. 인간은 외롭고 자유롭고 점점 강해진다. 신은 존재하지 않거나 무관심하다. 역사를 만들어 가는 것은 인간의 노력이며, 변화를 이루는 것은 주로 무력을 통해서다. 인간은 자신의

구원을 이룰 수 있다.[6]

하지만 세상은 단순히 하나님의 존재를 부정하는 것이 아니라, 하나님에게 '반대한다.' 세상에 관해 달라스 윌라드가 내놓은 간단명료한 정의가 마음에 든다.

사탄의 통치 아래 있어서 하나님에게 반反하는 우리의 문화적 · 사회적 관행들.[7]

내 신학적 멘토 게리 브레셔스는 세상을 이렇게 정의한다.

세상은 사탄의 영역이다. 그자의 권위와 가치가 지배하는 곳이다. 하지만 그자의 기만 때문에 그것을 깨닫기가 어렵다. 세상에 속해 있으면 그 안의 모든 것이 옳아 보인다.[8]

나는 정치 분야 서적을 많이 읽지는 않는데, 그중에서도 패트릭 드닌의 《왜 자유주의는 실패했는가》는 자꾸만 머릿속을 맴도는 책이다. 이 책은 사실 현대 미국의 사회적 위기를 다루고 있는 내용인데, 솔직히 세상에 관한 성경적 신학을 이보다 더 잘 정리한 문단은 생각나지 않는다.

이 세상에서 과거에 대한 감사와 미래에 대한 의무는 사라지고 거의 모든 사람이 즉각적인 만족을 추구한다. 문화는 자제력과 예의의 덕을 고양시키기 위해 과거의 지혜와 경험을 전해 주는 것이 아니라, '소비, 욕구, 냉담을 조장하기 위한 쾌락적인 자극, 노골적인 관능, 오락거리'와 동어의가 되어 버린다. 그 결과, 자신을 높이고 사회를 파괴시키는 피상적인 행동들이 사회에 만연하기 시작한다.[9]

세상은 많은 사람이 육체에 굴복하는 바람에 육체의 천박하고 동물적인 욕구가 정상적인 것으로 여겨지는 상황이다. 아마도 대부분의 사람들이 동의하는 세상의 사례는 구조적인 인종주의일 것이다. 노예를 재산 취급하는 제도는 많은 사람이 미국의 원죄라고 부르는 것이다. 미국 사회에서 인종주의는 단순한 개념이나 느낌, 심지어 죄의 차원을 넘어섰다. 인종주의는 사회적, 도덕적, 법적, 경제적, 심지어는 영적 조직 속으로 파고들었다. 처음에는 소수가 인종주의를 행했다. 그러다가 많은 사람이 그 흐름에 휩쓸렸다. 그러다가 사회 전체가 그것을 필요악으로 받아들였고, 법으로 정하더니 급기야 헌법에 포함시켰다.[10] 심지어 교회의 일부 교단들은 그것을 정당화하기 시작했다(다른 교단들은 맹렬히 반대했지만).

어느새 인종주의는 '원래 그런 것'이 되어 버렸다. 야만적이고 가증스러운 악이 정상적인 것이 되었다. 지금은 상황이 많이 좋아졌다고 하지만 이 악은 여전히 미국의 집단적 트라우마로 남아 있다.

하지만 세상은 단순히 사회 정치적인 시스템이 아니다. 유진 피터슨이 지적했듯이, 세상은 암적인 부패처럼 우리에게로 스며드는 "공기, 분위기"다.[11] 세상은 우리가 매일 마시는 감정적 오염물질, 우리 몸의 폐를 순환하는 '반反하나님anti-God'의 충동이다. 세상은 "역사에 나타난 하나님의 다스리심과 임재를 거부하고 무시하는 교만하고 오만한 인류의 사회"다.[12]

결론적으로 나는 세상을 다음과 같이 정의하고 싶다.

'하나님에 대한 반역과 선악의 재정의라는 쌍둥이 죄로 부패된 문화' 속에서 사회의 주류로 통합되고 나중에는 결국 제도화된 이념, 가치, 도덕, 관행, 사회 규범 시스템.

여기서 "쌍둥이 죄"는 에덴동산에서 나타난 마귀의 전형적인 시험을 말한다. 아담과 하와에 대한 마귀의 시험은 사실상 두 부분으로 이루어져 있다. 하나는, 하나님께 반역하거나 그분에게서 독립하는 것, 하나님을 떠나 세속적으로 사는 것이다. 다른 하나는, 자기 머릿속의 목소리(뱀으로 의인화되고, 나중에 악으로 규명된 것)와 자기 마음의 망가진 욕구들에 따라 선과 악을 다시 정의하는 것이다.

"세상"은 아담과 하와의 죄가 사회 전체에 퍼질 때 나타난다. 그 결과는? 왜곡된 것이 정상으로 여겨진다. 죄가 자유, 인권, 번식권리(자녀를 갖거나 갖지 않을 인간의 권리), "원래 그런 것", 자연, 과학, "남자는 다 그렇다"라는 표현들로 포장된다. 죄가 '죄'라는 용어만 빼고 온갖 표현으로 불린다. 여기서 우리가 꼭 기억해야 할 것은 이런 상황이 우리의 도덕적·영적 판단에 영향, 아니 더 정확하게는 악영향을 미친다는 사실이다.

넷플릭스의 〈루머의 루머의 루머13 Reasons Why〉에 관한 논란이 분분하기 훨씬 전, 많은 사람이 주인공이 자살하는 요한 볼프강 폰 괴테의 비극 소설 《젊은 베르테르의 슬픔The Sorrows of Young Werther》을 비난했다. 1774년 이 책이 나온 뒤 유럽 전역에서 자살률이 치솟았다.[13] 자살이 마치 전염병처럼 걷잡을 수 없이 퍼졌다. 황당하게 들릴지 모르겠지만 격리가 필요할 정도였다. 많은 국가에서 이 책의 판매가 금지되었다. 이 조치는 당시 널리 퍼지던 계몽주의의 언론 자유 가치와 충돌하는 것이었다.

당시 사회적 전염병을 연구하던 사회심리학자들은 이 현상을 통해 자신들의 가설을 확인했다. 그것은 좋은 행동과 나쁜 행동 모두 마치 바이러스처럼 친구, 가족, 지인 네트워크를 통해 퍼진다는 것이다. 이 현상의 전형적인 예는 하품이다. 누군가가 하품을 하면 우리도 하품을 하는 경우가 많다. 이는 잘 알려진 현상이다. 하지만 이 현상은 하품, 전율, 웃음 같은 육체적 행위뿐 아니라 '도덕적' 행위에도 적용된다. 금연과 흡연에서 건강한 식습관과 해로운 식습관, 적당한 음주와 폭주, 예의와 무례까지 거의 모든 행동은 한 사람에게서 다른 사람에게로 전염될 수 있다. 이런 행동은 마치 전염병처럼 퍼진다. 소비 심리학자 폴 마스덴은 이렇게 말했다. "사회문화적 현상은 합리적 선택을 통해서보다 홍역이나 수두의 창궐과 같은 방식으로 사람들 사이에서 퍼질 수 있다."[14]

여기서 얻을 수 있는 가장 중요한 통찰은 이런 현상이 값비싼 광고, 정부의 입법, 심지어 합리적 선택을 통해서가 아니라 덜 논리적이고 더 은밀한 동기에 따라 퍼진다는 것이다. "많은 경험적 연구를 통해 …… 심지어 강압과 이유가 없는 상황에서도 시간과 공간 모두에서 인간 행동들이 하나로 모인다는 가설이 확인되었다."[15]

해석하자면, 우리는 보는 대로 따라 한다.

군중심리는 말 그대로 우리 뇌 조직에 박혀 있다. 물소들은 모두 들판의 같은 쪽으로 걷는다. 10대 청소년들은 모두 같은 스니커즈를 신는다. 미국 해안 도시 사람들은 좌파에 투표하고 내륙 사람들은 우파에 투표하는 경향이 있다. 관계적인 하나님은 우리를 공동체 안에서 살도록 창조하셨다. 하지만 우리는 타락하면서 몰려다니는 동물로 퇴보했다. 마귀의 기만적인 개념들이 너무도 오랫동안 우리 사회를 옭아매고 있다. "나는 이것을 원한다"와 "모두가 이것을 하고 있다"는 그 자체로도 엄청난 힘을 갖고 있다. 그런데 이것들이 하나로 모이면 거의 거부할 수 없는 충동으로 증폭된다.

스탠퍼드인터넷관측소Standford Internet Observatory 기술 연구 책임자 르네 디레스타는 포스트모던 윤리를 이렇게 정리했다. "트렌드가 되면 참이 된다."[16]

하지만 어떤 개념이나 행동이 사회 전반으로 퍼지고 용인된다고 해서 참이 되는 것은 아니다. 그것이 꼭 번영으로 이어지는 것은 더더욱 아니다. 역사가 우리에게 가르쳐 준 것이 있다면 그것은 다수가 틀린 경우가 많다는 사실이다. 유진 피터슨은 "군중은 거짓말을 한다. 더 많은 사람이 하는 말일수록 더 진실이 아니다"라고 말했다.[17] 군중은 지혜롭기보다는 어리석을 때가 더 많다.

제프리 슈워츠 박사는 "생태권ecosphere"과 "정신권ethosphere"에 관해 썼다. 그는 정신권을 "태도, 행동, 윤리를 공유하는 영역"으로 정의했다. 그는 우리 세대가 북극과 남극의 빙하와 멸종 위기에 처한 종들을 보존하기 위해서는 동분서주하면서도 더 중요한 도덕적·영적 기초가 급속도로 무너져 내리는 현실 앞에서는 안타깝게도 가만히 앉아서 구경만 하고 있는 상황을 지적했다.[18]

다행히도 사회적 전염은 양방향으로 이루어진다. 사회과학자 니콜라스 크리스타키스와 제임스 파울러는 이렇게 말했다. "건강한 상태를 유지하는 것은 유전자와 식단만의 문제는 아닌 듯하다. 좋은 건강 상태는 부분적으로 다른 건강한 사람들과 가까이하는 데서 비롯한다."[19]

과학자들의 말 한두 마디를 인용하면 좋겠지만 사실 이것은 딱히 새로운 개념이 아니다. 2천 년 전 바울은 당시로서도 꽤 오래 묵은 격언을 인용했다. "악한 동무들은 선한 행실을 더럽히나니"(고전 15:33). 꼭 예수님의 제자가 되어야만 이 사실을 믿을 수 있는 건 아니다. 이것은 누구나 미루어 알 수 있는, 말 그대로 그냥 현실이기 때문이다. 우리는 가까이하는 사람들을 닮고, 우리가 속해서 살아가는 문화를 닮기 마련이다. 하지만 도덕적 궤도가 붕괴하고 있는 문화 속에서 예수님의 정신 지도를 따라가려는 예수님의 제자들에게 이것은 매우 중요한 통찰이다.

1900년대 중반 무렵에 활동했던 선지자이자 목사였던 A. W. 토저는 이렇게 말했다. "모든 인간 불행의 원인은 급격한 도덕적 혼란이다."[20] 그는 선원과 육분의sextant의 비유를 사용했다. 지난날 선원들이 육분의로 천체 사이의 각거리를 측정해 자기 현재 위치를 확인한 것처럼, 우리 역시 하나님과 선악에 관한 그분의 비전이라는 진북을 가지고 세상에서 자기 자리를 확인하고 세상을 항해한다. 하지만 세상, 특히 세속적이고 (주로) 진보적인 서구에서는 더 이상 하나님을 기준으로 방향을 판단하지 않는다.[21] 과거에는 당연했던 절대적 도덕에 사람들이 의문을 품기 시작했다. 앞서 살폈듯이 새로운 권위는 '참자아'이며, 이 자아는 곧 자신의 욕구와 감정을 의미한다. 그렇게 우리 자신의 감정적 나침반에 의지해서 항해하다 보니 방향을 완전히 잃었다.

인기 있는 역사학자이자 우리 시대 대표 무신론자인 유발 노아 하라리는 이 문제의 핵심을 잘 짚었다.

예전에는 선goodness, 의righteousness, 미beauty를 정의하는 것이

신이었다. 오늘날에는 그런 답이 우리 안에 있다. 우리의 감정이 우리의 개인적 삶뿐 아니라 사회적·정치적 과정에 의미를 부여한다. 보는 사람의 눈에 아름다워야 아름다운 것이고, 고객이 항상 옳으며, 유권자가 최선을 안다. 하고 싶으면 하라. 스스로 생각하라. 이런 것이 인본주의자의 주요 신조들이다.[22]

이런 말이 그럴 듯하게 들리지만 이렇게 사는 사람은 북극성을 기준으로 삼지 않아 망망대해를 떠도는 배와도 같다. 데이비드 포스터 월리스는 세속적인 친구들이 나이 드는 모습을 보며 이렇게 말했다. "의미 있는 도덕적 가치를 전혀 물려받지 못한 세대다."[23] 이 것은 후기 근대late-modern 서구에서 본격적으로 시작된 문제처럼 보이지만 사실은 에덴동산만큼이나 오래된 문제다.

우리가 앞서 읽었던 세상에 관한 요한의 삼중 정의를 보자.

이는 세상에 있는 모든 것이 육신의 정욕과 안목의 정욕과 이생의 자랑이니 다 아버지께로부터 온 것이 아니요 세상으로부터 온 것이라.

요한일서 2장 16절

여기서 "정욕"이란 표현을 눈여겨봐야 한다. 정욕은 왜곡된 사랑이다. 정욕은 자기중심적인 욕구다. 요한은 세상의 세 가지 정욕을 경고했다.

* "육신의 정욕" 분명 이는 왜곡된 사랑의 대표 격인 성적 유혹을 의미한다. 이는 하나님의 형상을 품었기에 우리에게 희생적인 사랑을 받아 마땅한 누군가가 우리의 쾌락적 욕구를 풀 대상으로 전락된 것을 의미한다. 이는 설령 합의에 의한 관계라 하더라도 잘못된 것이다. 하지만 이 정욕에는 단순히 성욕만 포함되지는 않는다. 음식, 술, 즉각적인 만족, 통제, 지배 등 육체의 모든 욕구가 포함된다.

* "안목의 정욕" 분명 여기서 요한이 조준한 과녁은 탐욕이다. 하지만 여기에는 시기, 질투, 불만족, 우리 시대의 "암적인 쉼 없음"[24]도 포함된다.

* "이생의 자랑" 자기 뜻대로 하고, 권위에 반항하고, 자신이 자신보다 앞선 시대 사람들보다 더 잘 안다고 생각하는, 우리 모두의 안에 있는 인간 성향. '네가 뭔데 나더러 이래라저래라 해?'가 자아의 테마송이다.

이 세 가지는 예수님이 광야에서 직접 맞으셨던 시험이다. 언어는 다르지만 마귀의 제안은 똑같았다. 한번 생각해 보자.

* "육신의 정욕" 소화기관(위장)의 만족과 즐거움에 대한 육신의

욕구에 굴복해 돌을 떡으로 바꾸고 싶은 유혹.

* "안목의 정욕" 마귀에게 절하고 그를 섬기는 대신 "천하만국과 그 영광을" 얻고 싶은 유혹(마 4:8). 모든 것을 갖고 싶은 욕구. 한계를 모르는 욕구.

* "이생의 자랑" 성전 꼭대기에서 뛰어내려 영광과 찬사를 받고 싶은 유혹. 자신의 삶을 쇼로 바꾸어 유명인사가 되고 싶은 욕구.

연결점이 보이는가? 이것들은 세상의 전형적인 유혹들이다. 그리고 이 유혹들은 매우, 매우 오래되었다. 신약학자들은 요한과 마태가 모두 창세기 3장에 기록된 에덴동산에서의 유혹을 암시했다고 판단한다. 창세기 3장의 표현이 기억나는가?

여자가 그 나무를 본즉 먹음직도 하고 보암직도 하고 지혜롭게 할 만큼 탐스럽기도 한 나무인지라 여자가 그 열매를 따먹고 자기와 함께 있는 남편에게도 주매 그도 먹은지라.
창세기 3장 6절

세 집합이 어떻게 연결되는지 보이는가?

* "육체의 정욕" = "먹음직도 하고" = 돌을 떡으로
* "안목의 정욕" = "보암직도 하고" = 천하만국과 그 영광

* "인생의 자랑" = "지혜롭게 할 만큼 탐스럽기도 한" = 성전 쇼

요한과 마태가 에덴동산 이야기에 주목한 것은 그것이 '인간 이야기'의 전형이기 때문이다. 그들은 세상에서 육신의 정욕과 안목의 정욕과 이생의 자랑이 용인되는 차원을 넘어 '장려'되기 때문에 눈을 크게 떠서 경계하라고 경고한다. 세상에서는 이런 것들을 호되게 꾸짖기는커녕 치켜세우는 경우가 많다.

테오 홉슨은 *Reinventing Liberal Christianity*(자유주의 기독교 개혁)라는 책에서 현대의 도덕적 변화를 다음과 같은 삼단논법으로 정리하고 있다.

보편적으로 비난받던 것이 지금은 찬양받는다.
보편적으로 찬양받던 것이 지금은 비난받는다.
찬양하기를 거부하는 이들은 비난받는다.[25]

흥미로운 사실은 테오 홉슨의 책이 진보 자체에는 '찬성'한다는 입장이다. 이 책에서 그는 도덕이 실제로 진보한 부분들을 명시한다. 다만 오늘날 최소한 내가 사는 도시(미국 포틀랜드)에서는 앞서 언급한 세 가지 상황을 진보라 부른다. 일부 영역에서는 홉슨의 시각이 옳다. 특히 여성과 소수집단의 평등권에서는 실제로 진보가 이루어졌다. 하지만 다른 영역에서는 우리가 진보라고 부르는 것이 실상

은 에베소서에서 말하는 "이 세상 풍조"이며, 이것은 예수님의 도와 상반된다.

바울은 "이 세상 지혜"에 대해 경고한다. 그는 세상이 똑똑하고 심지어 훌륭하다고 말하는 것이 "하나님께 어리석은 것"이라고 말한다(고전 3:19). 이 말은 예수님이 그 전에 하신 말씀과 일맥상통한다. "사람 중에 높임을 받는 그것은 하나님 앞에 미움을 받는 것이니라"(눅 16:15).

예수님과 바울의 말은 사람들이 높게 여기는 것이 다 하나님 앞에 미움을 받는 것이라는 뜻이 아니다. 사람들이 높이 여기는 것들, 심지어 세속 사회에서 훌륭하게 여기는 것들 중에는 정말로 훌륭한 것들도 많다. 예수님과 바울의 말은 기독교 밖에서는 그 어떤 지혜도 찾을 수 없다는 뜻도 아니다. 다만 많은 사람이 가치 있게 여기고 권장하고 찬양하고 자랑하는 것 가운데 하나님은 완전히 다른 시각으로 보시는 것들이 적지 않다는 뜻이다. 예수님은 세상과 전혀 다른 도덕적 계산법을 따르셨다.

우리는 찬찬히 그리고 솔직하게 오늘날의 도덕적 이슈들에 대한 예수님의 지혜를 찾아야 한다. 그분의 지혜는 견줄 데 없는 지성과 분별력과 사랑에서 나온 것이다. 그런데 그분의 지혜를 찾다 보면, 인류 번영에 대한 그분의 비전이 좌파와 우파 양쪽 모두와 크게 부딪치는 부분들이 적지 않음을 발견하게 된다.

초기 기독교를 연구한 역사가 래리 허타도는 《처음으로 기독교인이라 불렸던 사람들《*Destroyer of the Gods*》이라는 널리 알려진 책에서 예수님의 제자로 불린 소수의 유대인 집단이 불과 몇 세기 만에 이교도의 아성을 무너뜨리고 로마제국을 복음으로 물들인 이야기를 전해 준다. 허타도는 교회가 그토록 수많은 사람들에게 매력적으로 다가간 것은 세상 문화에 보조를 맞추었기 때문이 아니라 오히려 세상과 너무도 달랐기 때문이라고 진단했다. 다음과 같은 교회의 다섯 가지 독특한 특징은 로마제국의 문화와 너무 달라서 눈에 띄었다.

1. 교회는 다양성, 평등, 포용을 매우 중시하는 다인종·다민족 공동체였다.

2. 교회의 구성원은 사회경제적 스펙트럼 전반에 고루 퍼져 있었다. 교회는 가난한 사람들을 돌보는 일을 매우 중시했고, 많이 가진 자들에게 적게 가진 자들과 나누라고 가르쳤다.

3. 영아살해와 낙태에 철저히 반대했다.

4. '한 남자와 한 여자가 평생 사는 것'이라는 결혼과 성에 관한 비전을 철저히 고수했다.

5. 개인적 차원에서나 정치적 차원에서나 비폭력적이었다.

이제 이 다섯 가지 특징을 현대 정치와 연결 지어 생각해 보자. 처음 두 특징은 인종과 계층을 다룬다는 점에서 자유주의 입장처럼 들린다. 그다음 두 특징은 보수주의 입장처럼 들린다. 마지막 하나는 둘 중 어느 편과도 맞지 않는다. 내가 알기로 예수님의 교회 밖에서는 그 어떤 정당이나 이념도 이 다섯 가지를 모두 포함하고 있지 않다. 하지만 이 다섯 가지 모두는 역사적이고 정통적인 기독교의 기본적인 특징이다. 예수님의 진정한 제자들이라면 이 다섯 가지 가운데 어느 하나도 곁가지로 취급하지 않는다.

정치적으로 좌파 쪽으로 기울어 있다면 처음 두 가지를 중시하고 나머지를 무시하기 쉽다. 정치적으로 우파 쪽으로 기울어 있다면 세 번째와 네 번째를 중시하기 쉽다. 하지만 어느 쪽으로 기울든 현재 상태의 매력적인 대안으로서 굳게 서는 것이 아니라, 예수님을 자기 군대의 군목으로 삼는 것에 불과하다.

영국의 신학자이자 탈기독교 시대post-Christianity에 관한 탁월한 사상가인 레슬리 뉴비긴은 무려 1970년대에, 앞으로 서구가 세속화되어도 종교가 사라지지 않을 것이라고 예측(어쩌면 예언?)했다. 그는 종교가 정치 쪽으로 방향을 틀 것이라고 바라보며 정치적 종교의 발호를 경고했다. 현대 세상은 정확히 그의 예측대로 되었다. 오늘날 미국은 남북전쟁 이후로 그 어느 때보다도 분열되어 있다. 좌파와 우파는 더 이상 서로를 견제하는 두 세력이 아니라, 두 라이벌 종교다. 두 종교의 열성신자들은 온라인에서, 포틀랜드 같은 도시들의 거리에서, 국회의사당 홀에서 치열한 성전聖戰을 벌인다.

데이비드 브룩스는 〈뉴욕 타임스〉 기명 논평 페이지에서 이렇게 말했다. "지난 반세기 동안 우리의 정치는 '공통의 문제를 해결하기 위한 실질적인 방식'에서 '분노를 표출하기 위한 문화적 투기장'으로 전락했다."[26]

사람들은 종교에 버금가는 헌신과 열심을 정치에 쏟아붓는다. 〈이코노미스트*The Economist*〉는 "미국의 새로운 종교 전쟁"이라는 표현을 사용했다.[27] 이 치열한 전쟁 속에서 수많은 사람들이 일종의 우상숭배인 '이념'에 갇혀 있다. 예수님과 그분의 가르침보다 이념이나 정당에 더 충성하는 사람들의 숫자가 점점 늘고 있다. 내 마음속에서도 이 전쟁을 느낀다. 우리는 이 전쟁을 거부해야 한다. 이 전쟁은 우리를 하나님 나라 밖으로 끌어내고, 우리의 도덕적 나침반을 망가뜨려 생명과 평화로 이어지지 않는 방향을 가리키게 만든다.

세례식이 가장 중요한 분께 충성을 맹세하는 시간이고,[28] 예수님의 도제라 주장하는 사람들 마음속에 다른 사람을 향한 경멸은 터럭만큼도 없고, 원수 사랑이 신앙의 가장 중요한 요건인 시절이 있었다. 예수님의 제자들은 그 시절로 돌아가야 한다.

내가 말하려는 요지는, 번성(번영)하는 삶에 대한 예수님의 비전이 우리 시대의 도덕적 규범과 철저히 배치된다는 것이다.

존 밀턴 소설 《실낙원*Paradise Lost*》의 유명한 구절이 생각난다. "악이여, 너는 나의 선이다."[29] 밀턴이 마귀에게 준 이 대사는 BC 8세기 선지자 이사야의 애가를 떠올리게 한다. "악을 선하다 하며 선을 악하다 하 …… 는 자들은 화 있을진저"(사 5:20).

여기서 "화 있을진저woe"는 탁월한 단어 선택이다. 사실 이것은 단어라기보다는 감정의 표현이다. "오ᄊᄊ"는 긍정적인 표현이다. 뜻밖의 좋은 일이 생겼을 때 기쁨을 표현할 때 쓰는 말이다. "화 있을진저"는 부정적인 표현이다. 마음의 한숨소리다. 오랫동안 이 구절을 읽을 때 마이크 볼륨을 끝까지 올린 지옥불 설교의 어조를 상상했다. "악을 선하다 하는 자들은 화 있을진저!!!" 실제로 그럴 수도 있다. 하지만 성부, 성자, 성령과 많은 시간을 보내며 그분들의 사랑과 긍휼을 경험할수록 슬피 우는 부모의 어조가 들린다. 어리석은 짓을 저질러 필연적인 대가를 치를 수밖에 없는 자식 때문에 찢어지는 부모의 심정이 상상된다.

선과 악을 제멋대로 다시 정의하는 우리 사회의 행태에 과연 하나님은 어떤 심정이실까? 우리 사회는 다음과 같은 일이 벌어지는 곳이다.

* '정욕'을 '사랑'으로 다시 정의한다.
* '결혼'을 평생 이어 가야 할 정절의 언약이 아니라 '개인적인 만족을 위한 계약'으로 다시 정의한다.
* '이혼'을 맹세를 깨는 것이 아니라 '용기와 진정성의 행위'로 다시 정의한다.
* '포르노를 통한 여성의 대상화'를 '여성 권익 강화'로 다시 정의한다.
* '탐욕'을 '주주들에 대한 책임'으로 다시 정의한다.

* '개발도상국 공장 노동자들에 대한 심한 불공정'을
  '글로벌리즘'으로 다시 정의한다.
* '환경 파괴'를 '발전'으로 다시 정의한다.
* '한때 번영하던 지역 경제의 쇠퇴'를 '자유 시장 자본주의'로 다시
  정의한다.
* '인종주의'를 '과거의 문제'로 다시 정의한다.
* '마르크스주의'를 '정의justice'로 다시 정의한다.

낙태보다 더 가슴 아픈 예는 생각나지 않는다. 우리는 역사상 최악의 영아살해를 "번식 권리"(자녀를 갖거나 갖지 않을 인간의 권리)라고 다시 정의하고 있다.[30] 수백만 명의 태아를 죽이는 비인간적인 행태에 '정의'란 표현을 갖다 붙일 용기는 도대체 어디서 나오는 것인가? 이런 짓을 자행하는 자들이 내세우는 도덕적 이유는 철저히 비논리적이고, 심지어 과학적이지도 않다. 그런데도 이런 행태가 사회적으로 널리 용인되고 있다.

내가 가장 좋아하는 2019년 개봉 영화는 〈피넛 버터 팔콘The Peanut Butter Falcon〉이다(정말 재미있다). 허클베리 핀을 연상케 하는 이 영화는 (샤이아 르보프가 연기한) 타일러라는 이름의 빈털터리 고아와 (실제 다운증후군을 가진 잭 고츠아전이 역할을 맡은) 잭의 여행을 따라가는 영화다. 잭은 다운증후군을 앓는 10대 소년이다. 보호소를 탈출한 잭은 타일러와 함께 당국의 눈을 피해 강을 따라 도망친다. 우리 가족은 이 영

화를 몇 번이나 봤는데 나는 처음 보자마자 이 생각이 들었다. '최근 몇 년간 다운증후군을 앓는 성인을 본 적이 없어.'

1980년대 이후로 기형아 검사가 일반화되면서 다운증후군을 가진 아기들은 대부분 대중의 눈 밖에서 조용히 낙태되었다. 확실하게 공신력 있는 통계 수치는 없지만, 대체로 미국에서는 산전진단에서 다운증후군을 가진 아이들의 67퍼센트, 프랑스에서는 77퍼센트, 덴마크 같은 스칸디나비아 반도 국가들에서는 약 98퍼센트를 낙태하는 것으로 추정한다. 검사와 낙태가 널리 행해지는 아이슬란드에서는 이 수치가 거의 100퍼센트에 육박한다. 아이슬란드의 한 의사는 최근 이렇게 말했다. "우리 사회에서 다운증후군을 거의 근절했다."[31] 여기서 "근절"은 "다운증후군을 가진 모든 아기를 죽였다"를 의미한다. 그는 이것을 "유전상담"이라 불렀다.

프린스턴대학 생명윤리 교수인 윤리학자 피터 싱어 같은 주요 사상가들은 장애를 가진 태아들을 죽이는 것을 옹호한다.[32] 그런가 하면 부모들이 아기의 생명을 끝낼지 결정하기까지 생후 며칠간 기다려야 한다고 말하며 "산후 낙태"를 주장하는 이들도 있다.[33]

이런 영아살해는 사회적으로 용인되는 차원을 넘어, 해방과 인권이라는 이름으로 권장되고 있다. 정말 황당한 현상이 벌어지고 있다. 영아살해가 왜곡된 논리에 근거하고 있고 과학적으로나 철학적으로나(영적으로는 물론이고) 잘못되었다고 주장했다가는 당장 퇴보적이라는 비난이 날아온다. 심지어 억압적이라는 말까지 듣기 십상이다. 지적 능력에 상관없이 '모든' 아기가 사랑과 축하를 받을 가치가 있다고 주장했다가는 즉시 반反진보주의자로 낙인이 찍힌다. 새로운 윤리적 기준에서는 선택, 욕구, 책임 없는 성이 태아의 생명보다 훨씬 더 중요하기 때문이다. 태아는 인간의 영혼이 아니라, 제거해야 할 짐 취급을 받고 있다.

영국 저널리스트 안토니아 시니어는 임신과 출생을 경험한 뒤에 쓴 "물론 낙태는 살인이다. 하지만 덜 나쁜 악이다"라는 제목의 〈타임스*The Times*〉 기사에서 다음과 같이 말했다.

> 내 딸은 수정과 동시에 형성되었다. …… 이외에 다른 주장은 낙태 찬성 진영에 있는 우리가 생명을 죽이는 것에 대한 거리낌을 덜기 위해 스스로에게 하는 거짓말이다. …… 물론 낙태는 살인이다. 하지만 덜 나쁜 악이다.

시니어는 여성의 권리라는 이름으로 낙태를 옹호하는 주장을 매우 섬뜩한 발언으로 마무리한다. "죽일 준비를 해야 한다."[34]

평등과 포용을 외치는 시대에 이런 일이 벌어지고 있다는 사실이 실로 안타깝다. 하나님의 형상을 품은 이 아름다운 태아들에게 정의가 이루어지길 너무도 원한다. 하지만 "찬양하기를 거부하는 이들은 비난받는다." 이것이 세상의 왜곡된 논리에 관해 내가 생각할 수 있는 가장 분명하면서도 가장 가슴 아픈 사례다. 기만적인 개념들은 우리의 망가진 욕구에 작용하며, 안타깝게도 현대 사회에서 대부분 용인되고 있다.

이 상황을 보시는 하나님의 심정을 어떠하실까?

필시 가슴이 찢어지실 것이다.

낙태라는 도덕적 타락뿐 아니라, 우리의 가족이 될 수 있는 존재들이 사라지고 있다는 사실이 한탄스럽다. 〈피넛 버터 팔콘〉 영화의 놀라운 점은 다운증후군을 가진 사람들뿐 아니라, 원치 않게 태어난 모든 아이들에 대한 세상의 잘못된 생각에 장난기 넘치면서도 예언자적으로 의문을 던진다는 것이다. 한 아이를 입양해 키우는 아버지로서 나는 가난의 대물림, 10대 청소년의 임신, 정신 건강, 약물 남용이 얼마나 복잡하고 고통스러운 문제인지를 잘 안다. 하지만 동시에 내 사랑하는 딸이 번성하는 모습을 눈앞에서 지켜보았다. 우리 딸 선데이가 온 뒤로 우리 가족은 날마다 더 풍성해지고 있다.

샤이아 르보프와 잭 고츠아전의 오스카 시상식 영상을 찾아서 보라. 잭은 그 영예를 누린 최초의 다운증후군 환자다.[35] 영상을 보면 누구라도 가슴이 울리지 않을 수 없다.

이 모든 논의가 매우, 매우 무거운 줄 잘 안다. 곧 미래에 관한 소망을 이야기할 것이다. 일단 여기서는 우리가 "문화"(혹은 예술이나 엔터테인먼트, 경제, 정치, 현대의 삶의 방식)라고 부르는 것 중 많은 부분이 예수님과 제자들이 "세상"이라고 불렀던 것이라는 사실을 짚고 넘어가자. 그리고 예수님과 제자들에게 세상은 영혼의 적이었다.

분명히 말한다. 세상 속 '사람들'은 우리의 적이 아니다. 그들은 예수님의 사랑의 대상이다. 바울의 말처럼 "우리의 씨름은 혈과 육을 상대하는 것이 아니"다(엡 6:12). 우리는 다른 종교적·윤리적·정치적 시각을 지닌 사람들과 싸우는 것이 아니다. "하나님이 세상을 이처럼 사랑하사 독생자를 주셨으니"(요 3:16). 우리의 싸움은 그들에 '맞선' 것이 아니라 그들을 '위한' 것이다.

하지만 현실을 직시하자. 현대 교회는 더 이상 세상에 관해서 이야기하지 않는다. 왜일까? 내 이론은 이렇다. 그것은 우리가 식민지화되었기 때문이다.

탈기독교 시대, 예수와 함께 '창조적 소수'로 살기

나는 세상의 악을 경고했던 옛 설교자들의 외침을 기억할 만큼 나이를 먹었다. 고등학교를 갓 졸업해서 오리건 주의 히피 문화와 오순절 운동이 적절히 뒤섞인 교회에서 몇 년간 사역자로 섬긴 적이 있다. 당시는 1990년대 말로, 아베크롬비앤피치Abercrombie and Fitch가 당시로서는 흔치 않았던 섹시 컨셉 마케팅을 통해 프레피 스타일을 유행시킨 때였다. 내 동료 전도사 중 한 명은 휴가지에서 온몸을 그 브랜드로 도배하느라 500달러나 썼다. 하지만 그가 돌아온 주일, 담임목사는 그 브랜드의 도덕적 타락을 호되게 비난하는 설교를 전했다. 실화다.

오늘날 우리의 귀에는 황당하게 들릴 수 있다. 그런데 이제 우리는 반대쪽 극단으로 너무 치우쳤다. 따라서 아베크롬비 스웨터의 위험을 경고하는 설교를 그냥 비웃기보다는 그 이면의 이유를 살펴보는 것이 현명하지 않을까 생각한다.

(분노한 근본주의자와는 거리가 멀었던) C. S. 루이스의 《스크루테이프의 편지》에서 고참 악마 스크루테이프는 제자이자 조카인 웜우드에게 다음과 같은 편지를 보낸다(이 책을 읽어 보지 않은 사람들을 위해 일러두자면, 이 책에서는 모든 것이 거꾸로다. 따라서 이 책에서는 예수님을 "적"이라고 표현하고, 그리스도인을 "환자"라고 표현한다).

적의 종들은 2천 년 동안 가장 크고 기본적인 유혹 중 하나로 '세상'을 경고하는 설교를 해 왔다. …… 하지만 다행히 지난 몇 십 년간은 그

얘기가 쑥 들어갔다. 요즘 기독교 책을 보면 맘몬에 관한 이야기가 (내가 원하는 것보다) 많지만 세상의 헛된 일, 친구 선택, 시간의 가치에 관한 경고는 예전에 비해 거의 들리지 않아. 이런 것은 네 환자가 다 '청교도주의Puritanism'로 분류하는 것들이지. 말이 나온 김에, 우리가 청교도주의라는 용어에 부여한 가치야말로 지난 100년 사이에 우리가 거둔 가장 큰 승리 중 하나다. 덕분에 매년 수많은 인간들을 절제, 순결, 건전한 삶에서 구해 내고 있으니 말이야.[1]

혹시 착각하는 사람이 있을까 봐 다시 한 번 말하면, 이 책은 모든 것이 거꾸로라서, 여기서 스크루테이프가 말하는 '구해 내다'는 실제로는 '파멸시키다'라는 뜻이다.

루이스는 이 책을 1942년도에 발표했다. 그 후로 1세기 동안 서구 교회에서 세상의 위험에 관한 이야기는 점점 더 들리지 않게 되었다. 그 결과, 많은 예수님의 도제들이 우리가 사는 문화적 환경의 위험을 보지 못하고 있다. 우리 사회의 엔터테인먼트, 경제적 환경, 뉴스, 정보, 인터넷에서 얻는 삶의 지혜에는 다 위험이 도사리고 있지만 우리는 점점 그것을 인식하지 못하고 있다. 하지만 세상의 흡인력은 지금 그 어느 때보다도 강하다.

종교 사회학자이자 20세기 최고의 지성인 가운데 한 사람인 필립 리프는 서구 역사를 세 단계로 나누었다. 첫 번째 문화, 두 번째 문화, 세 번째 문화. 이 책의 목적에 맞게 다음과 같이 풀어 보았다.

1. 기독교 이전 문화

2. 기독교(화된) 문화

3. 탈기독교 문화[2]

기독교 이전 문화는 복음이 전파되기 전 로마제국, 성 패트릭 이전의 아일랜드, 바이킹 전설 속의 노르웨이 부족들 등을 말한다. 이 문화는 정령과 미신이 부족주의, 폭력, 잔인함과 뒤섞인 문화였다.

하지만 복음이 이런 문화에 뿌리를 내리면서 근본적인 변화가 나타났다. 이 문화들은 기독교화된 새로운 방식으로 바뀌었다. 여기서 내가 기독교가 아니라 '기독교화된'이라고 말한 것은 기독교 문화 같은 것은 사실상 없기 때문이다. 리프가 두 번째 문화라고 부른 것은 '언제나' 기독교와 이교도, 나중에는 세속의 관념, 가치, 관행이 섞인 것이다. 어쨌든 서구 역사에는 기독교 사상의 기본적인 틀이 사회 전반에서 받아들여지던 시기가 있었다.

최근 빅토리아 시대 영국에 관한 역사 소설을 읽은 적이 있다. 거기서 런던 중부 한 은행의 일과표를 발견했다. 그 은행의 하루는 오전 8시 30분 아침 기도회로 시작되었다. 총재부터 창구 직원까지 모든 직원이 은행 문을 열기 30분 전에 모여 예수님께 기도를 드렸다. 요즘 은행에서 이런 기도회를 상상할 수나 있는가?

이런 시절은 갔다. 이제 우리는 탈기독교 문화로 접어들었다.

그리고 리프의 핵심 요지는 탈기독교 문화가 기독교 이전 문화와 같지 않다는 것이다. 아무도 오딘(북유럽 신화에 나오는 최고신-편집자)을 섬기거나 숲의 정령들에게 장자를 바치는 관행으로 돌아가지 않았다. 탈기독교 문화는 기독교의 비전에서 '벗어나는' 동시에 기독교의 뼈대는 상당 부분 유지하려는 시도다. 이것은 기독교에 '반대하는' 반응이다. 이것은 일종의 반항이다. 우리는 마치 부모의 권위에 도전하고 부모의 온갖 흠을 공격하면서도 부모의 집에 살며 부모가 주는 음식을 먹는 고집 센 청소년과도 같다.

내 친구 마크 세이어스는 이 상황을 잘 짚어 냈다.

> 탈기독교 문화는 기독교 이전 문화가 아니다. 탈기독교 문화는
> 기독교에서 벗어나면서도 기독교의 열매는 즐기려는 시도다.
> 탈기독교 문화는 신앙의 위안은 유지하면서 복음으로 인한 대가,
> 헌신, 개인적인 뜻에 대한 제약은 버리려는 시도다. 탈기독교 문화는
> 하나님 나라의 정의와 샬롬은 본능적으로 갈망하면서도 개인적인
> 뜻대로 하는 상황은 유지하려는 시도다.[3]

세이어스의 표현을 빌리자면, 우리는 왕 없는 왕국을 원한다.[4]

사실, 탈기독교 문화는 여전히 매우 도덕적이다. 때로는 지독히 도덕적이다. 인권과 평등권을 외치는 목소리가 유례없이 높다. 이 점에는 박수갈채를 보내고 싶다. 하지만 그런 목소리와 함께 손

절 문화와 온라인상의 비방도 심해지고 있다는 점에 주목해야 한다. 온라인 폭도들은 판사요 배심원이자 처형자를 자처하며 나날이 공격 수위를 높이고 있으며, 도덕적 판단의 기준은 다수의 의견이다.

서구는 인간에 대한 기독교의 높은 기준은 물려받았지만 그리스도의 임재와 능력이 없으니 그런 도덕적 목표를 달성하기 위해 필요한 자원이 점점 줄어들고 있다. 그 결과는 좀처럼 자신의 기준에 못 미치는 문화다. 또한 속죄의 수단은 없고 용서란 개념에 대한 적개심은 날로 커져만 가니, 한 번 (새로운 도덕이 정의하는) 죄를 지으면 곧바로 버림을 받는다.

교육 목사이자 르 보야저^{Le Voyageur}의 리드싱어인 네이든 피노치오는 인스타그램 스토리에 이런 글을 올렸다. "모든 것이 윤리적이다. 모든 밀레니얼 세대가 윤리적이다. 다음 세대는 지독히 윤리적일 것이다. 그 이후 세대는 윤리적 전체주의를 받아들일 것이다. 사람들이 목적이 없는데 문화적 틀만 기독교적일 때 이런 현상이 벌어진다. 최종 결과는 이교도로의 회귀가 아니라, 율법주의로의 호전적인 행군이다."

팀 켈러는 한 탁월한 글에서 사회 정의에 관한 여러 비전이 성경 신학과 얼마나 일치하는지(혹은 일치하지 않는지)를 다룬 바 있다. 그 글에 다음과 같은 대목이 있다.

포스트모던 관점은 모든 불의를 인간적인 차원에서 이루어지는 것으로 본다. 그래서 자신의 삶을 포함해서 모든 인간의 삶에 일하는 악한 힘들 즉 "세상, 육체, 마귀"를 보지 못하고 인간을 악마화한다. 또한 이 관점의 신봉자들은 이상적으로 흐른다. 즉 그들은 오직 참된 신적 구원자만이 마침내 정의를 이룰 수 있다는 사실을 인정하지 않고, 스스로를 구원자로 본다.[5]

리프와 세이어스가 모두 지적한 사실은, 우리가 기독교화된 문화에서 기독교 이전 문화로 이동하면, 예를 들어 19세기 잉글랜드에서 선교사로 아프리카나 뉴질랜드로 가면, 그 문화를 '식민지화할' 위험이 더 크다는 것이다. 현지 문화를 존중하고 발전시키기보다는 그것을 폄하하고 훼손할 위험이 크다. 서구의 선교사들이 이런 면에서 큰 실수를 저지른 이야기를 다 모으면 도서관 하나를 가득 채우고도 남는다. 최근 이런 실수를 돌아보려는 움직임이 있었지만 많이 늦은 감이 있다.

반면 우리가 기독교화된 문화에서 탈기독교 문화로 이동하면, 예를 들어 나이지리아에서 잉글랜드로 넘어온 이민자, 시리아에서 미국으로 건너온 난민, 교외에 있는 브리지타운교회에서 포틀랜드 같은 세속 도시의 중심부로 온 예수님의 제자라면, 문화를 식민지화하기보다는 문화에 '식민지화를 당할' 위험이 더 크다. 물론 이것은 과거와 같은 식민 지배의 사회경제적 착취가 아니라, 교황 프란치스코가 말한 "이념적 식민지화"다.

제이디 스미스의 《하얀 이빨White Teeth》 같은 소설이나 〈빅 식The Big Sick〉 같은 영화에서 이런 현상을 볼 수 있다. 이런 소설과 영화에서 서구 도시들로 건너온 이민자들은 몇 세대에 걸쳐 뿌리를 내린다. 젊은 가족들은 이전 문화의 도덕적·종교적 규범과 충돌하는 서구의 세속주의에 동화된다. 전통 가치를 버린 자식들이 사랑 없이 성관계를 맺는 모습을 보고 부모들은 눈물을 흘린다. 신구 세대가 모두 혼란을 느낀다.

예수님의 제자로서 우리는 어느 인종이든 상관없이 인지적 소수집단의 전형이다. 그리고 세상의 중력은 이겨 내기가 힘들다. 부분적으로 그것은 그 중력이 너무 미묘해서 눈치 채지 못하기 쉽기 때문이다.

정치학자인 하버드대학의 조지프 나이는 서로 다른 유형의 사회정치적 영향력을 기술하기 위해 "하드 파워hard power"와 "소프트 파워soft power"라는 용어를 만들었다. 그의 개념들은 클린턴과 오바마 정부의 전략을 수립하는 근간이 되었다. 기본적으로 하드 파워는 폭력을 통한 강제다. 정부의 경우, 이 힘은 군사력이나 경제적 제재를 의미한다. 북한의 경찰국가식 통치와 강제 수용소, 중국 천안문 광장의 탱크들, 포로수용소를 통한 위구르의 '온건화'도 하드 파워의 예다. 하드 파워는 결국 반발을 낳는다. 푸코의 말처럼 "힘이 있는 곳에는 저항이 있다."[6] 쥐도 궁지에 몰리면 고양이를 문다.

하지만 소프트 파워는 다른 종류의 것이다. 이것은 "다른 사람들의 취향에 영향을 미치는 능력"과 "끌어당기는 능력"이다.[7] 할리우드는 소프트 파워의 전형이다. 할리우드는 단순히 재미있는 영화를 만듦으로써 성, 이혼, 불륜, 저속한 말, 소비주의를 둘러싼 서구의 관습에 그 무엇보다도 많은 영향을 미쳤다. 또 다른 예는 광고 산업이다. 광고는 강제가 아니라 단순히 우리의 욕구를 자극하는 소비주의를 통해 우리의 행동을 통제하려는 시도다.

문화 분석가 로드 드레허는 서구에서 새로 일어나는 문화를 "부드러운 전체주의"라고 명명하고서 이렇게 말했다. "이 전체주의는 소비에트연방 같은 것이 아니다. 이것은 무장 혁명이나 강제노동수용소 같은 '강한' 수단을 통해 대상을 지배하는 것이 아니다. 이것은 최소한 처음에는 부드러운 형태로 통제력을 발휘한다. 이 전체주의는 대상을 치유하는 모습을 보인다. 이 전체주의는 돕고 치유하는 행위를 통해 자신의 유토피아적 이념에 반대하는 자들을 향한 발톱을 숨긴다."[8]

서구 민주주의 사회에서 살아가는 예수님의 제자들에게는 이 소프트 파워가 훨씬 더 위협적이다. 이 힘은 부지불식간에 우리를 잠식한다. 육체적 욕구를 자극하며 서서히 우리의 심장부까지 들어온다. 어느 날 정신을 차리면 이 힘에 식민지화되어 있다. 어느 문화권에서 살든지 간에 모든 예수님의 제자들은 끊임없이 스스로에게 물어야 한다. '어떤 면에서 내가 주변 문화에 동화되어 있는가? 어떤 영역에서 내가 내 정체성과 유산으로부터 멀어져 있는가?'

서구에서 우리를 공격하는 유혹은 무신론보다는 예수님의 도, 소비주의, 세속적인 성 윤리, 철저한 개인주의를 멋대로 자기 입맛에 맞게 뒤섞은 일종의 디아이와이^{DIY} 신앙이다.

자, 이제 크게 한 바퀴를 돌아, 현실을 밝혀 주시는 분인 예수님께로 돌아가자. 마침내 이 책의 핵심 명제를 다시 살피고 세 조각을 하나로 합칠 준비가 되었다.

모든 것은 '기만적인 개념' 즉 우리가 현실에 관해 믿는 거짓말에서 시작된다. 이것은 예수님이 아닌 마귀에게서 오고, 생명이 아닌 죽음으로 이어지는 정신 지도다. 기만적인 개념이 통하는 것은 그것이 우리의 '망가진 욕구' 즉 육체에 작용하기 때문이다. 세상은 이 적들의 악순환을 완성한다. 우리의 망가진 욕구는 '죄로 물든 사회에서 정상적인 것으로 여겨진다.' 죄로 물든 사회는 육체의 메아리들을 만들어 내는 반향실 역할을 한다. 죄로 물든 사회 안에서 우리는 서로(서로의 육체)가 원하는 것을 말하고 인정해 주는 피드백 고리를 형성한다.

이것은 내가 아내에게 "디저트 갖다 줄까?"라고 묻는 상황과도 비슷하다. 결혼한 사람이라면 이 말이 아내가 디저트를 원하는지 묻는 것이 아니라는 사실을 안다. 이것은 디저트를 먹는 내 죄책감을 덜기 위한 물음이다. 내가 단것을 원해서가 아니라, 아내를 향한 사랑의 행위로 디저트를 함께 먹는 것이고, 내 뇌를 속이면 내 행동을 정당화할 수 있다. 세상은 이런 역학이 사회 전체 차원에서 이루어지는 것이다.

자, 비판은 여기까지. 이제 본론으로 들어가자. 세상이라는 적을 어떻게 거부할 수 있을까? 우리의 실용적 이론은 '영적 훈련이 영적 전쟁'이라는 것이었다. 달리 표현하면, 예수님의 습관들이 우리가 세상, 육체, 마귀에 맞서 싸우는 방식이다.

이제 가장 기본적인 훈련을 살펴보자. 사실, 이것은 훈련이라기보다는 우리가 예수님의 도를 훈련하는 환경이다. 바로 '교회'다. 주일에 강대상을 중심으로 모이는 모임. 테이블에 둘러앉는 훨씬 더 작은 규모의 공동체. 혹은 내가 추천하는, 두 방식의 혼합. 교회를 어떻게 정의하든 간에 우리는 '홀로' 예수님을 따를 수 없다. 예수님은 '제자'(단수)를 두신 적이 없다. 예수님은 '제자들'(복수)을 두셨다. 예수님을 따르라는 부르심은 예나 지금이나 그분의 도를 따르는 공동체로 들어오라는 부르심이다.

예수님을 혼자가 아니라 '함께' 따르면, ⑴ '마귀'의 거짓말과 예수님의 진리를 분별하고, ⑵ 성령으로 '육체'를 이기도록 서로 도우며, ⑶ '세상'에 대한 반문화로 기능하는 강한 공동체를 형성할 수 있다. 이렇게 할 때 영혼의 세 적들의 중력을 거부할 수 있다.

우리 세대가 되찾아야 할 중요한 개념이 있다. 그것은 교회가 반문화라는 것이다. 뉴욕시티에 사는 내 친구 존 타이슨의 표현을 빌리자면, 교회는 '세상'과, 하나님께 반역하는 삶이라는 '세상의 비전'에 맞서는 "아름다운 저항"[9]이다.

현재 세속적인 서구 세상은 하나의 문화라기보다는 반대 문화 anti-culture에 가깝다. 무언가를 세우기보다는 허무는 쪽에 가깝다. 건설보다는 해체 쪽이다. 따라서 교회는 '반대 문화의 반문화'counter-anti-culture라고 말하는 편이 더 정확할지도 모르겠다. 교회는 주요 문화의 주변에서 세상과 다르지만 매력적이고 아름다운 방식으로 사는 공동체다. 교회는 죽음의 문화 한복판에서 하나님 나라의 삶을 가리키는 선지자적 푯말이다.

그런 의미에서 예수님은 교회를 "산 위에 있는 동네"라고 부르셨고 "너희 빛이 사람 앞에 비치게 하여 그들로 너희 착한 행실을 보고 하늘에 계신 너희 아버지께 영광을 돌리게 하라"라고 명령하셨다(마 5:14, 16). 바울도 현대의 바벨론에 사는 우리에게 "나그네"가 되어 "이방인 중에서 행실을 선하게 가져 너희를 악행한다고 비방하는 자들로 하여금 너희 선한 일을 보고 오시는 날에 하나님께 영광을 돌리게" 하라고 명령했다(벧전 2:11-12). 이것이 사도행전 2장, 로마서 12장, 요한계시록 3장에 나타난 교회다. 이것이 제3제국 시대의 고백 교회이고, 마오쩌둥 시대에 일어난 중국의 가정 교회 운동이다. 미국의 신자들도 점점 이런 상황에 처하고 있다.

이러한 문화적 시기에 교회가 '반대 문화의 반문화'라는 뿌리로 돌아올 큰 기회가 있다. 50년 안에 헉슬리 소설에 등장하는 세속적이고 진보적인 디스토피아에서 십자가 처형을 당하고 싶지는 않지만, 나는 다음과 같은 분명한 현실을 이미 받아들였다.

나는 절대 세상에서 환영받을 수 없다.

나는 절대 세상에서 인기를 얻을 수 없다.

나는 절대 세상의 사랑이나 존경을 받을 수 없다.

그리고 그래도 상관없다.

'교회'(헬라어로 '에클레시아')라는 단어 자체가 "불러내어진" 사람들을 의미한다.[10] 교회는 편안하게 즐기는 공동체가 아니라, 부름받은 공동체다.

하지만 교회는 단순히 주일마다 종교적인 건물에 모여 예배를 드리는 것이 아니다. 물론 지금 나는 그 어느 때보다도 주일 교회 모임을 소중히 여긴다. 우리의 마음이 일주일 내내 세속적인 메시지의 공격을 받은 뒤에는 주일에 함께 모여 우리의 마음을 하나님의 진리 쪽으로 다시 향하고 하나님께 다시 열어 치유와 회복을 얻는 시간이 '반드시' 필요하다. 주일에 예배당에 들어갈 때마다 내 주변에 가득한 예수님의 다른 제자들을 보면 내가 혼자가 아니라는 사실이 다시 실감이 간다. 나는 새로운 인류의 일원이다. 우리는 평범하고 흠이 있지만 미래에 세상을 다스릴 통치자들이다.

하지만 교회는 주일 예배 이상이다. 아니, 훨씬 더 이상이다. 교회는 '종말을 향해 달리는 서구의 영적 환경에서 살아남는 집단' 이상이어야 한다. 교회는 예수님의 도에 철저히 충성하는 "회복력 있는 제자들" 사이의 끈끈하고 두터운 관계망이어야 한다.

도시 교회든 교외 교회든 시골 교회든, 대형 교회든 소규모 가정 교회든, 극장이나 학교 강당, 누구네 집 거실, 그 어디에서 모이든 우리는 주일 예배 모임과 느슨한 인맥으로 뭉친 집단에서 벗어나, 세상에 반대하기만 하는 것이 아니라 세상을 위하는 '반대 문화의 반문화'가 되어야 한다. 우리는 악과 싸우는 것만이 아니라 선을 추구하기 때문이다. 우리는 사랑, 기쁨, 번성하는 결혼생활과 가정, 사랑을 먹으며 즐겁게 자라는 아이들, 자기중심적인 삶에서 벗어나 '사랑, 참된 자유, 모든 사람을 위한 정의, 다양성 안에서의 연합'으로 나아가는 어른들의 공동체를 추구한다.

내가 지금의 문화적 시기에 특히 중요하다고 생각하는 교회 공동체의 세 가지 특징을 살펴보겠다.

개인주의와 고립의 문화 속에서
깊은 관계적 끈으로 연결된 공동체

"너 하고 싶은 대로 해", "나한테 이래라저래라 하지 마"라고 말하는 세상 속에서 우리는 우리의 자유의지로, 산상수훈에서 가장 잘 설명해 준 신약의 강령에 따라 살기로 선택해야 한다. 무엇보다도 '함께' 그렇게 해야 한다. 피상적이고 개인적인 세상과는 완전히 다르게 서로의 깊은 부분을 털어놓고 서로를 의지하는 관계를 이루어야 한다. 익명의알코올중독자들 모임이 얼마나 솔직하고 친밀한지 생각해 보라. 서로 잘난 체하며 가식적으로 구는 골프 클럽과는 극명하게 상반된다.

잡담만이 아니라, 죄의 고백이 이루어지는 곳. 비슷한 사람들끼리 만나 웃고 떠들다가 이내 남남처럼 헤어지는 사교 모임이 아니라, 수십 년 동안 다져진 관계 속의 신뢰. 교회는 이런 곳이 되어야 한다. 소그룹에서, 가정에서, 식당에서 진정한 교제가 이루어져야 한다. 세대를 초월한 모임에서 사람들이 가족을 경험할 수 있어야 한다.[11]

두세 사람이 주기적으로 모여 마음을 털어놓고 실패를 고백하며 서로에게 사랑과 긍휼, 지혜를 전해 주는 모임이어야 한다. 연간 예산을 함께 짜고 얼마 이상은 공동체의 승인 없이 지출하지 않기로 정하면 좋다(내 경우는 천 달러가 상한선이다. 그 이상의 지출이 필요할 때면 무조건 공동체를 찾아간다).

서로 밀고 당기며 함께 예수님을 따르는 사람들과 자주 함께 식사를 하라.

그다음은……

쾌락에 물든 문화 속의 거룩한 공동체

"거룩한"으로 번역한 히브리어 '카도쉬'는 문자적으로 '구별된', '독특한', '다른'이라는 뜻을 가지고 있다. 거룩하게 사는 것은 세상과 다르게 사는 것이다. 돈과 시간을 사용하고, 힘을 사용하고(힌트: 우리는 힘을 나누어 준다), 악하고 불의한 세상에 참여하고(혹은 참여하기를 거부하고), 말하고, 소셜 미디어를 사용하고("듣기는 속히 하고 말하기는 더디 하며 성내기도 더디 하라"-약 1:19), 결혼·가족·성·연애·독신·순결에 접근하는 방식이 세상과 달라야 한다.

몸이 '그냥 고기'이고 섹스는 '단순히 성인들을 위한 놀이'이며 성은 단순한 역할 차이일 뿐인 세상에서, 우리는 "몸을 하나님이 기뻐하시는 거룩한 산 제물로 드리"고 "이 세대를 본받지 말고 오직 마음을 새롭게 함으로 변화를 받아"야 한다(롬 12:1-2).

우리는 교황 요한 바오로 2세가 "몸의 신학"[12]이라고 부른 것을 받아들여야 한다. 몸의 신학은 우리의 몸을 단순히 쾌락을 위한 생물학적 도구나 멜린다 셀미스가 말하는 "뭐든 우리가 원하는 목적을 위해 사용하고 교체할 수 있는 기계나 도구"[13]로 보지 않고 "성령의 전"(고전 6:19)으로 보는 것이다. 몸의 신학은 몸을 하나님과의 관계가 이루어지는 중심지로 보는 것이다. 우리는 이 시대의 신영지주의neo-Gnosticism를 거부하고 몸으로 하나님께 영광을 돌려야 한다. 몸에 관한 "하나님의 선하시고 기뻐하시고 온전하신 뜻이 무엇인지 분별"해야 한다(롬 12:2).

이 책에서 나는 성에 관한 이야기를 꽤 했다. 처음에는 이것이 망설여졌다. 성이라는 것이 우리 모두에게 복잡하고 민감한 주제인 줄 잘 알고, 성이 이념적으로 사용되는 것을 지독히 싫어하기 때문이다. 그래도 나는 성 이야기를 계속해서 할 것이다. 그 이유는 세 가지다. 첫째, 나는 성이야말로 우리 세대가 예수님의 도에 충성하는지 아니면 세상의 개념과 이념에 몰두하는지를 가장 잘 보여 주는 영역이라고 생각한다. 둘째, 성은 신약에서 불신자들의 행동에 관한 예를 가장 많이 들고 있는 영역 중 하나다. 셋째, 성은 언제나 예수님의 제자들이 세상과 가장 극명하게 대조되는 영역 중 하나였다. 아테네의 아크로폴리스에서 브루클린의 거리까지 어디에서나 예수님의 제자들은 성에 관해서 세상과 전혀 모습을 보여 왔다.

〈이코노미스트〉는 낸시 피어시를 "미국의 탁월한 복음주의 개신교 여성 지성인"으로 불렀다.[14] 피어시의 역작 《네 몸을 사랑하라 *Love Thy Body*》에 이런 대목이 있다. "성에 관한 그리스도인들의 행동은 그들이 주변 세상에 전하는 가장 중요한 증거 중 하나다."[15]

성은 중요하다. 정말 중요하다.

한 남자와 한 여자가 결혼해서 죽음이 갈라놓을 때까지 해로하는 결혼의 개념을 비롯해서 지금 우리가 전통 가치로 여기는 것들은 처음 예수님과 성경 기자들이 제시할 때만 해도 '급진적인' 개념이었다. (남자들에게) 이혼이 쉬웠던 유대의 가부장적인 사회에서 (지금 우리가 당연하게 여기는) 여성 평등과 이혼의 악함에 관한 예수님의 가르침은 실로 놀라운 것이었다. 우리가 상상할 수 있는 거의 모든 형태의 성행위가 허용되었던 그리스와 로마의 시각에서 성을 한 명의 (이성) 파트너에게로 제한하라는 예수님의 가르침은 파격적인 것이었다.

이런 개념이 전통 가치가 된 것은 그것이 인류의 번영으로 이어진다는 사실을 수많은 사람이 깨닫게 되었기 때문이다. 하지만 지금과 같은 탈기독교 해체주의 시대에서는 이런 가치가 다시 급진적인 것이 되었다.

우리는 "타협의 문화 속에서 확신의 기쁨"[16]을 발견해야 한다. 마지막으로……

혼란의 문화 속에 있는 질서의 공동체

교회사를 보면 한 가지 패턴이 눈에 들어온다. 그것은 혼란의 시기에 교회는 질서를 이루었다는 것이었다. 로마제국이 혼란에 빠지고 지중해 세계가 해체되기 시작하던 4세기에 예수님의 제자들은 수도원 운동을 시작했다. 처음에 그들은 도시에서 나와 머나먼 북아프리카나 시리아의 사막으로 들어갔다. 그 뒤에 아일랜드의 성 패트릭과 켈트 그리스도인들은 도시에 수도원을 세웠다. 수도

원이 어디에 있든 상관없이, 그곳은 혼란의 바다 속에서 질서의 바위 역할을 했다.

수많은 지식인들이 오늘날 서구 문화를 4세기와 5세기 쇠퇴기의 로마제국에 빗대었다. 미국이 서구 문명의 끝자락을 살고 있는 것인지 혼란이 단순히 몇 년간 지속될 것인지 나는 알지 못한다(후자이기를 바란다). 하지만 이 불안과 방종, 변화의 시기에 성령이 우리에게 원하는 것은 안정과 구조라고 확신한다.

예수님의 제자들은 예로부터 생활규범Rule of Life으로 질서를 이루어 왔다. 규범에 해당하는 라틴어는 '레굴라regula'다. 여기서 통치자를 뜻하는 영단어 '룰러ruler'나 규제를 뜻하는 '레귤레이션regulation'이 파생했다. '레굴라'는 곧 막대기를 뜻하는 단어였다.[17] 많은 학자들은 이것이 포도원의 격자 구조물에 대해 사용되던 헬라어 단어였다고 추정한다.[18]

생활규범이라고 해서 복잡한 것은 아니다. 그저 포도나무 안에 거하라는 예수님의 초대에 따라 우리 삶을 정돈해 주는 습관들과 관계적 리듬들로 구성된 일상 스케줄이다. 우리의 가장 깊은 갈망은 하나님 나라 안에서 그분과 함께하는 것이다. 생활규범은 그런 삶을 살기 위한 방법이다. 6세기 성 베네딕트 이전에 생활규범은 생활 방식way of life이란 용어와 번갈아 사용되었다. 규범이든 방식이든 이것은 단순히 공동체 안에서 살고 예수님 따르기 위한 방식이다.

포틀랜드에 있는 우리 교회는 지난 몇 년간 생활규범을 정립해 왔다. 특별히 우리가 고향이라고 부르는 이 도시에서 '아름다운 저항'을 실천하기 위한 생활규범을 마련하고자 했다. 그다음 단계로 우리는 전 세계 교회들과 함께 새로운 수도원식 교회neo-monastic church order를 시작하기 위해 노력하고 있다.

당신도 할 수 있다. 당신의 공동체와 함께 당신만의 생활규범을 만들라.[19] 작은 모임에서 시작하라. 친구들과 함께 시작하라. 나는 그렇게 하고 있다. 그 목적은 세상을 정복하는 것이 아니라, 세상에서 우리의 자리를 지키고 어떤 상황에서도 신실하게 예수님을 사랑하는 것이다.

마지막으로 한 가지만 더 말하고 마치고자 한다. 앞서 나는 서구 세계에서 교회가 소수집단이라는 말을 했다. 교회는 소수 인종이 아니라 도덕적 · 영적 소수집단이다. 하지만 우리가 여기서 이야기하는 종류의 소수는 역사학자 아놀드 토인비가 말한 창조적 소수이다. 창조적 소수는 중심부가 아니라 주변부에서 사랑으로 문화 전체에 복을 더하는, 작지만 영향력 있는 시민들을 말한다.[20]

존 타이슨의 정의를 들어 보자.

고집스러울 정도로 충성스러운 관계망과 사람들의 살아 있는 네트워크 안에서 하나로 뭉쳐, 복잡하고 혹독한 문화적 상황에서 세상을 새롭게 하기 위해 함께 예수님의 도를 실천하기로 결심한

그리스도인 공동체.[21]

물론 유태인들이야말로 창조적 소수의 가장 좋은 사례다. 우리의 영적 조상들인 그들은 오랫동안 사회의 변방에서 번성해 왔다. 그들은 영적으로 생존하는 수준이 아니라, 가장 영향력 높은 작가, 시인, 과학자, 철학자, 정치인, 기업가로 세상을 주름잡았다. 하지만 아무 유태인이나 잡고 물어보라. 나그네의 삶은 결코 쉽지 않다.

나는 랍비 조너선 색스를 통해 교회가 창조적 소수라는 개념을 처음 접했다. 색스는 '첫 번째 것들First Things'이라는 강의에서 다음과 같이 말했다.

> 창조적 소수가 되는 것은 쉽지 않다. 그것은 외부 세상과의 강한 연결 고리를 유지하면서도 믿음을 지켜야 하기 때문이다. 단순히 거룩한 불길을 유지하는 것이 아니라, 우리가 속한 전체 사회를 변화시켜야 하기 때문이다. 유태인들을 보면 알 수 있듯이 이것은 힘들고도 위험한 선택이다.[22]

색스가 창조적 소수라고 부른 것을 성경 기자들은 "남은 자"라고 부른다. 성경은 다수가 하나님께 충성하지 않을 때 끝까지 충성한 이스라엘의 소수집단을 "남은 자"(나중에는 교회)라고 불렀다. 바나

그룹은 이들을 "회복력 있는 제자들"이라고 불렀다. 바울은 로마 교인들에게 보낸 편지에서 이렇게 썼다. "지금도 은혜로 택하심을 따라 남은 자가 있느니라"(롬 11:5).

열왕기상 19장 18절에서 하나님이 엘리야에게 하신 말씀에서도 이들이 등장한다. "내가 이스라엘 가운데에 칠천 명을 남기리니 다 바알에게 무릎을 꿇지 아니하고 다 바알에게 입 맞추지 아니한 자니라." 여기서 7,000명은 상징적인 숫자다. 다시 말해 "생각보다 많다"는 뜻이다. 엘리야처럼 혼자인 것처럼 느껴질 때도 우리는 혼자가 아니다. 좌파와 우파 모두에서 혼합주의가 판을 치는 시대에도 정통을 고수하는 용감한 소수가 존재한다.

물론 예수님이야말로 남은 자의 궁극적인 본보기이시다. 그분의 시각은 주류 문화에 반대하는 소수 의견이었다. 그분은 타협과 죄로 얼룩진 현재 상태를 뒤흔드는 위협인 동시에 변두리에서 사회 전체에 대한 치유와 쇄신을 촉발하는 촉매제이셨다. 그분은 삶과 가르침, 고난, 핍박, 죽음, (주님이요 왕으로서 아버지의 우편에 앉기 위한) 부활을 통해 말 그대로 역사의 물줄기를 바꾸셨다. 그분으로 인해 이스라엘만이 아니라 세상의 역사가 바뀌었다.

지금 우리 앞에 놓인 질문은 이것이다.

"예수님과 함께 남은 자가 될 것인가?"

예수님의 제자들을 향한 세상의 반대와 공격이 이렇게까지 심해진 것을 처음 경험하는 사람이 많을 것이다. 하지만 교회는 전에도 나그네들이었다. 교회는 그 와중에도 번성했다. 그 와중에도 교회는 정체성을 잃지 않고 오히려 새롭게 발견했다. 교회는 잠들지 않고 깨어났다. 이것은 수만 가지 모습으로 나타날 수 있다.

포틀랜드에는 교인들과 고아들을 연결시켜 주는 기독교 비영리 단체인 '에브리차일드오리건Every Child Oregon'이 있다. 서구의 타락한 성 윤리, 가족의 붕괴, 가난의 대물림, 마약 위기, 약물과의 전쟁은 수많은 아이들을 집 없는 신세, 가족 없는 신세로 전락시켰다. 우리 교회 식구들은 정치인들을 향한 분노의 댓글이 아니라, 이 아이들을 가족으로 받아 주는 조용하고도 겸손한 사랑으로 이 위기에 맞서고 있다. 우리 도시에서 1,500개의 입양 가정 중 1,200개 가정이 기독교 가정이다. 70명 이상으로 구성된 우리 교회의 한 사역 팀은 매달 '입양 부모들을 위한 외출의 밤'을 개최한다. 그 목적은 입양 부모들이 바깥바람을 쐬며 쉬도록 아이들을 위한 파티를 열어 주는 것이다.

런던에 사는 내 친구 피트와 가브는 킹스 크로스 지역의 예술가들과 기업가들을 위한 '아크Ark'(방주)라는 공동 작업 공간을 열었다. 이곳은 전직과 이사가 잦은 도시에서 공동체를 제공하며 수익의 많은 부분을 지역 자선단체들에 기부한다.

뉴욕시티 프랙시스의 내 친구들은 "구속적인 기업가 정신"을 위한 비즈니스 지원 프로그램을 시작했다.[23] 이 프로그램은 새로운 세대의 그리스도인들에게 하나님 나라 최전선에 서는 사업체라는 비전을 심어 주고 있다.

세상에서 가장 세속적인 도시들의 한복판에서 창조적 소수로 살아가는 지적이고 겸손하고 열정 넘치는 예수님의 제자들을 다 소개하자면 밤을 새도 모자랄 것이다. 그들을 떠올리면 다시 정신을 차려 꿈을 꾸게 된다. 불안에서 소망으로 선회하게 된다. 그들은 내게 디지털 바벨론에서 예수님께 충성하는 길을 보여 준다. 그들은 내게 나그네 삶에서 무엇이 가능한지에 관한 비전을 던진다.

솔직히, 지금 나는 그 어느 때보다도 희망에 불타오르고 있다. 물론 탈기독교 서구는 무너지고 있다. 2020년에 시작된 문제들의 여파가 계속되고 있다. 불안과 분노는 여전히 극심한 상태다. 미국 내부의 대립은 깊고도 격렬하다. 빈부격차는 전에 없이 심해졌고, 지금도 계속해서 더 악화되고 있다. 우리가 그리는 유토피아는 하나님 나라에 관한 예수님의 비전에서 멀어져 점점 《멋진 신세계Brave New World》나 〈헝거 게임The Hunger Game〉에 더 가까운 쪽으로 변하고 있다.

왕 없는 왕국은 예상과 달리 수많은 문제만 양산하고 있다. 중국의 무서운 급성장, 인터넷의 확산, 서구 국가들에서 점점 더 심화되는 다양성 때문에 지금 미국은 진정한 세계화로 들어서고 있다. 이 세계화는 탈기독교 시대를 넘어 더 심각한 시대를 부르고 있다. 이민을 통해 서구 도시들의 다양성이 계속해서 더 커지는 지금, 탈기독교 시대라는 이름표도 점점 옛말이 되어 가고 있다.

하지만 이것이 두려워해야 할 위협이 아니라 새로운 무언가가 태어날 기회라면? 이 모든 상황에 하나님의 뜻과 계획이 있다면? 이후로 어떤 상황이 벌어질지 아무도 모른다.

이념의 우상들이 무너지고 있다. 그 여파로 사람들이 살아 계신 하나님께로 돌아가게 된다면? 사람들은 의미, 목적, 공동체 없이 살 수 없다. 세속 세상은 이런 것을 제공할 수 없어 보인다. 하지만 예수님은 제공하실 수 있고 제공해 주신다. 교회가 하나님의 사랑으로 빛나는 공동체라는 본래의 소명으로 돌아가게 된다면?

향후 몇 년 동안 서구가 어떻게 될지 아무도 모른다. 세상에서 가장 똑똑하다는 사람들도 겨우 짐작만 할 수 있을 뿐이다. 하지만 지금이 우리의 최고의 시간이 될 수 있다. 지금 우리는 서구 교회 전체를 휩쓰는 거대한 쇄신을 불과 며칠 앞둔 것인지도 모른다. 전에도 그랬다. 아무도 예상치 못한 순간에 회복이 이루어졌다.

그런 일이 다시 일어날 수 있다. 그래서 나는 내일 아침 눈을 떠서 포틀랜드에서 다시 열심히 살아갈 것이다. 이 도시의 기쁨과 고통을 함께할 것이다. 이곳에서 내 아이들을 키울 것이다. 세금을 내고, 장을 보고, 이웃들에게 저녁 식사를 대접할 것이다. 내 아이들과 함께 노숙자들을 섬길 것이다. 내가 고향이라고 부르는 도시의 평안과 번영을 위해 작고 별 볼 일 없는 힘이나마 보탤 것이다.

그리고 먹잇감을 찾아 이 도시의 거리를 배회하는 세 적들과 맞서 싸울 것이다.

아름다운 저항으로 맞설 것이다.

나는 소망 가운데 살 것이고, 죽어야 한다면 죽을 것이다.

하지만 이 일을 혼자 하지는 않을 것이다.

▲▲▲

한눈에 보는
Part 3 지도

용어 정의

* 세상: '하나님에 대한 반역과 선악의 재정의라는 쌍둥이 죄로 부패된 문화'에서 사회의 주류로 통합되고, 나중에는 결국 제도화된 이념, 가치, 도덕, 관행, 사회 규범의 시스템
* 기독교 이전 문화: 남신과 여신들의 문화
* 기독교화된 문화: 예수님의 도가 이교도 혹은 세속의 개념들과 뒤섞인 문화
* 탈기독교 문화: 예수님의 비전 중 일부는 유지하고 나머지는 거부하려는 시도. 기독교화된 문화에 대한 반발로, 왕 없이 하나님의 왕국을 이루려는 시도. 디스토피아에 가까운 유토피아의 비전
* 하드 파워: 법적 혹은 군사적 힘 같은 강제적 힘
* 소프트 파워: 사람들의 육체적 욕구를 공략해 행동을 통제하거나 행동에 영향을 미치려는 시도
* 창조적 소수: 사회의 변방에서 깊은 관계 속에서 살며 자신의 삶과 일을 통해 주된 문화에 치유와 회복의 복을 더해 주는 소수집단

묵상할 핵심 본문

요한복음 17장, 요한일서 2장 15-17절

마귀의 전술

'망가진 욕구'에 작용하는 '기만적인 개념들'을 퍼뜨려, 그 욕구들이 죄로 물든 사회에서 정상적으로 여겨지게 만든다.

세상을 거부하기 위한 훈련

교회로 모이기

요약

마귀의 기만적인 개념들은 우리 육체의 동물적 욕구를 공략하기 때문에 강한 힘을 발휘한다. 이 개념들은 세상의 반향실을 통해 우리 몸에 자리를 잡는다. 세상은 우리가 죄책감이나 수치심을 잊고 원하는 대로 살게 만든다. 그 결과, 악이 선이라 불리고 선은 악이라 불리는 상황이 비일비재하게 벌어진다. 도덕적 · 영적 기준점이 사라지니 영혼과 사회는 혼란 상태에 빠진다. 이렇게 우리가 나그네가 된 시대에 교회는 '반대 문화의 반문화'로서 생존할 뿐 아니라, 주변부에서 주된 문화에 사랑을 베푸는 창조적 소수로서 번영할 잠재력을 지니고 있다.

간디 전에, 마틴 루서킹 주니어 박사 전에, 넬슨 만델라 전에, 나사렛 예수가 있었다. 2천 년 전에 다음과 같은 말씀을 하신 분.

너희 원수를 사랑하며.
마태복음 5장 44절

너희를 모욕하는 자를 위하여 기도하라.
누가복음 6장 28절

검으로 사는 자는 검으로 망한다.[1]

적을 '사랑하라'고 가르친 랍비의 삶과 가르침을 바탕으로 적과의 싸움에 관한 책을 쓸 때의 아이러니를 나도 잘 알고 있다. 하지만 예수님은 옛 선지자들이 예언한 것처럼 전사셨다. 예수님은 메시아 곧 오랫동안 기다리던 왕이셨다. 오늘날의 정치 리더들과 달리, 고대 세상에서 왕은 군대의 선봉에 선 전사와 동의어였다. 다윗이나 율리우스 카이사르(가이사)를 생각해 보라. 대통령을 군 최고통수권자라 부르지만 대통령이 실제 전투 현장 근처에 가는 일은 없다. 하지만 예수님 당시 왕은 선봉에 서서 군대를 이끌어야 했다.

예수님의 가장 열렬한 추종자들이 예수님이 검을 들고 군대를 모아 로마와의 전쟁을 시작할 것이라 믿은 것도 무리가 아니다. 예수님은 왕이셨고, 이것이 왕이 하는 일이었으니. 왕은 무력을 사용해 정권을 잡고 원하는 것은 뭐든 취했다.

그런데 예수님의 가르침에서 중심 주제는 비폭력과 원수 사랑이었다. 현대 세상에서도 좌파와 우파를 막론하고 그리스도인들을 포함한 많은 사람들에게 이것은 여전히 너무 급진적인 개념이다. 예수님은 적들의 피를 보기는커녕 십자가로 걸어가 자신을 조롱하는 자들을 위해 자신의 피를 '내주셨다.'

이 행위를 통해 예수님은 우리가 치르는 전쟁의 본질과 방식 모두를 완전히 새롭게 정의하셨다. 예수님 말씀에 따르면, 그것은 로마나 북쪽의 '야만족들' 심지어 종교라는 이름으로 그분의 고문과 죽음을 지지했던 부패한 유대 지도자들을 상대하는 싸움이 아니었다. 오늘날로 치면 우리의 싸움은 러시아나 ISIS, '다른' 정당을 상대하는 것이 아니다. 우리의 싸움은 마귀, 육체, 세상이라는 삼인조를 상대하는 것이다. 그리고 우리의 승리는 검이나 창, 전투 드론이 아니라, 자기희생적인 사랑으로 구현되는 진리로 얻는 것이다.

이것이 우리가 영적 전쟁의 개념을 회복하는 것이 절대적으로 중요한 이유다. 마귀의 악이라는 현실을 부인하면, '예수님이 사랑하고 섬기라고 하신 사람들'을 마귀 취급하게 된다. 진짜 사탄과 싸우지 않고 사람들, 심지어 사람들의 집단 전체를 사탄으로 몰아가 공격하게 된다. 그 결과, 마귀, 육체, 세상이라는 세 적들의 미움과 폭력과 어둠에 맞서 싸우지 않고, 치유를 절실히 필요로 하는 세상에 오히려 '더 많은' 미움과 폭력과 어둠을 더한다.

그래서 예수님은 그분의 도제들에게 검을 들고 사람들을 죽이지 말고 그분의 본을 따라 죽으라고 명령하셨다. 그렇다. 죽음! 예수님이 가장 자주 하신 초대.

누구든지 나를 따라오려거든 자기를 부인하고 자기 십자가를 지고
나를 따를 것이니라.
마가복음 8장 34절

예수님은 '제자의 자격'의 중심에 충격적인 심벌을 놓으셨다. 그것은 검이 아니라 십자가였다. 십자가는 죽음의 심벌이었다. 예수님을 따르라는 부르심은 곧 죽으라는 부르심이다. 그것은 문자 그대로 육체적인 죽음은 아닐지라도 최소한 비유적인 의미에서의 죽음 곧 자기 부인을 의미한다. 디트리히 본회퍼는 이렇게 말했다. "그리스도는 사람을 부르실 때 와서 죽으라고 명령하신다."[2] 나중에 본회퍼는 나치 비밀경찰들의 손에 순교했다. 그에게는 이것이 문자 그대로의 죽음을 의미했다.

우리 현대인들에게 이 자기 부인의 부르심은 참으로 귀에 거슬리는 소리다. 세상은 온갖 전자기기를 통해 우리에게 정반대 메시지를 끊임없이 보낸다. 세상은 자기만족이야말로 우리 삶의 궁극적인 목적이라고 외친다. 자기를 부인하고 예수님의 부르심을 받아들이

라는 말은 미친 소리처럼 들린다. 우리에게 '원하는 것을 얻지 못하는 좋은 삶'이란 상상조차 할 수 없는 것이 되었다.

그래서 예수님은 우리에게 정확히 무엇을 부인하라고 말씀하시는가? 내 깜냥 안에서 최대한 풀어 보면 이렇다. 여기서 자기를 부인하라는 건 우리 자체가 아니라 '자아self'를 부인하라는 말이다. 예수님의 부르심에서 자아는 내적 본질 혹은 성격 유형을 말하지 않는다. '세상, 육체, 마귀'의 틀에서 자아는 '육체'에 가깝다. 자아는 우리의 영혼을 향한 적들의 공격이 집중되는 지점이다. 마귀의 기만적인 개념과 악한 행위를 '정상으로 탈바꿈시키는' 세상의 기만이 하나로 모여, 우리의 망가진 욕구에 집중포화를 퍼붓는다.

바울의 유명한 선언에서 작은 힌트를 얻을 수 있다.

내가 그리스도와 함께 십자가에 못 박혔나니 그런즉 이제는 내가
사는 것이 아니요 오직 내 안에 그리스도께서 사시는 것이라.
갈라디아서 2장 20절

분명 바울은 아직 숨을 쉬고 있었다. 그렇다면 바울의 어떤 부분이 십자가에 못 박힌 것인가? 답은 뒤에 등장한다.

그리스도 예수의 사람들은 육체와 함께 그 정욕과 탐심을 십자가에 못 박았느니라.

갈라디아서 5장 24절

바울은 '육체'에 대해서 죽었고, 그렇게 함으로써 살아났다. 깊은 행복과 평안한 영은 "자기"(자아)에 대해 죽은 사람들에게 찾아온다. 그들의 욕구는 죽었다. 최소한 하나님 아래의 적합한 자리로 돌아갔다. 그 결과, 그들은 욕심의 지배에서 해방되었다.

예수님 말씀에 따르면, 십자가는 하나님 나라라는 '온전한' 삶으로 들어가는 입구다. 우리는 죽음을 통해 생명으로 들어간다. 하지만 반대 경우도 성립된다는 점을 잊지 말아야 한다. 자아를 부인하지 않는 것은 우리 자신의 작은 왕국으로 들어가는 입구이며, 이 입구는 마귀가 뚫어 놓은 것이다. 십자가를 거부하면 우리 영혼에 적들이 침입할 틈이 열린다.

이것이 예수님이 제자들을 부르시는 초대의 전면에 십자가를 내세우신 이유다. 이것은 "와서 죽으라"라는 초대가 사복음서에 모두 기록되어 있는 이유이기도 하다. 이 초대는 반복해서 나타난다. 이것은 예수님의 도에서 부수적이 아니라, '중심적인' 개념이다. 장 칼뱅은 영적 여행 전체를 "자기 부인"이란 용어로 정리하기도 했다.[3]

예수님의 초대를 받아들이는 것은 수많은 다른 것들을 거부하는 것이다. 옛 수사들의 말처럼 "모든 선택은 포기를 의미한다."[4] 예수님께 순종하는 것은 '내가 내린 선악의 정의대로 살아가는 것, 내 시간과 돈을 내 마음대로 쓰는 것, 초개인주의, 반권위주의, 우리 시대의 지독한 쾌락주의'를 거부하는 것이다. 이것은 복종에서 오는 자유를 얻는 것이다. 이것은 예수님께 "저는 온전히 주님 것입니다"라고 고백하는 것이다.

우리는 십자군 전쟁을 교회사에서 가장 부끄러운 사건 중 하나로 여긴다(물론 역사가들은 이 전쟁에 관해 대중이 상상하는 것보다 훨씬 더 복잡한 이야기를 전해 준다). 전설에 따르면 템플 기사단은 전투에 나서기 전 세례를 받았는데 검을 머리 위로 들고서 물속에 들어갔다고 한다. 이는 마치 이렇게 말하는 것과도 같다. "예수님, 제 모든 것을 주님 앞에 내려놓겠습니다. 하지만 제 폭력만큼은 내려놓을 수 없습니다. 제 영광을 추구하는 것만큼은 내려놓을 수 없습니다."

이것이 전설이든 실제 역사든, 상상만으로도 가슴이 아려온다. 오늘날 우리도 다 이렇게 하고 있다. 검을 들지는 않을지 모르지만 다른 것을 든다. 돈, 관계, 성 윤리, 상처, 저속한 드라마, 정치적 입장, 신학적 입장. 우리는 온갖 것을 내려놓지 못한다. 말로는 아닐지라도 행동으로 "예수님, 이것만큼은 안 됩니다"라고 말할 때가 얼마나 많은가!

십자가가 단순히 예수님이 우리를 위해 해 주신 것만이 아님을 아는 신자들은 그리 많지 않다. 심지어 십자가를 매우 강조하는 교단에서도 예수님의 십자가 죽음을 '거래적'으로 해석하는 경우가 많다. 대속의 교리에 의문을 제기하고 싶은 마음은 추호도 없다. 예수님이 우리를 구원하시기 위해 죽으셨다는 것은 분명 복음의 핵심이다. 하지만 한 걸음 더 나아가 보라. 우리는 여전히 언젠가는 죽는다. 예수님은 우리가 죽을 필요가 없도록 죽으신 것이 아니다. 예수님은 우리에게 죽는 '법'을 가르치기 위해 죽으셨다. 예수님은 그분을 따라 죽음을 통과해 영원한 생명에 이르는 길을 보여 주기를 원하신다.

김빠지는 소리처럼 들리는가? 내면에서 냉소적인 목소리가 들리는가? '왜 그렇게 해야 하지?'

예수님은 우리의 의문을 예상하시고서 계속해서 이유를 알려 주신다.

> 누구든지 자기 목숨을 구원하고자 하면 잃을 것이요 누구든지 나와
> 복음을 위하여 자기 목숨을 잃으면 구원하리라.
>
> 마가복음 8장 35절

여기서 "목숨"은 "영혼"으로도 번역될 수 있다.[5] 여기서 예수님은 자기 부인과 자기만족 중 어느 것을 선택하는지가 얼마나 중요하며 그 선택이 우리 영혼에 어떤 결과를 낳는지를 말씀하신다. 이것이 명령이 아니라 진술이라는 점에 주목해야 한다. 우리는 목

숨을 잃거나 구한다. 목숨을 잃을 '가능성'도 있고 구할 '가능성'도 있는 것이 아니다. 예수님은 명령이 아니라 단순히 현실에 관한 진술로 가르침을 마무리하실 때가 많았다. 예수님은 인간의 번영에 필요한 지식을 갖고 계셨다. 우리 자신이나 세상 문화의 정신 지도가 아닌 예수님의 정신 지도를 믿을지 말지는 우리의 선택에 달려 있다.

예수님은 우리에게 두 가지 선택사항이 있다고 하신다.

선택 1 예수님을 부인하고 나를 따른다. 다시 말해, 내 욕구를 내 삶의 보좌에 앉힌다. '내가 원하는 걸 얻는 것'을 삶의 궁극적인 목적이요, 동기로 삼는다.

선택 2 나를 부인하고 예수님을 따른다. 다시 말해, 육체의 욕구를 십자가에 못 박고 하나님을 향한 더 깊은 갈망을 따른다.

그 결과는?

생명을 잃는다.

혹은 생명을 구한다.

예수님은 이것이 우리의 선택사항이라고 하신다.

포스트모던 시대를 사는 우리는 양자택일을 끔찍이 싫어한다. 흑백논리를 혐오하는 대신 회색을 선호한다. 하지만 예수님은 양다리를 허용하시지 않는다. 예수님은 언제나 우리에게 둘 중 하나를 택하게 하신다. 그분을 따르든지, 따르지 않든지.

본회퍼로 돌아가서, 그의 책 *The Cost of Discipleship*(제자도의 대

_{가)}은 20세기 최고의 책 가운데 하나다. 그가 펼친 개념을 조금만 더 확장해 보겠다. 우리는 제자도의 대가만이 아니라 '비非제자도'의 대가도 계산해 봐야 한다. 예수님을 따르는 데 대가가 따르는 것은 분명 사실이지만 예수님을 따르지 않을 때 '훨씬 더 큰' 대가가 따른다.

예수님은 우리에게 심플하게 손익 계산을 해 보라고 말씀하고 계신다. 우리의 목숨과 자아 중 무엇이 더 중요한가? 순간의 쾌락을 위해 '영원한 행복'을 포기하려는가? 권위로부터 독립하기 위해 '현실에 대한 정확한 정신 지도'를 포기하려는가? '사랑'을 잠깐의 성적 만족과 맞바꾸려는가? '부부의 친밀함과 신뢰'를 잠깐 타올랐다가 이내 꺼져버리는 성냥과도 같은 불륜의 스릴과 맞바꾸려는가? '가진 것에 대한 만족'을 반짝거리는 새것을 살 때 잠깐 스치는 쾌감과 맞바꾸려는가? 예수님과 그분의 길을 끝까지 따라가 복리로 쌓이는 복과 상을 받는 대신, 난관 앞에서 쉽게 포기해 버릴 것인가?

계산을 해 보라. 목숨(영혼)이 우리에게 얼마나 중요한가?

이제 우리는 한 바퀴를 크게 돌아 믿음의 필요성 앞에 섰다.

예수님은 모든 사람에게 열린 하나님 나라의 복된 소식을 "회개하고 복음을 믿으라!"라는 부르심으로 마무리하셨다(막 1:15). 달리 표현하면 이렇다. "좋은 삶의 비결에 관한 네 생각을 다 버리고 나를 믿으라." "복음을 믿으라"라는 말은 예수님을 믿고 그분께 헌신하고 그분께 변함없이 충성하며 살라는 뜻이다. 그분의 나라에 들어가려면 그분의 정신 지도가 우리가 찾는 생명으로 가는 정확하고도 참된 길잡이라고 믿어야 한다.

왜 마귀는 다른 무엇보다도 하나님을 믿는 우리의 믿음을 공략하는가? 에덴동산에서의 하와에서 오늘날의 당신과 나에 이르기까지, 마귀의 가장 맹렬한 공격 부위는 바로 예수님을 향한 우리의 확신이다. 예수님을 믿는 깊은 믿음이 없으면 절대 십자가를 지지 않고, 그렇게 되면 그분의 나라에 들어갈 수 없기 때문이다.

그런데도 왜 우리는 자신의 욕구를 십자가에 못 박기를 거부하는가? 예수님의 부르심에 대한 이 깊은 내면의 저항은 무엇인가? 그것은 꼭 우리가 악하기 때문은 아니다. 심지어 자기애 때문만도 아니다.

그것은 바로 두렵기 때문이다. 우리가 소중히 여기는 무언가, 행복한 삶에 꼭 필요해 보이는 무언가를 잃을까 두렵기 때문이다. 내 직관이나 느낌보다 예수님의 정신 지도를 진정으로 믿기 전까지는, 하나님이 내 기쁨을 원하시는 사랑 많고 지혜로운 아버지이시라는 사실을 진정으로 믿기 전까지는, 나를 죽일 수 없다. 자아의 욕구들에 이리저리 끌려다니는 양상이 계속된다. 이 욕구들에 대해 승리를 거두려면 마음을 철저히 예수님께 드려야 한다.

마지막으로 한 번만 짚고 넘어가면, 예수님은 우리를 믿음으로 살라고 부르시는 것이 아니다. 우리 모두는 이미 믿음으로 살고 있다. 우리 모두는 누군가 혹은 무언가가 우리를 그토록 갈망하는 삶으로 이끌어 줄 거라고 믿고 있다. 우리는 정치인이나 교수, 과학자,

하위문화, 이념, 혹은 단순히 자신의 욕구를 따른다. 따라서 우리가 던져야 할 질문은 '내가 믿음으로 살고 있는가?'가 아니라, '내가 누구 혹은 무엇을 믿는가?'다.

예수님은 '그분을' 믿는 삶으로 우리를 부르고 계신다.

심지어 그 삶이 죽음을 의미한다 해도.

히틀러가 자살하고 제3제국이 무너지기 3주 전, 본회퍼는 포로수용소 밖에서 벌거벗겨진 채로 처형을 당했다. 그를 지키던 간수가 그의 희생에 깊은 감명을 받고 그의 죽음에 관해 이야기한 기록이 있다. 다음은 그가 본회퍼를 총살 처형장으로 끌고 가던 날 아침에 쓴 글이다.

막사 중 한 곳의 반쯤 열린 문을 통해 본회퍼를 보았다. 아직
죄수복을 입고서 무릎을 꿇은 채 자신의 하나님께 간절한 기도를
드리고 있었다. 이 놀라운 사람의 기도에서 응답의 확신과 깊은
신앙심을 보고서 뼛속까지 감동이 밀려왔다.[6]

이 놀라운 삶은 '지금도 여전히' 사람들을 감동시켜 믿음으로 살 뿐 아니라, 믿음으로 죽게 만들고 있다.

자, 마지막으로 심호흡을 한 번 하고서……

유진 피터슨은 이렇게 말했다. "솔직하게 쓰이고 용감하게 전달된 말은 현실을 밝혀 준다. 그리고 하나님께 도전하면서 아름다

움을 더럽히고 선함을 이용하고 사람들을 지배하려는 우리의 이기적인 시도들을 드러낸다. …… 솔직한 글은 우리가 얼마나 나쁘게 살며, 우리의 삶이 얼마나 좋은지를 보여 준다."[7]

이 책에서 나는 "우리가 얼마나 나쁘게 살며, 우리의 삶이 얼마나 좋은지"를 보여 주고자 최선을 다했다. 나는 목사다. 영혼을 위한 동반자이자 길잡이다. 영혼들이 하나님의 품이라는 집으로 돌아오도록 돕는 것이 내 역할이다. 내 일은 "모든 지혜로 각 사람을 가르"치는 것이며, 그것은 "각 사람을 그리스도 안에서 완전한 자로 세우"기 위함이다(골 1:28).[8]

나는 30년 넘게 예수님을 따랐다. 최근 기독교를 향한 사회의 반감이 고조되고 있지만, 자신 있게 말할 수 있다. 삶은 힘들지만 더없이 좋다. 해를 거듭할수록, 나 자신이 조금씩 죽을 때마다, 세 적들과의 싸움에서 작은 승리를 거둘 때마다 하나님 안에서 점점 더 많은 기쁨을 누린다. 지금 나는 평강과 행복을 느낀다. 그리고 상상 이상으로 훨씬 더 살아 있다고 느낀다.

하지만 당신이 믿어야 할 것은 내가 아니라, 예수님이다.

죄에 관한 이냐시오의 정의가 기억나는가? "하나님이 내게 원하시는 것만이 가장 깊은 행복의 길이라는 사실을 믿지 않으려는 것." '하나님이 원하시는 것은 오직 우리의 깊은 행복이며, 우리가 진정으로 원하는 것(다른 모든 욕구 이면에 있는 욕구)은 하나님이라는 사실'을 진정으로 믿기 전까지는 삶의 통제권을 놓지 않으려고 애쓰게 된다. 행복으로 이어지는 길을 자신이 하나님보다 더 잘 안다는 생각을 버리지 않게 된다. 그렇게 자신의 힘으로 행복을 좇다가 불행을 거두고 만다.

하지만 좋은 소식이 있다. 아니 최고의 소식이다. 우리는 행복하고 자유롭고 아름다운 삶에 필요한 '모든' 것을 이미 갖고 있다. 우리는 성령의 도우심으로 예수님을 통해 하늘 아버지와 함께하는 삶으로 들어갈 수 있다. 바로 이것이 핵심이다. 나머지 모든 것은 보너스다.

자, 심지어 영혼이 없다고까지 주장하는 세속적인 세상에서 어떻게 영혼을 위한 싸움을 싸워야 하는가? 세상, 육체, 마귀, 이 세 적들을 어떻게 무찔러야 하는가?

죽어야 한다.

그러면……

살게 된다.

내가 속히 오리니 네가 가진 것을 굳게 잡아

아무도 네 면류관을 빼앗지 못하게 하라

이기는 자는 내 하나님 성전에 기둥이 되게 하리니

그가 결코 다시 나가지 아니하리라

내가 하나님의 이름과 하나님의 성

곧 하늘에서 내 하나님께로부터 내려오는 새 예루살렘의 이름과

나의 새 이름을 그이 위에 기록하리라

귀 있는 자는 성령이 교회들에게 하시는 말씀을 들을지어다.

— 예수님, 요한계시록 3장 11-13절

부록

마귀와의 싸움을 위한

핸드북

마귀와의 싸움을 위해 당신만의 핸드북을 만들 수 있도록 간단한 방법을 소개한다. 에바그리우스 폰티쿠스처럼 당신도 할 수 있다. 그의 핸드북에는 500여 개의 내용이 적혀 있었지만 다섯 개로 시작해도 충분하다. 현재 수준에서 시작하라.

목표는 마태복음 4장에 실린 예수님의 본보기를 따르는 것이다. 이 핸드북은 우리의 마음이 거짓에서 비롯한 마귀의 강박적인 생각들에서 벗어나 성경의 진리에 다시 닻을 내리도록 도와줄 것이다. 거짓의 소리가 들려오거든 그것과 대화를 시작하지 말라. 그냥 진리로 '채널'을 바꾸라. 방향을 바꾸어 거짓을 뿌리치라. 에바그리우스를 비롯한 옛사람들은 이것을 "반박하는 말antirrhesis"이라고 불렀다.

1 — 계속해서 떠오르는 생각, 떨쳐 버릴 수 없는 거짓말, (수치심이나 불안 같은) 해로운 감정, (가슴의 답답함이나 가쁜 호흡, 두려운 기분 같은) 몸의 감각을 적으라. 생각, 감정, 감각은 한 책에서 각각 별도의 장章으로 다룰 때만 구분된다. 실제 우리의 몸에서는 이것들이 화학 반응처럼 중첩되고 충돌하고 섞인다.

내 생각, 감정, 감각은 무엇인가?
직장에서 해고되어 자동차 할부금을 내지 못할까 걱정된다.

2 — 그 생각, 감정, 감각 '이면의' 거짓말을 찾아서 적어 보라. 두려움에 가슴이 답답하다면 그것은 "사람들이 나를 비난하면 나는 안전하지 못하다"와 같은 거짓말이 이면에서 작용하고 있을 수 있다. 그렇다면 불안 이면에 무엇에 대한 집착이 있는가? 모든 사람이 당신에 관해 좋게만 말하는 삶, 고난 없는 삶에 대한 집착인가? 안전 자체는 나쁜 것이 아니지만 항상 안전해야 한다는 생각은 우리를 사랑에서 끌어내 두려움에 묶어 두는 감옥이 될 수 있다.

> 그 생각, 감정, 감각 이면에서 나를 집착으로 몰아가는 거짓
> 은 무엇인가?
> 나의 안전은 직장에 있고, 더 새롭고 좋은 것들을 소유하면
> 나는 행복해질 것이다.

3 — 이런 거짓에 반박하는 성경 구절이나 성령의 말씀을 적으라. 머릿속에 거짓말이 다시 떠오를 때마다 이 진리로 마음을 향하라. 하루에도 수십 번씩 거짓말이 떠오를 것이다. 낙심하지 말라. 누구나 다 그렇다. 그때마다 뿌리치라.

진리는 무엇인가?

"돈을 사랑하지 말고 있는 바를 족한 줄로 알라. 그가 친히
말씀하시기를 내가 결코 너희를 버리지 아니하고 너희를 떠
나지 아니하리라 하셨느니라."

히브리서 13장 5절

직접 해 보라.

내 생각, 감정, 감각은 무엇인가?

그 생각, 감정, 감각 이면에서 나를 집착으로 몰아가는 거짓은 무엇인가?

진리는 무엇인가?

감사의 말

당신이 지금까지 읽은 모든 책의 이면에는 저자를 실제보다 '훨씬' 더 똑똑하고 솜씨 좋게 보이게 만드는 친절하고 지적인 영혼들의 군대가 있다. 이번 책을 집필하는 작업은 그 어느 책보다도 힘들었다. 다행히 이 일을 혼자 하지 않았다. 내 안에 넘치는 감사의 마음을 몇 분에게 전하고 싶다.

내 출판 에이전트 마이크 솔즈베리와 예이츠앤예이츠Yates & Yates의 모든 이들에게 감사한다. 이들의 도움이 없었다면 이 책은 세상의 빛을 보지 못했을 것이다. 솔즈베리는 나의 요다다. 내가 기대했던 것보다 훨씬 더 많은 도움을 받았다. 솔즈베리에게 다시 한 번 감사의 말을 전한다.

워터브룩WaterBrook과 펭귄랜덤하우스Penguin Random House의 아름다운 이들에게 감사한다. 내 편집자 앤드류 스토다드와 어서 또 다른 작업을 하고 싶다. 그와의 작업은 늘 즐겁다. 그의 지혜와 신학적 통찰력, 융화력이 얼마나 감사한지 모른다. 로라 라이트와 트레이시 무어 덕분에 내 작업 시간이 말 그대로 몇 주가 줄었다. 교열 담당자들은 모든 애독자들에게 숨은 영웅들이다. 각 인용문이 원서의 어느 페이지에 있는 것인지 내가 다 알날이 올지 모르겠다. 티나 컨스터블에게 감사한다. 이 책 덕분에 마침내 뉴요커와 함께 일하게 되었다! 컨스터블은 처음부터 이 책의 가치를 믿어 주었다. 계속해서 일정을 맞추지 못한 나를 끝까지 참아 준 로라 바커에게 감사한다. 수많은 전화 통화를 참아 낸 더글러스 만은 정말 놀라운 인내심의 소유자다. 팟캐스트 일정을 완벽하게 관리해 준 리사 비치에게 감사한다. 이 외에 내가 얼굴도 보지 못한 수많은 사람에게 감사의 말을 전한다.

디자인을 끝없이 다듬어 준 라이언 웨슬리 피터슨에게 감사한다. 정말이지 이 책의 디자인 작업은 끝이 없어 보였지만 덕분에 정말 멋진 결과물이 나왔다.

씨록 친교 모임Searock Fraternity 식구들에게 감사한다. 변함없이 내 곁을 지켜 주는 이들이 없다면 내가 이 일을 계속할 수 있을지 자신이 없다. 이들의 "정통에 대한 용감한 고집", 하나님을 향한 불타는 사랑, 문화적 지성, 내 삶에 관한 선지자적 말, 무엇보다도 이들의 우정 덕분에 여기까지 올 수 있었다.

포틀랜드 브리지타운교회Bridgetown Church 식구들에게 감사한다. 지난 18년은 꿈과 같은 세월이었다. 물론 힘든 순간도 많았지만 우리는 여전히 함께하고 있다. 이 책은 이 도시에서 함께 예수님의 도를 실천한 경험에서 탄생했다. 우리 교회 식구들을 너무도 사랑한다. 글을 쓸 수 있도록 귀한 시간을 허락해 준 장로들에게 감사한다. 오랫동안 협력해 온 제럴드 그리핀과 베서니 앨런에게 특히 감사하고 싶다. 이들과 동역하는 것은 내 인생에서 가장 큰 기쁨 중 하나였다.

내 인생에서 멘토 역할을 해 준 모든 분들에게 감사한다. 지금의 나는 이들이 내 안에 심어 준 씨앗의 열매다. 크리스와 메릴 웨이넌드 부부, 짐 런디 박사, 존 오트버그, 짐 맥니쉬 외에도 많은 이들이 내게 귀한 멘토가 되어 주었다.

우리 가족과 공동체에 감사한다. 모든 가족, 특히 평생 나를 지원해 주신 아버지와 어머니, 내 모든 집필 활동에서 사실상 두 번째 편집자 역할을 해 준 벡스에게 감사하고 싶다. 벡스는 우리 가족 중에서 단연 가장 똑똑한 인물이다. 안식일 저녁과 주중에 우리 테이블에 둘러앉는 잉카, 크리스천, 제이, 팸, 한나, 훅스, 노먼즈에게 감사한다. 이들은 우리의 진짜 모습을 다 알고도 상관없이 사랑해 준다. 이들의 곁은 언제나 안전하고 따스하다.

내게 인터넷 문화에 관한 모든 것을 가르쳐 주는 데이브 로마스에게 감사한다. 그는 모든 흉금을 털어놓을 수 있는, 그야말로 영혼의 친구다.

마지막으로 나와 한 지붕 아래서 사는 식구들에게 감사한다. 20년간 함께해 온 아내를 사랑한다. 날마다 닻이 되어 준 아내가 없었다면 이 책을 세상에 발표할 용기를 내지 못했을 것이다. 이 책은 누구보다도 주드, 모지즈, 선데이를 위해 썼다. 이 아이들은 교회의 미래가 아니다. 이 아이들이 곧 교회다. 이 아이들이 어떤 상황에서도 끝까지 예수님을 따르게 되는 것이 내 가장 큰 소원이다. 그 길 내내 이 아이들을 응원할 것이다.

'거짓말'에 맞서는
전장 한복판에서

1. "'The War of the Worlds' Radio Script from October 30, 1938," Wellesnet, 2013년 10월 9일, www.wellesnet.com/the-war-of-the-worlds-radio-script. 유튜브 www.youtube.com/watch?v=nUsq3fLobxw에서 녹음 파일을 들을 수 있다.

2. "'The War of the Worlds' Radio Script from October 30, 1938."

3. Dawn Mitchell, "Hoosiers Swept Up in Martian Invasion of 1938," *IndyStar*, 2019년 10월 30일, www.indystar.com/story/news/history/retroindy/2015/10/28/hoosiers-swept-up-martian-invasion-1938/74755844.

4. 마지막 말은 사실일지도 모른다.

5. A. Brad Schwartz, "The Infa-mous 'War of the Worlds' Radio Broadcast Was a Magnificent Fluke," *Smithsonian Magazine*, 2015년 5월 6일, www.smithsonianmag.com/history/infamous-war-worlds-radio-broadcast-was-magnificent-fluke-180955180. 1877년 이탈리아 천문학자 조반니 스키아파렐리(Giovanni Schiaparelli)는 화성 표면의 상세한 지도를 그리고 검은 선들을 이탈리아어로 '자연적인 수로'를 의미하는 '카날리'(canali)로 표기했다. 스키아파렐리는 선들의 정체에 대해 불가지론의 입장을 갖고 있었지만, '카날리'는 '운하'를 뜻하는 영단어 '커넬'(canal)로 번역되면서 마치 지능을 지닌 존재들이 건설한 것처럼 보이게 되었다. 나중에 천문학자들은 화성에서 죽어 가는 종족들이 생존하기 위해 극관 얼음에서 물을 추출하는 용도로 거대한 운하를 건설했다고 추측했다. 이 이론을 진지하게 받아들인 과학자는 거의 없었지만 이 이론은 대중의 상상을 통해 퍼져 나갔다. 그리하여 화성에 외계인들이 살고 그들이 지구를 빼앗으러 올지 모른다고 걱정하는 사람들이 많았던 것으로 보

인다.

6. "The Great New England Hurricane of 1938," National Weather Service, 2020년 9월 21일, www.weather.gov/okx/1938HurricaneHome.

7. Schwartz, "The Infamous 'War of the Worlds' Radio Broadcast Was a Magnificent Fluke." 공상과학소설이 H. G. 웰스, 조지 오웰, 올더스 헉슬리, 아이작 아시모프(Isaac Asimov), C. S. 루이스, 어슐러 르 귄(Ursula Le Guin) 같은 비평가들과 지식인들이 쓴 '사회 정치 논평'이라는 본래 장르에서 벗어나 영화와 코미디를 위한 장르로 변하는 모습은 매우 흥미롭다.

8. 아나운서는 이런 말로 방송을 시작했다. "CBS와 산하 방송국들에서 H. G. 웰스의 소설 《우주전쟁》을 각색한 '오손 웰즈의 생방송 머큐리 극장'을 시작합니다." "The War of the Worlds' Radio Script from October 30, 1938."

9. Christopher Klein, "How 'The War of the Worlds' Radio Broad-cast Created a National Panic," History, 2019년 10월 28일, www.history.com/news/inside-the-war-of-the-worlds-broadcast.

10. A. Brad Schwartz, *Broadcast Hysteria: Orson Welles's War of the Worlds and the Art of Fake News* (New York: Hill and Wang, 2015), 7.

11. "*New York Daily News* Front Page October 31, 1938 Headline," Getty Images, www.gettyimages.com/detail/news-photo/daily-news-front-page-october-31-1938-headline-fake-radio-news-photo/97298590.

12. Richard J. Hand, *Terror on the Air!: Horror Radio in America*, 1931-1952 (Jefferson, NC: McFarland, 2006), 7.

프롤로그.
'디지털 바벨론'에서 살아가는 나그네들에게

1. 이 말은 토머스 아퀴나스(Thomas Aquinas)가 1265년에 발표한 역작 《신학대전》(*Summa Theologica*)까지 거슬러 올라간다. 지금도 학자들은 이 책을 역사상 가장 중요한 신학 서적으로 꼽는다. 이 말은 종교개혁의 중차대한 순간인 1543년 트렌트 공의회에서 다시 등장한다. 그 이후 이 표현은 1549년 *The Book of Common Prayer*(공동기도서)를 통해 영어권 세계로 들어왔다. "하나님, 세상과 육체와 마귀의 모든 기만에서 우리를 구하소서."

2. "평화주의자"(Pacifist; 반전론자)는 사실 좋은 단어는 아니다. 감정적인 요소가 다분하고 다양한 의미를 함축하기 때문이다. 하지만 콘스탄티누스 대제와 아우구스티누스 이전의 예수님 제자들 대부분은 살인이 예수님의 가르침을 따르는 것과 양립하지 않는다는

점을 이해했다. 비폭력을 설득력 있게 주장하는 책을 원한다면, 내 친구 프레스톤 스핑클(Preston Sprinkle)의 명저 *Fight*(싸우라)를 추천한다.

3. John Mark Comer, "Fighting the World, the Flesh, and the Devil: The Truth About Lies: Part 2," Bridgetown Church, 2018년 10월 7일, https://bridgetown.church/teaching/fighting-the-world-the-flesh-the-devil/the-truth-abou -lies-part-2.

4. 이것은 일반적으로 사용되는 인용문이다. 그가 실제로 한 말은 이렇다. "적을 알고 자신을 알면 수많은 전투의 결과를 두려워할 필요가 없다. 자신은 알지만 적은 모르면 승리한 만큼 패배를 당한다." Sun Tzu, "3. Attack by Stratagem," *The Art of War*, https://suntzusaid.com/book/3/18. 손자, 《손자병법》.

5. 존 타이슨의 "창조적 소수" 설교 시리즈의 내용을 정리한 것이다. 정말 탁월한 설교이니 꼭 책을 읽거나 설교를 들어 보라. Jon Tyson and Heather Grizzle, *A Creative Minority: Influencing Culture through Redemptive Participation* (자가출판, 2016); Jon Tyson, "A Creative Minority Discussion Guides," 설교 시리즈, 2021년 1-2월, www.church nyc/a-creative-minority.

6. "In U.S., Decline of Christianity Continues at Rapid Pace," Pew Research Center, 2019년 10월 17일, www.pewforum.org/2019/10/17/in-u-s-decline-of-christianity-continues-atrapid-pace.

7. "What Do Young Adults Really Mean When They Say They Are Christians?," Barna Group, 2019년 12월 11일, www.barna.com/research/resilient-discipleship.

8. Lee Beach, *The Church in Exile: Living in Hope After Christendom* (Downers Grove, IL: InterVarsity, 2015), 21. 리 비치, 《유배된 교회》(새물결플러스 역간). Walter Brueggemann, *Cadences of Home: Preaching Among Exiles* (Louisville: Westminster John Knox, 1997), 115도 보라.

9. Wendy Everett, Peter Wagstaff, "Introduction," *Cultures of Exile: Images of Displacement* (Oxford: Berghahn, 2004) 중, x.

10. Paul Tabori, *The Anatomy of Exile: A Semantic and Historical Study* (London: Harrap, 1972), 32.

11. "Digital Babylon: Our Accelerated, Complex Culture," Barna Group, 2019년 10월 23일, www.barna.com/research/digital-babylon.

12. Judy Siegel-Itzkovich, "Stars of Hollywood's Golden Era Were Paid to Promote Smoking," *Jerusalem Post*, 2008년 9월 24일, www.jpost.com/health-and-sci-tech/health/stars-of-hollywoods-golden-era-were-paid-to-promote-smoking.

13. C. S. Lewis, *Surprised by Joy: The Shape of My Early Life* (New York: Harcourt Brace, 1955), 200-201. C. S. 루이스, 《예기치 못한 기쁨》(홍성사 역간).

14. Evan Andrews, "8 Reasons It Wasn't Easy Being Spartan," History, 2018년 9월 1일, www.history.com/news/8-reasons-it-wasnt-easy-being-spartan. 전투 외에 다른 모든 일은 외국인(non-citizens)들이 했다.

15. M. E. Bradford, "Faulkner, James Baldwin, and the South," *The Georgia Review* 20, no. 4 (1966년 겨울): 435, www.jstor.org/stable/41396308?seq=1. 그는 1955년 일본 나가노에서 학생들 앞에서 이 말을 했다. 그때 그는 나가사키와 히로시마의 재난 이후 일본에서 창의적인 문학과 시가 쏟아져 나온 것을 언급했다.

Part 1

The DEVIL

마귀에 관하여

'생각'을 장악하려는
마귀의 술책, 기만

1. 예를 들어, 그는 언어 능력 습득 전의 사고, 감정이 생성되는 기제, 심안(心眼) 같은 것을 꽤 정확하게 기술했다.

2. 사막 교부와 교모들의 사고 세계를 읽기 쉽고도 탁월하게 정리한 책으로, Anthony M. Coniaris, *A Beginner's Introduction to the Philokalia*를 추천한다.

3. *Encyclopaedia Britannica On-line*, s.v. "seven deadly sins," www.britannica.com/topic/seven-deadly-sins. 신학자들은 '교만'과 '허영'이 비슷하기 때문에 둘을 하나로 합쳤다.

4. Evagrius of Pontus, *Talking Back: A Monastic Handbook for Combating Demons*, David Brakke 번역 (Collegeville, MN: Liturgical Press, 2009). www.amazon.com/Talking-Back-Monastic-Combating-Cistercia/dp/0879073292.

5. 이와 관련해서 내 친구 팀 채딕(Tim Chaddick)의 책 *The Truth About Lies: The Unlikely Role of Temptation in Who You Will Become* (Colorado Springs: David C Cook, 2015)에 살짝 동의한다.

6. Blue Letter Bible, s.v. "diabolos," www.blueletterbible.org/lang/lexicon/lexicon.cfm?Strongs=G1228&t=KJV.

7. "사탄"이 맞는 명칭이라고 생각하는 사람이 많지만 히브리어에서는 그 앞에 관사가 붙

어서 "하사탄(hasatan)"(=the satan)이 된다. 이것은 헬라어 '디아볼로스'와 같이 '참소자'를 의미한다. *The Pulpit Commentary*, "Job 1", Bible Hub, 2010, https://biblehub.com/commentaries/pulpit/job/1.htm. "온 천하를 꾀는 큰 용"은 요한계시록 12장 9절에서 발견할 수 있다.

8. "Job 1," Cambridge Bible for Schools and Colleges, Bible Hub도 보라. https://biblehub.com/commentaries/cambridge/job/1.htm.

9. "God's Divine Council," Truth or Tradition?, 2018년 7월 2일도 보라. www.truthortradition.com/articles/gods-divine-council.

10. 이것은 소수의 입장이지만 점점 인기를 얻고 있다. 내 신학교 때 은사 게리 브레셔스 (Gerry Breshears) 박사를 통해 이 개념을 처음 접했다. Gregory A. Boyd, *Satan and the Problem of Evil*에서 이 개념에 관해 자세히 읽을 수 있다.

11. Lisa H. Trahan 외, "The Flynn Effect: A Meta-analysis," *Psychological Bulletin* 140, no. 5 (2014): 1332-1360, www.ncbi.nlm.nih.gov/pmc/articles/PMC4152423.

12. Bernt Bratsberg, Ole Rogaberg, "Flynn Effect and Its Reversal Are Both Environmentally Caused," *Proceedings of the National Academy of Sciences* 115, no. 26 (2018년 6월): 6674-6678, www.pnas.org/content/115/26/6674.

13. Lea Winerman, "Smarter Than Ever?," *Monitor on Psychology* 44, no. 3 (2014), www.apa.org/monitor/2013/03/smarter; Daniel Engber, "The Great Endumbening," 2018년 9월 19일자 〈슬레이트〉(*Slate*)도 보라. https://slate.com/technology/2018/09/iq-scores-going-down-research-flynn-effect.html.

14. Bratsberg, Rogaberg, "Flynn Effect and Its Reversal Are Both Environmentally Caused." 위에서 언급한 〈슬레이트〉 기사도 이 점을 지적한다.

15. Yuval Noah Harari, *Sapiens: A Brief History of Humankind* (New York: HarperCollins, 2015), 21. 유발 하라리, 《사피엔스》(김영사 역간).

16. "Quotes," *The Usual Suspects*, Bryan Singer 감독, PolyGram Filmed Entertainment, 1995, www.imdb.com/title/tt0114814/quotes/?tab=qt&ref_=tt_trv_qu.

17. James K. A. Smith, *How (Not) to Be Secular: Reading Charles Taylor* (Grand Rapids, MI: Eerdmans, 2014), 4에 실린 멋진 표현.

18. C. S. Lewis, *Christian Reflections*, Walter Hooper 편집 (Grand Rapids, MI: Eerdmans, 1967), 41. C. S. 루이스, 《기독교적 숙고》(홍성사 역간).

19. C. S. Lewis, *The Screwtape Letters* (New York: Macmillan, 1982), 3. C. S. 루이스, 《스크루테이프의 편지》(홍성사 역간).

20. 다음 세 책 가운데 하나를 읽기를 권한다. Michael S. Heiser, *Supernatural* (Bellingham, WA: Lexham, 2015), 탁월하면서도 읽기 쉬운 입문서; Jon Thompson, *Deliverance* (2021년 여름 출간 예정), 악마화에 관한 내가 아는 최고의 입문서; Gregory

A. Boyd, *God at War* (Downers Grove, IL: InterVarsity Academic, 1997), 깊이 있는 신학서. 이 주제에 관해 내가 가장 좋아하는 책은 Jon Thompson, *Deliverance*다.

흐릿한 '정신 지도'를 들고
현실을 헤매다

1. 이 주제에 관해 잘 알려진 책 중 하나다. Jordan B. Peterson, *Maps of Meaning: The Architecture of Belief* (New York: Routledge, 1999). 조던 피터슨, 《의미의 지도》(앵글북스 역간).

2. Lisa Cron, *Wired for Story: The Writer's Guide to Using Brain Science to Hook Readers from the Very First Sentence* (New York: Ten Speed, 2012), chap. 1을 보라.

3. Dallas Willard, *Renovation of the Heart: Putting on the Character of Christ* (Colorado Springs: NavPress, 2002), 96-97. 달라스 윌라드, 《마음의 혁신》(복있는사람 역간).

4. Yuval Noah Harari, *Sapiens: A Brief History of Humankind* (New York: HarperCollins, 2015), chap. 2. 유발 하라리, 《사피엔스》(김영사 역간).

5. Dallas Willard, *Hearing God: Developing a Conversational Relationship with God*, 개정판 (Downers Grove, IL: InterVarsity, 2012), 12. 달라스 윌라드, 《하나님의 음성》(IVP 역간).

6. 이 글은 달라스 윌라드가 쓴 더 좋은 글에서 영감을 얻은 것이다. "현실은 우리의 거짓 신념이나 오류, 주저하는 행동에 맞춰 주지 않는다." *Knowing Christ Today: Why We Can Trust Spiritual Knowledge* (New York: HarperCollins, 2009), 39. 달라스 윌라드, 《그 리스도를 아는 지식》(복있는사람 역간).

7. 나는 교회 안에서의 성에 관해 숙고할 때마다 이 구절을 참고한다. 이 구절은 하나님의 설계에 반하는 결혼을 다루며 시작한 뒤 "적은 누룩이 온 덩어리에 퍼지는 것"(고전 5:6)을 경고한다. 이어서 성적 타락에 관한 교회 밖의 태도가 교회 안과 완전히 다르다는 점을 지적한다.

8. Brittany Almony, "Attachment Theory and Children of Divorce," Bartleby Research, 2015년 5월 10일, www.bartleby.com/essay/Attachment-Theory-And-Children-Of-Divorce-F3UTUVQ3FV8X.

9. Corie Lynn Rosen, "Men v. Women: Who Does Better in a Divorce?," LegalZoom, 2020년 9월 16일, www.legalzoom .com/articles/men-v-women-who-does-better-in-a-divorce.

10. Alicia Vanorman, "Cohabiting Couples in the United States Are Staying Together Longer but Fewer Are Marrying," Population Reference Bureau, 2020년 11월 5일,

www.prb.org/cohabiting-couple-staying-together-longer.

11. Scott Stanley, "Premarital Cohabitation Is Still Associated with Greater Odds of Divorce," Institute for Family Studies, 2018년 10월 17일, https://ifstudies.org/blog/premarital-cohabitation-is-still-associated-with-greater-odds-of-divorce.

12. Juliana Menasce Horowitz, Nikki Graf, and Gretchen Livingston, "Marriage and Cohabitation in the U.S.," Pew Research Center, 2019년 11월 6일, www.pewsocialtrends.org/2019/11/06/marriage-and-cohabitation-in-the-u-s.

13. Abigail Tucker, "What Can Rodents Tell Us About Why Humans Love?," *Smithsonian Magazine*, 2014년 3월, www.smithsonianmag.com/science-nature/what-can-rodents-tell-us-about-why-humans-love-180949441.

14. "The Long-Term Effects of Abortion," Epigee Women's Health, www.epigee.org/the-long-term-effects-of-abortion.html.

15. "The Proof Is In: Father Absence Harms Children," National Fatherhood Initiative, www.fatherhood.org/father-absence-statistic.

16. "The Consequences of Fatherlessness," fathers.com, https://fathers.com/statistics-and-research/the-consequences-of-fatherlessness/.

17. 다음 자료는 이에 관한 가장 큰 규모의 연구를 간단하면서도 훌륭하게 정리하고 있다. Ryan T. Anderson, "'Transitioning' Procedures Don't Help Mental Health, Largest Dataset Shows," The Heritage Foundation, 2020년 8월 3일, www.heritage.org/gender/commentary/transitioning-procedures-dont-help-mental-health-largest-dataset-shows.

18. Audrey Conklin, "Hawley, Sasse Lead Charge Against Pornhub, Human Trafficking," FoxNews, 2020년 12월 9일, www.foxnews.com/politics/hawley-sasse-lead-charge-against-pornhub-human-trafficking; Exec. Order No. 13903, Fed Reg. Doc. 2020-02438 (2020년 1월 30일)도 보라. www.federalregister.gov/documents/2020/02/05/2020-02438/combating-human-trafficking-and-online-child-exploitation-in-the-united-states.

19. Matthew McNulty, "'Fifty Shades of Grey' Tops Decade's Best Seller List," Fox Business, 2019년 12월 19일, www.foxbusiness.com/markets/penguin-random-house-dominates-top-selling-books-of-the-decade-one-day-after-news-of-675-bertelsmann-sale; Scott Mendelson, "Box Office: Hugh Jackman's 'Greatest Showman' Is Still Leggier Than 'Titanic,'" *Forbes*, 2018년 2월 25일, www.forbes.com/sites/scottmendelson/2018/02/25/box-office-hugh-jackmans-greatest-showman-is-still-leggier-than-titanic/?sh=72c6869b2c13.

20. Mary Eberstadt, *Adam and Eve After the Pill: Paradoxes of the Sexual Revolution* (San Francisco: Ignatius, 2012), 서문.

21. Robert D. McFadden, "Philip Rieff, Sociologist and Author on Freud, Dies at 83,"

New York Times, 2006년 7월 4일, www.nytimes.com/2006/07/04/us/04rieff.html.

22. Jeffrey Schwartz, *A Return to Innocence* (New York: Harper, 1998).

23. Willard, *Renovation of the Heart*, 100. 달라스 윌라드, 《마음의 혁신》(복있는사람 역간).

24. M. Scott Peck, *People of the Lie: The Hope for Healing Human Evil*, 2판. (New York: Touchstone, 1998), 207. 스캇 펙, 《거짓의 사람들》(비전과리더십 역간).

25. David G. Benner, *Soulful Spirituality: Becoming Fully Alive and Deeply Human* (Grand Rapids, MI: Brazos, 2011), 135.

26. Willard, *Renovation of the Heart*, 100-101. 달라스 윌라드, 《마음의 혁신》(복있는사람 역간).

27. Willard, *Renovation of the Heart*, 99. 달라스 윌라드, 《마음의 혁신》(복있는사람 역간).

28. Hannah Arendt, *The Origins of Totalitarianism,* 개정판 (Orlando: Harcourt, 1968), 474. 한나 아렌트, 《전체주의의 기원》(한길사 역간).

29. Winston S. Churchill, "The Gift of a Common Tongue" (연설, Harvard, Cambridge, MA, 1943년 9월 6일), https://winstonchurchill.org/resources/speeches/1941-1945-war-leader/the-price-of-greatness-is-responsibility.

30. Inés San Martín, "Pope Francis: Ideological Colonization a 'Blasphemy Against God,'" Crux, 2017년 11월 21일, https://cruxnow.com/vatican/2017/11/pope-francis-ideological-colonization-blasphemy-god.

31. Timothy Keller, *The Reason for God: Belief in an Age of Skepticism* (New York: Dutton, 2008), *Making Sense of God: An Invitation to the Skeptical* (New York: Viking, 2016). 팀 켈러, 《팀 켈러, 하나님을 말하다》, 《팀 켈러의 답이 되는 기독교》(이상 두란노 역간). 제이디 스미스(Zadie Smith)의 소설들, 특히 *White Teeth* (New York: Vintage International, 2000)와 *Swing Time* (New York: Penguin, 2016)을 보라. 제이디 스미스, 《하얀 이빨》.

32. David Foster Wallace, *Infinite Jest* (New York: Back Bay Books, 1997), 389.

33. 이 개념들에 관해서는 내가 가장 좋아하는 책 중 하나인 Willard, *Knowing Christ Today*를 읽을 것을 권한다! 달라스 윌라드, 《그리스도를 아는 지식》(복있는사람 역간). 혹은 그의 방대한 책인 *The Disappearance of Moral Knowledge*를 읽어 보라.

34. Willard, *Knowing Christ Today*, 30-31. 달라스 윌라드, 《그리스도를 아는 지식》(복있는사람 역간).

35. '교회와 국가의 분리'라는 표현은 사실 많은 사람들의 생각과 달리 미국 헌법에 있지 않다. 이 표현은 1802년 토머스 제퍼슨(Thomas Jefferson)이 댄버리 침례교도들(Danbury Baptists)에게 보낸 편지에 있다. 몇 분이면 읽을 수 있는 편지다. 국가가 교회에 개입하지 못하도록 하여 '종교 자유'를 보장하는 것이 취지였다는 것을 쉽게 볼 수 있다. "Letters Between Thomas Jefferson and the Danbury Baptists (1802)"를 보라. Bill of

Rights Institute, https://billofrightsinstitute.org/primary-sources/danburybaptists.

36. Willard, *Knowing Christ Today*, 32-33. 달라스 윌라드, 《그리스도를 아는 지식》(복있는사람 역간).

37. Willard, *Knowing Christ Today*, 19-22. 달라스 윌라드, 《그리스도를 아는 지식》(복있는사람 역간).

38. Willard, *Knowing Christ Today*, 21. 달라스 윌라드, 《그리스도를 아는 지식》(복있는사람 역간).

39. 사실 전통적인 비유가 더 재미있다. 이 비유에서는 왕이 궁전에서 맹인들을 보고 있다. 서구인들은 "계몽된 우리 서구인들은 우리보다 못한 이 사람들이 볼 수 없는 것을 본다"라는 뜻으로 이 비유를 사용한다. 즉 이것은 이념적 식민지화의 또 다른 사례다.

40. Willard, *Knowing Christ Today*, 20-21. 달라스 윌라드, 《그리스도를 아는 지식》(복있는사람 역간).

41. D. Elton Trueblood, "Chapter 3: The Impotence of Ethics," *The Predicament of Modern Man* (New York: Harper and Row, 1944) 중, www.religion-online.org/book-chapter/chapter-3-the-impotence-of-ethics.

교활한 가짜뉴스, '행복의 욕구'를 공격하다

1. Colin E. Babb, "Dezinformatsiya and the Cold War," Naval Science and Technology Future Force, 2020년 3월 17일, https:// futureforce.navylive.dodlive.mil/2020/03/dezinformatsiya-and-the-cold-war.

2. Garry Kasparov (@Kasparov63), Twitter, 2016년 12월 3일, 11:08 a.m., https://twitter.com/Kasparov63/status/808750564284702720. 이 인용문은 너무 좋다.

3. 신학에서는 이것을 '대속 이론'이라고 부른다. 신학자들은 대속의 사실(예수님이 로마인들과 유대 지도자들의 손에 돌아가셨다가 무덤에 장사된 지 사흘 만에 부활하셨다)과 대속의 이론들(이 모든 것이 의미하는 바)을 구분했다. 교회사에는 이를 바라보는 여섯 가지 주요 시각이 있다. 나는 내 신학적 멘토이자 신학교 교수인 게리 브레셔스가 "대속에 대한 다면적인 다이아몬드의 시각"이라고 부르는 것을 통해 이 모든 시각을 배웠다.

4. 이 표현은 이 주제에 관한 다음 역작의 제목에서 얻었다. Shoshana Zuboff, *The Age of Surveillance Capitalism: The Fight for a Human Future at the New Frontier of Power* (New York: Hachette, 2019).

5. Mark Sayers, "The Devil's Disinformation Campaign," Bridgetown Church, 2018년

10월 21일, 28:46, https://bridgetown.church/teaching/fighting-the-world-the-flesh-the-devil the-devils-disinformation-campaign.

6. "Syria's War Explained from the Beginning," Al Jazeera, 2018년 4월 14일, www.aljazeera.com/news/2018/4/14/syrias-war-explained-from-the-beginning.

7. 이 이야기는 매우 흥미롭다. Raphael Satter, "Deepfake Used to Attack Activist Couple Shows New Disinformation Frontier," Reuters, 2020년 7월 15일, www.reuters.com/article/us-cyber-deepfake-activist/deepfake-used-to-attack-activist-couple-shows-new-disinformation-frontier-idUSKCN24G15E.

8. 실화. 수백 명의 시위대와 반대 시위대가 나타났다. 하지만 그 모든 일은 러시아가 배후에서 유도한 것이었다. Claire Allbright, "A Russian Facebook Page Organized a Protest in Texas. A Different Russian Page Launched the Counterprotest," *Texas Tribune*, 2017년 11월 1일, www.texastribune.org/2017/11/01/russian-facebook-page-organized-protest-texas-different-russian-page-l.

9. Alana Abramson, "'We Don't Share a Common Baseline of Facts.' Barack Obama Reflects on Divisiveness in Politics," *Time*, 2018년 1월 12일, https://time.com/5099521/barack-obama-david-letterman-interview.

10. Glenn Kessler, Meg Kelly, "President Trump Made 2,140 False or Misleading Claims in His First Year," *Washington Post*, 2018년 1월 20일, www.washingtonpost.com/news/fact-checker/wp/2018/01/20/president-trump-made-2140-false-or-misleading-claims-in-his-first-year.

11. "Full Text: Jeff Flake on Trump Speech Transcript," *Politico*, 2018년 1월 17일, www.politico.com/story/2018/01/17/full-text-jeff-flake-on-trump-speech-transcript-343246.

12. "Countering Truth Decay," RAND Corporation, www.rand.org/research/projects/truth-decay.html.

13. Michiko Kakutani, *The Death of Truth: Notes on Falsehood in the Age of Trump* (New York: Tim Duggan Books, 2018), 47, 54. 미치코 가쿠타니, 《진실 따위는 중요하지 않다》(돌베개 역간).

14. Stephen J. Burn, 편집, *Conversations with David Foster Wallace* (Jackson, MS: University Press of Mississippi, 2012), 49. 월리스는 예수님의 제자가 아닌데도 세속주의의 문제점을 정확히 간파했다. 그가 잡지에 기고한 글들은 실로 통찰력이 깊다.

15. 신약의 상당히 많은 부분이 거짓 교사들 및 거짓 가르침과 싸우기 위해 쓰였다. 이것은 생각할 가치가 있는 부분이다.

16. 하나님은 이렇게 하실 수 있지만 대체로 그렇게 하시지 않는다. 하지만 이것은 신학자들 사이에서 오랜 논쟁거리다. 당신을 토끼 굴로 끌고 내려가지 않도록 자제하도록 하겠다.

17. 그의 책 *Duped: Truth-Default Theory and the Social Science of Lying and*

Deception (Tuscaloosa, AL: University of Alabama, 2020)을 보라.

18. Malcolm Gladwell, *Talking to Strangers: What We Should Know About the People We Don't Know* (New York: Little, Brown, 2019), 74. 말콤 글래드웰, 《타인의 해석》(김영사 역간).

19. 예를 들어 존 가트맨(John Gottman)의 가트맨연구소(The Gottman Institute) 자료를 보라. www.gottman.com/about/research/couples.

20. Bible Hub, s.v. "crafty," https://biblehub.com/topical/c/crafty.htm.

21. 16세기 스코틀랜드 칼뱅주의자 존 녹스(John Knox)의 인용문은 어떤가? "성경은 사탄이 처음에 어떤 수단을 써서 인류를 하나님에 대한 순종에서 벗어나도록 만들었다고 증언하는가? 바로 그들 마음속에 '하나님은 그들을 사랑하시지 않는다'는 생각의 독을 붓고 나서, '하나님 명령을 거역하면 더없는 행복과 기쁨을 얻을 수 있다'는 말로 결정타를 날린 것이다." John Knox, Writings of the Rev. John Knox (London: The Religious Tract Society, 1830), 308.

22. *Strong's Hebrew Lexicon* (NIV), s.v. "H120, 'adam," Blue Letter Bible, www. blueletterbible.org/lang/lexicon/lexicon.cfm?Strongs=H120&t=NIV.

23. *Strong's Hebrew Lexicon* (NIV), s.v. "H2332, Chavvah," Blue Letter Bible, www. blueletterbible.org/lang/lexicon/lexicon.cfm?Strongs=H2332&t=NIV.

24. "Jeff Goldblum: Malcolm," *Jurassic Park*, Steven Spielberg 감독, Universal Pictures, 1993, www.imdb.com/title/tt0107290/characters/nm0000156.

25. 물론 '악한 세속주의자들'만을 탓해서는 절대 안 된다. 내가 아는 많은 세속주의자들은 정말 좋은 사람들이다. 서구의 세속주의는 교회 책임도 크다. 기독교인들의 위선, 정교 분리 이전 세상에서 교회 지도자들의 권력 남용, 진화론을 둘러싼 과학적 발견들을 서서히 받아들인 것, 인권을 옹호하지 않은 (일부) 기독교인들까지, 우리에게도 많은 책임이 있다. 이 모든 것이 세상의 좋은 사람들이 예수님을 믿기 매우 어렵게끔 만드는 요인이다.

26. Scotty Hendricks, "'God Is Dead': What Nietzsche Really Meant," Big Think, 2016년 8월 12일, https://bigthink.com/scotty-hendricks/what-nietzsche-really-meant-by-god-is-dead.

'말씀과 기도'로

진리의 신경 경로 뚫기

1. "G. I. Joe—'Don't Jump Your Bike Over Downed Power Lines' PSA," YouTube, 2014년 5월 8일, www.youtube.com/watch?v=1NwvJlbnD5E.

2. Laurie R. Santos and Tamar Gendler, "Knowing Is Half the Battle," 2014: What Scientific Idea Is Ready for Retirement? series, Edge, 2014, www.edge.org/response-detail/25436. 로리 산토스(Laurie Santos)의 Coursera course "What Is the G. I. Joe Fallacy?"에 참여해 봤는데 정말 좋았다.

3. 같은 제목의 고든 피의 책을 보라. Gordon D. Fee, *God's Empowering Presence: The Holy Spirit in the Letters of Paul* (Peabody, MA: Hendrickson, 1994; Grand Rapids, MI: Baker, 2009). 고든 피, 《성령》(새물결플러스 역간).

4. M. Scott Peck, *The Road Less Traveled: A New Psychology of Love, Traditional Values, and Spiritual Growth*, 25주년 기념판 (New York: Simon & Schuster, 2002), 50. 내가 고금을 막론하고 열 손가락 안에 꼽을 만큼 좋아하는 책이다. 스캇 펙, 《아직도 가야 할 길》(열음사 역간).

5. Corrie ten Boom, *Not Good If Detached* (Fort Washington, PA: CLC Publications, 1957), chap. 21 표어(epigraph).

6. Patrick Deneen, *Why Liberalism Failed* (New Haven, CT: Yale University Press, 2018)에서 이 개념을 처음 접했다. 이 책에서 저자는 좌파와 우파가 사람들이 생각하는 것보다 훨씬 더 비슷하다고 주장하며 두 진영이 공통으로 주장하는 80퍼센트의 내용에 초점을 맞추었다. 초개인주의, 트랜스젠더, 환경 파괴에 이르기까지 모든 면에서 나타나는 창조에서 '자연'으로의 이동이 그가 지적한 공통점들이다. 이 점을 기억하면서 계속해서 읽기 바란다. 패트릭 드닌, 《왜 자유주의는 실패했는가》(책과함께 역간).

7. Louis Brandeis, *Other People's Money: And How the Bankers Use It* (New York: Frederick A. Stokes, 1914), 92.

8. Edwin H. Friedman, *A Failure of Nerve: Leadership in the Age of the Quick Fix* (New York: Seabury Books, 2007), 230.

9. Steven Porter, "Living in a Material World with an Immaterial God," Conversatio Divina, 2018년 5월 16일을 보라. https://conversatio.org/media-room/living-in-a-material-world-with-an-immaterial-god.

10. 이 정의는 그가 2018년 웨스트몬트칼리지(Westmont College)에서 리처드 포스터(Richard J. Foster)의 책 《영적 훈련과 성장》(*Celebration of Discipline*, 생명의말씀사 역간)의 출간 40주년 기념회 강연을 하면서 소개한 것이다. 그 강연 때 내가 노트에 적은 내용을 옮긴 것이다.

11. 내가 너무도 좋아하는 책이다. Henri J. M. Nouwen, *The Way of the Heart* (New

York: Ballantine Books, 1981), 13-14. 헨리 나우웬, 《마음의 길》(두란노 역간).

12. Evagrius of Pontus, *Talking Back: A Monastic Handbook for Combating Demons*, David Brakke 번역 (Collegeville, MN: Liturgical Press, 2009), 49-50.

13. Jeffrey M. Schwartz, Rebecca Gladding, *You Are Not Your Brain: The 4-Step Solution for Changing Bad Habits, Ending Unhealthy Thinking, and Taking Control of Your Life* (New York: Avery, 2011), 21. 제프리 슈워츠, 레베카 글래딩, 《뇌는 어떻게 당신을 속이는가》(갈매나무 역간).

14. Dallas Willard, *Renovation of the Heart: Putting on the Character of Christ* (Colorado Springs: NavPress, 2002), 95. 달라스 윌라드, 《마음의 혁신》(복있는사람 역간).

15. 새로운 해시태그? #curate yourinputs.

16. Hwee Hwee Tan, "In Search of the Lotus Land," *Quarterly Literary Review Singapore* 1, no. 1 (2001년 10월), www.qlrs.com/essay.asp?id=140.

17. "The State of Traditional TV: Updated with Q1 2020 Data," Marketing Charts, 2020년 9월 14일, www.marketingcharts.com/featured-105414.

18. Chris Holmes, "5 Ways to Limit Screentime at Bedtime," WhistleOut USA, 2020년 11월 5일, www.whistleout.com/CellPhones/Guides/5-ways-to-limit-screentime-at-bedtime#screentime.

19. David Kinnaman, Mark Matlock, *Faith for Exiles: 5 Ways for a New Generation to Follow Jesus in Digital Babylon* (Grand Rapids, MI: Baker, 2019), 26.

20. Mary Oliver, *Upstream: Selected Essays* (New York: Penguin, 2016), 8.

'가장 강한 욕구'를
'가장 깊은 욕구'라 착각하다

1. 그녀의 정확한 생일은 알려져 있지 않다. 따라서 당시 약 일곱 살로 추정한다.

2. 이 인터뷰를 보라. Walter Isaacson, "The Heart Wants What It Wants," *Time*, 2001 년 6월 24일 (1992년 8월 31일에 처음 발표), http://content.time.com/time/magazine/ article/0,9171,160439,00.html.

3. 사실 이 이 말은 에밀리 디킨슨(Emily Dickinson)의 편지에 처음 등장한다. 하지만 우디 앨런은 이 말을 유행시킨 사람 중 한 명이다.

4. *Thayer's Greek Lexicon*, s.v. "Strong's NT 4561: ssάάρρξξ," Bible Hub, https:// biblehub.com/greek/4561.htm.

5. Eugene H. Peterson, *A Long Obedience in the Same Direction: Discipleship in an Instant Society*, commemorative ed. (Downers Grove, IL: InterVarsity, 2000), 113. 유진 피터슨, 《한 길 가는 순례자》(IVP 역간).

6. Guatama Buddha, verse 326, *Dhammapada*, Jonathan Haidt, *The Happiness Hypothesis: Finding Modern Truth in Ancient Wisdom* (New York: Basic Books, 2006), 2에 인용.

7. Plato, *Phaedrus*, Haidt, *The Happiness Hypothesis*, 2-3에 인용.

8. Rabbi Schneur Zalman, *Tanya*, pt. 1, chap. 28, Chabad.org, www.chabad.org/ library/tanya/tanya_cdo/aid/1028992/jewish/Chapter-28.htm.

9. Henry David Thoreau, *Walden* (New York: Thomas Y. Crowell, 1910), 290. 헨리 데이비 드 소로, 《월든》.

10. Haidt, *The Happiness Hypothesis*, 22.

11. Jeffrey M. Schwartz, "Neuroplasticity and Spiritual Formation," *The Table*, Biola University Center for Christian Thought, 2019년 4월 18일, https://cct.biola.edu/ neuroplasticity-and-spiritual-formation.

12. "Full Transcript: #1169—Elon Musk," *Joe Rogan Experience*, 2018년 9월 26일, 11:03, 34:27, https://sonix.ai/resources/full-transcript-joe-rogan-experience-elon- musk.

13. Jordan Peterson, *12 Rules for Life: An Antidote to Chaos* (Toronto: Random House Canada, 2018), 9-10. 조던 피터슨, 《12가지 인생의 법칙》(메이븐 역간).

14. Charles Taylor, *A Secular Age* (Cambridge, MA: Harvard University Press, 2007).

15. William Shakespeare, *Hamlet: Prince of Denmark*, The Picture Shakespeare series (London: Blackie and Son, 1902), 32. 윌리엄 셰익스피어, 《햄릿》.

16. 물론 이것은 도덕적인 지뢰밭이다. 도덕이 우리의 욕구에 반하는 것이 아니라면 무엇인가? 효력이 있는 도덕이라면 욕구가 넘을 수 없는 선을 그어야 한다.

17. Jonathan Grant, *Divine Sex: A Compelling Vision for Christian Relationships in a Hypersexualized Age* (Grand Rapids, MI: Brazos, 2015), 30.

18. Robert C. Roberts, "Psychobabble," *Christianity Today*, 1994년 5월 16일, www.christianitytoday.com/ct/1994/may-16/psychobabble.html.

19. David Wells, *No Place for Truth: Or, Whatever Happened to Evangelical Theology?* (Grand Rapids, MI: Eerdmans, 1993), 183. 데이비드 웰스, 《신학 실종》(부흥과개혁사 역간).

20. Cornelius Plantinga Jr., *Not the Way It's Supposed to Be: A Breviary of Sin* (Grand Rapids, MI: Eerdmans, 1995), 83.

21. David G. Benner, *The Gift of Being Yourself: The Sacred Call to Self-Discovery*, 확장판 (Downers Grove, IL: InterVarsity, 2015), 50. 데이비드 배너, 《나, 주님의 사랑에 안기다》(생명의말씀사 역간).

22. 데이비드 베넷은 이와 같은 제목의 역작 *A War of Loves*를 써냈다. 이 책은 음식이 아니라 성(性)에 관한 것이다. 여기서 나는 덜 심각한 사례를 든 것이다.

'자유'를 빙자한
'욕망'의 족쇄를 차다

1. Seymour Drescher, "The Atlantic Slave Trade and the Holocaust: A Comparative Analysis," *Is the Holocaust Unique?: Perspectives on Comparative Genocide*, Alan S. Rosenbaum 편집 (New York: Routledge, 2018), 105 중.

2. Robert Bellah 등, *Habits of the Heart: Individualism and Commitment in American Life* (Berkeley, CA: University of California, 1985), vii-viii.

3. 오바마는 이렇게 말했다. "불평등이 심해지고 변화의 속도가 빨라지며 우리가 지난 몇 세기 동안 알아 온 자유민주주의에 대한 환멸이 심화되고 있는 시대에 이 책을 읽고 많은 생각을 하게 되었다. 저자의 주장에 대부분 동의하지 않지만, 이 책은 서구의 많은

이들이 느끼고 있는 의미와 공동체의 상실에 관한 일관성 있는 통찰을 보여 준다. 자유민주주의가 이런 상실을 계속 무시한다면 위험에 빠질 것이다." "These Are the Six Books Barack Obama Thinks You Need to Read," *Harper's Bazaar*, 2018년 6월 20일, www.harpersbazaar.com/uk/culture/culture-news/a21696261/barack-obama-book-recommendations.

4. Jeffrey Schwartz, Patrick Buckley, *Dear Patrick: Life Is Tough—Here's Some Good Advice* (New York: HarperCollins, 1998), 245.

5. 심도 깊은 분석을 원한다면 이 책을 보라. Matt Jenson, *The Gravity of Sin: Augustine, Luther, and Barthe on homo incurvatus in se* (New York: T&T Clark, 2006).

6. Laura Snapes, "'It's All About What Makes You Feel Good': Billie Eilish on New Music, Power Dynamics, and Her Internet-Breaking Transformation," *Vogue*, 2021년 5월 2일, www.vogue.co.uk/news/article/billie-eilish-vogue-interview.

7. Kaitlyn Engen, "Former EWU Professor Rachel Dolezal Charged with Welfare Fraud," *The Easterner*, 2018년 5월 31일, https://theeasterner.org/42882/news/former-ewu-professor-rachel-dolezal-charged-with-welfare-fraud.

8. Planned Parenthood of Southeastern Pa. v. Casey, 505 U.S. 833 (1992), 851, https://tile.loc.gov/storage-services/service/ll/usrep/usrep505/usrep505833/usrep505833.pdf.

9. 초월 혹은 궁극적인 삶의 의미가 없다면 대부분의 사람들은 생존하고 좋은 기분을 얻기 위해 기본적인 본능에 의존한다. 그렇게 되면 힘과 쾌락이 가장 중요해진다. 힘은 주로 자기가 원하는 대로 살 수 있는 능력을 의미하기 때문에 개인적인 행복이 삶의 목적이 된다. 세상 사람들만 그런 것이 아니라, 기독교인들을 포함해서 서구의 대다수가 그렇다.

10. Andrew Sullivan, "The World Is Better Than Ever. Why Are We Miserable?," *New York*, 2018년 5월 9일, https://nymag.com/intelligencer/2018/03/sullivan-things-are-better-than-ever-why-are-we-miserable.html.

11. *Cambridge Dictionary*, s.v. "compulsion," https://dictionary.cambridge.org/us/dictionary/english/compulsion.

12. Gerald G. May, *The Dark Night of the Soul: A Psychiatrist Explores the Connection Between Darkness and Spiritual Growth* (San Francisco: HarperSanFrancisco, 2004), 60-61. 제럴드 메이, 《영혼의 어두운 밤》(아침 역간).

13. Edmund Burke, *A Letter from Mr. Burke, to a Member of the National Assembly, in Answer to Some Objections to His Book on French Affairs*, 2판. (London: J. Dodsley, 1791), 68-69.

14. Augustine, *On Reprimand and Grace*, James K. A. Smith, "Freedom: How to Escape," *On the Road with Saint Augustine: A Real-World Spirituality for Restless Hearts* (Grand Rapids, MI: Brazos, 2019)에 인용. 제임스 K. A. 스미스, 《아우구스티누스

와 함께 떠나는 여정》(비아토르 역간).

15. Timothy Keller, *Making Sense of God: An Invitation to the Skeptical* (New York: Viking, 2016), 102. 팀 켈러, 《팀 켈러의 답이 되는 기독교》(두란노 역간).

16. 짐 맥니쉬(Jim McNeish), 모든 면에서 그에게 감사드린다.

17. Gustave Thibon, Gabriel Marcel, *Homo Viator: Introduction to a Metaphysic of Hope*, Emma Craufurd 번역 (New York: Harper Torchbooks, 1962), 28에 인용.

18. Michael Green, *Who Is This Jesus?* (Vancouver, BC: Regent College, 1992), 26.

19. 여기서 그는 사실 자위행위에 관해서 쓴 것이다. 이에 관한 좋은 글을 추천한다. Wesley Hill, "Escaping the Prison of the Self: C. S. Lewis on Masturbation," 2014년 2월 10일, www.firstthings.com/blogs/firstthoughts/2014/02/escaping-the-prison-of-the-self.

한 번에 한 알씩
'영생'을 위한 씨를 뿌리라

1. Leslie Jamison, *The Recovering: Intoxication and Its Aftermath* (New York: Back Bay Books, 2018), 9. 레슬리 제이미슨, 《리커버링》(문학과지성사 역간).

2. 여기에서 더 자세한 그래프를 볼 수 있다. "Reflections," Windgate Wealth Management, https://windgatewealth.com/the-power-of-compound-interest-and-why-it-pays-to-start-saving-now.

3. Cornelius Plantinga Jr., *Not the Way It's Supposed to Be: A Breviary of Sin* (Grand Rapids, MI: Eerdmans, 1995), 68.

4. Sara Chodosh, "Muscle Memory Is Real, but It's Probably Not What You Think," *Popular Science*, 2019년 1월 25일, www.popsci.com/what-is-muscle-memory.

5. Augustine, *Confessions*, Sarah Ruden 번역 (New York: The Modern Library, 2018), 52. 아우구스티누스, 《고백록》.

6. Augustine, *Confessions*, Henry Chadwick 번역 (Oxford: Oxford University, 1992), 140. 아우구스티누스, 《고백록》.

7. Plantinga, *Not the Way It's Supposed to Be*, 70.

8. 이것은 원죄에 관한 기독교의 교리와 전혀 상충하는 것이 아니다. 여기서 그가 말하는 "악한"은 악에 완전히 빠진 나머지, 단순히 행동이 악한 것이 아니라 사람 자체가 악해진 상태를 의미한다.

9. M. Scott Peck, *People of the Lie: The Hope for Healing Human Evil*, 2판. (New York:

Touchstone, 1998), 82. 스캇 펙, 《거짓의 사람들》(비전과리더십 역간).

10. Erich Fromm, *The Heart of Man: Its Genius for Good or Evil* (New York: Perennial Library, 1964), 173-175, 178. 에리히 프롬, 《인간의 마음》(문예출판사 역간).

11. C. S. Lewis, *The Great Divorce* (New York: Macmillan, 1946), 72. C. S. 루이스, 《천국과 지옥의 이혼》(홍성사 역간).

12. Gregory A. Boyd, *Satan and the Problem of Evil: Constructing a Trinitarian Warfare Theodicy* (Downers Grove, IL: IVP Academic, 2001), 190.

13. C. S. Lewis, *Mere Christianity* (New York: Macmillan, 1952), 86-87. 지난 세기에 나온 가장 위대한 기독교 서적 중 하나다. C. S. 루이스, 《순전한 기독교》(홍성사 역간).

14. C. S. Lewis, *The Weight of Glory; And Other Addresses* (New York: Macmillan, 1949), 15. C. S. 루이스, 《영광의 무게》(홍성사 역간).

15. Lewis, *The Great Divorce*, 127. C. S. 루이스, 《천국과 지옥의 이혼》(홍성사 역간).

16. John Ortberg, *Soul Keeping: Caring for the Most Important Part of You* (Grand Rapids, MI: Zondervan, 2014), 22에 인용된 달라스 윌라드의 말이다. 존 오트버그, 《내 영혼은 무엇을 갈망하는가》(국제제자훈련원 역간).

17. Timothy Keller, *The Reason for God: Belief in an Age of Skepticism* (New York: Dutton, 2008), 78. 팀 켈러, 《팀 켈러, 하나님을 말하다》(두란노 역간).

18. C. S. Lewis, *God in the Dock, The Collected Works of C. S. Lewis* 중 (New York: Inspirational Press, 1996), 404. C. S. 루이스, 《피고석의 하나님》(홍성사 역간).

'금식과 고백'으로
성령께 나를 열기

1. Ruth Burrows, *Before the Living God* (Mahwah, NJ: HiddenSpring, 2008), 5.

2. *New Catholic Encyclopedia*, s.v. "guilt (in the Bible)," Encyclopedia.com, 2020년 12월 21일, www.encyclopedia.com/religion/encyclopedias-almanacs-transcripts-and-maps/guilt-bible.

3. 짐 와일더(Jim Wilder) 박사는 건강한 수치심과 해로운 수치심을 구분한다. 언어는 다르지만 개념은 같다. Jim Wilder, Michel Hendricks, *The Other Half of Church: Christian Community, Brain Science, and Overcoming Spiritual Stagnation* (Chicago: Moody, 2020), chap. 6.

4. Saint Théerèese of Lisieux, *Collected Letters of St. Théerèese of Lisieux*, F. J. Sheed 번역 (New York: Sheed and Ward, 1949), 3030, M. Scott Peck, *People of the Lie: The Hope for Healing Human Evil*, 2판. (New York: Touchstone, 1998), 11에 인용. 스캇

펙, 《거짓의 사람들》(비전과리더십 역간).

5. "Where Does Mortification Come From?," Dictionary.com, www.dictionary.com/browse/mortification.

6. "Commentaries: Genesis 4:7," Bible Hub, https://biblehub.com/commentaries/Genesis/4-7.htm.

7. Jeffrey Schwart, Patrick Buckley, *Dear Patrick: Life Is Tough—Here's Some Good Advice* (New York: HarperCollins, 1998), 185.

8. Leslie Jamison, *The Recovering: Intoxication and Its Aftermath* (New York: Back Bay Books, 2018), 304. 레슬리 제이미슨, 《리커버링》(문학과지성사 역간).

9. 같은 제목의 고든 피의 책 *God's Empowering Presence* 혹은 고린도전서에 관한 그의 탁월한 주석서를 보라.

10. 이것은 르네 데카르트(René Descartes)뿐 아니라 토머스 에디슨(Thomas Edison) 같은 사람들이 사용한 표현이다. 에디슨은 이런 말을 했다고 한다. "몸의 주된 기능은 뇌를 갖고 다니는 것이다." 성경 신학은 정신을 매우 강조하지만, 레스 코기탄스는 인간에 대한 성경적 관점은 아니다.

11. Richard Foster, *Celebration of Discipline: The Path to Spiritual Growth*, 20주년 기념판 (San Francisco: HarperSanFrancisco, 1998), 55. 리처드 포스터, 《영적훈련과 성장》(생명의말씀사 역간).

12. Dietrich Bonhoeffer, *Life Together* (New York: Harper & Row, 1954), 112. 디트리히 본회퍼, 《말씀 아래 더불어 사는 삶》(빌리브 역간).

13. Jamison, *The Recovering*, 328. 레슬리 제이미슨, 《리커버링》(문학과지성사 역간).

14. Henri J. M. Nouwen, *The Way of the Heart* (New York: Ballantine Books, 1981), 60. 헨리 나우웬, 《마음의 길》(두란노 역간).

자아가 '권위'로,
트렌드가 '참'으로 등극하다

1. 이것을 보라. Carson Daly, Shawn Fanning, "Lars Ulrich," 2000 MTV Video Music Awards, YouTube, 2000년 9월 7일, www.youtube.com/watch?v=_q0Z3gBActg.

2. 다음 기사에서 이 소송에 관해 읽을 수 있다. Jonathan Bailey, "20 Years Later: Metallica v. Napster, Inc.," *Plagiarism Today*, 2020년 3월 13일, www.plagiarismtoday.com/2020/04/13/20-years-later-metallica-v-napster-inc.

3. "Piracy. It's a Crime," YouTube, 2007년 12월 4일, www.youtube.com/watch?v=HmZm8vNHBSU.

4. Bible Hub, s.v. "2889. kosmos," https://biblehub.com/greek/2889.htm.

5. Johannes P. Louwe, Eugene Nida, *Greek-English Lexicon of the New Testament Based on Semantic Domains*, 2판, Logos research 편집 (n.p.: United Bible Societies, 1996), 41.38, Logos.

6. Abraham J. Heschel, *The Prophets*, vol. 1 (New York: Harper & Row, 1969), 190. 아브라함 요수아 헤셸, 《예언자들》(삼인 역간).

7. Dallas Willard, *Life Without Lack: Living in the Fullness of Psalm 23* (Nashville: Nelson Books, 2018), 75. 달라스 윌라드, 《부족함이 없는 삶》(규장 역간).

8. 이것은 그가 신학적 감수를 위해 내 원고를 미리 읽을 때 이메일로 보내온 글이다.

9. Patrick Deneen, *Why Liberalism Failed* (New Haven, CT: Yale University Press, 2018), 39. 이 책 내용에 반대하기는 쉬워도 책 내용을 잊어버리기는 쉽지 않다. 패트릭 드닌, 《왜 자유주의는 실패했는가》(책과함께 역간).

10. 헌법과 독립선언문에 나타난 인종주의에 관해 더 알고 싶다면 나바호족 운동가인 마크 찰스(Mark Charles)의 글을 읽거나 그가 이 주제에 관해 우리 교회에서 전한 탁월한 강연을 들어 보라. "Saving Justice," Bridgetown Church, 2017년 1월 23일, https://bridgetown.church/teaching/race-justice/racial-justice-lecture.

11. Eugene H. Peterson, *A Long Obedience in the Same Direction: Discipleship in an Instant Society*, 기념판 (Downers Grove, IL: InterVarsity, 2000), 9. 유진 피터슨, 《한 길 가는 순례자》(IVP 역간).

12. Peterson, *A Long Obedience in the Same Direction*, 113. 유진 피터슨, 《한 길 가는 순례자》(IVP 역간).

13. Patrick Devitt, "13 Reasons Why and Suicide Contagion," *Scientific American*, 2017년 5월 8일, www.scientificamerican.com/article/13-reasons-why-and-suicide-contagion1.

14. Paul Marsden, "Memetics and Social Contagion: Two Sides of the Same Coin?," *Journal of Memetics—Evolutionary Models of Information Transmission* 2, no. 2 (1998년 12월): 171-185, http://cfpm.org/jom-emit/1998/vol2/marsden_p.html.

15. Marsden, "Memetics and Social Contagion."

16. Renée DiResta, "Computational Propaganda," *Yale Review*, https://yalereview.yale.edu/computational-propaganda.

17. Eugene H. Peterson, *Run with the Horses: The Quest for Life at Its Best* (Downers Grove, IL: InterVarsity, 1983), 135. 유진 피터슨, 《주와 함께 달려가리이다》(IVP 역간).

18. Jeffrey Schwartz, Patrick Buckley, *Dear Patrick: Life Is Tough—Here's Some Good Advice* (New York: HarperCollins, 1998), 33.

19. Clive Thompson, "Are Your Friends Making You Fat?," *New York Times Magazine*, 2009년 9월 10일, www.nytimes.com/2009/09/13/magazine/13contagion-t.html.

20. A. W. Tozer, *The Pursuit of God*, Tozer Legacy 편집 (Camp Hill, PA: Christian Publications, 1982), 99. A. W. 토저, 《하나님을 추구하라》(복있는사람 역간).

21. 계몽운동 초기에 세속의 엘리트들은 일종의 유대-기독교 윤리를 살리려고 시도했다. 하지만 그들은 성경을 대체할, 지적으로 일관적인 권위의 원천을 개발하는 데 실패했다.

22. 이것은 하라리의 개념을 기돈 로젠블라트(Gideon Rosenblatt)가 정리한 것이다. Gideon Rosenblatt, "Homo Deus: A Brief History of Tomorrow (My Notes)," *Vital Edge* (blog), 2017년 6월 15일, www.the-vital-edge.com/homo-deus; Yuval Noah Harari, *Homo Deus: A Brief History of Tomorrow* (New York: HarperCollins, 2017)도 보라. 유발 하라리, 《호모 데우스》(김영사 역간).

23. Stephen J. Burn 편집, *Conversations with David Foster Wallace* (Jackson, MS: University Press of Mississippi, 2012), 18.

24. Ronald Rolheiser, *Forgotten Among the Lilies: Learning to Love Beyond Our Fears* (New York: Doubleday, 2004), 16에서 인용한 표현.

25. Theo Hobson, *Reinventing Liberal Christianity*, Tim Challies, *Final Call* (blog)에 인용, 2017년 1월 17일, www.challies.com/final-call/final-call-january-17.

26. David Brooks, "America Is Facing 5 Epic Crises All at Once," *New York Times*, 2020년 6월 25일, www.nytimes.com/2020/06/25/opinion/us-coronavirus-protests.html.

27. "America's New Religious War: Religious Fervour Is Migrating into Politics," *The Economist*, 2021년 3월 27일, www.economist.com/united-states/2021/03/27/religious-fervour-is-migrating-into-politics.

28. Lee C. Camp, *Scandalous Witness: A Little Political Manifesto for Christians* (Grand Rapids, MI: Eerdmans, 2020), proposition 11에 동의한다.

29. John Milton, *Paradise Lost* (Chicago: Thompson and Thomas, 1901), 86. 존 밀턴, 《실낙원》.

30. "Reproductive Justice," Sister Song, www.sistersong.net/reproductive-justice.

31. Julian Quinones, Arijeta Lajka, "'What Kind of Society Do You Want to Live in?': Inside the Country Where Down Syndrome Is Disappearing," CBS News, 2017년 8월 14일, www.cbsnews.com/news/down-syndrome-iceland.

32. Scott Klusendorf, "Peter Singer's Bold Defense of Infanticide," Christian Research Institute, 2009년 4월 16일, www.equip.org/article/peter-singers-bold-defense-of-infanticide.

33. Alberto Guibilini and Francesca Minerva, "After-Birth Abortion: Why Should the Baby Live?," *Journal of Medical Ethics* 39, no. 5 (2012년 2월), https://jme.bmj.com/content/39/5/261.full; Eugene C. Tarne, "The Dark Ladder of Logic: After-Birth Abortion," Charlotte Lozier Institute, 2012년 4월 27일, https://lozierinstitute.org/899도 보라.

34. Antonia Senior, "Yes, Abortion Is Killing. But It's the Lesser Evil," *The Times*, 2010년 7월 1일, www.thetimes.co.uk/article/yes-abortion-is-killing-but-its-the-lesser-evil-f7v2k2ngvf8.

35. Alexandra Del Rosario, "'The Peanut Butter Falcon' Star Zack Gottsagen Takes Stage as First Oscar Presenter with Down Syndrome," *Hollywood Reporter*, 2020년 2월 9일, www.hollywoodreporter.com/news/peanut-butter-falcon-star-zack-gottsagen-makes-history-at-oscars-1277720.

탈기독교 시대,
예수와 함께 '창조적 소수'로 살기

1. C. S. Lewis, *The Screwtape Letters* (New York: Macmillan, 1982), 46-47. C. S. 루이스, 《스크루테이프의 편지》(홍성사 역간).

2. John Sutherland, "The Ideas Interview: Philip Rieff," *The Guardian*, 2005년 12월 4일, www.theguardian.com/education/2005/dec/05/highereducation.uk1.

3. Mark Sayers, *Disappearing Church: From Cultural Relevance to Gospel Resilience* (Chicago: Moody, 2016), 15-16. 마크 세이어스의 책 중에서도 특히 좋아하는 책이다. 세이어스의 책은 다 읽을 가치가 있지만 이 책은 더욱 특별하다.

4. Sayers, *Disappearing Church*, 80에서 인용. 우리는 "왕국을 원하지만 왕의 권위를 인정하기는 원하지 않는다."

5. Timothy Keller, "A Biblical Critique of Secular Justice and Critical Theory," *Life in the Gospel, Gospel in Life quarterly newsletter*, https://quarterly.gospelinlife.com/a-biblical-critique-of-secular-justice-and-critical-theory.

6. Michel Foucault, *The History of Sexuality*, vol. 1, Robert Hurley 번역 (New York: Vintage, 1990), 95.

7. Joseph S. Nye Jr., *Soft Power: The Means to Success in World Politics* (New York: PublicAffairs, 2004), 5-7. 조지프 S. 나이, 《소프트 파워》(세종연구원 역간).

8. Rod Dreher, *Live Not by Lies: A Manual for Christian Dissidents* (New York: Sentinel, 2020), 7. 제목(이 책의 원제 - 편집자)이 너무 비슷해서 미안하다. 너그럽게 이해해 줘서 너무 감사하다.

9. 존 타이슨이 쓴 같은 제목의 다음 책을 보라. *Beautiful Resistance: The Joy of Conviction in a Culture of Compromise* (Colorado Springs: Multnomah, 2020).

10. Blue Letter Bible, s.v. "G1577—*ekklesia*," www.blueletterbible.org/lang/lexicon/lexicon.cfm?Strongs=G1577&t=KJV.

11. 다음 책에서 기술한 "만들어진 가족들(forged families)" 같은 것. David Brooks, "The Nuclear Family Was a Mistake," *Atlantic*, 2020년 3월, www.theatlantic.com/magazine/archive/2020/03/the-nuclear-family-was-a-mistake/ 605536.

12. Pope John Paul II, *The Theology of the Body: Human Love in the Divine Plan* (Boston: Pauline Books and Media, 1997).

13. Melinda Selmys, *Sexual Authenticity: An Intimate Reflection on Homosexuality and Catholicism* (Huntington, IN: Our Sunday Visitor, 2009), 85.

14. J. D., "Rallying to Restore God," *The Economist*, 2010년 12월 10일, www.economist.com/prospero/2010/12/10/rallying-to-restore-god.

15. Nancy Pearcey, *Love Thy Body: Answering Hard Questions about Life and Sexuality* (Grand Rapids, MI: Baker, 2018), 74. 낸시 피어시, 《네 몸을 사랑하라》(복있는사람 역간).

16. 이것은 교회에 관한 내 친구 존 타이슨의 책 *Beautiful Resistance*의 부제다. 꼭 읽어 보라!

17. *Online Etymology Dictionary*, s.v. "regular," www.etymonline.com/word/regular.

18. Jane Tomaine, *St. Benedict's Toolbox: The Nuts and Bolts of Everyday Benedictine Living* (New York: Morehouse, 2005), 5.

19. 이에 관한 강의 시리즈, 실천 자료, 워크북을 모두 http://practicingtheway.org/practices/unhurry에서 무료로 구할 수 있다.

20. Arnold J. Toynbee, *A Study of History: Abridgement of Volumes I-VI*, D. C. Somervell 편집 (Oxford: Oxford University, 1946). 아놀드 조셉 토인비, 《역사의 연구》(더스타일 역간); Michael Metzger, "The Church as a Creative Minority," Religion Unplugged, 2020년 1월 28일도 보라. https://religionunplugged.com/news/2020/1/28/the-church-as-a-creative-minority.

21. Jon Tyson, Heather Grizzle, *A Creative Minority: Influencing Culture Through Redemptive Participation* (자가 출판, 2016), 12.

22. 10분간 시간을 내 집중해서 읽어 보라. Jonathan Sacks, "On Creative Minorities," 2013 Erasmus Lecture, *First Things*, 2014년 1월, www.firstthings.com/article/2014/01/on-creative-minorities.

23. "Our Mission and Model," Praxis, https://praxislabs.org/mission-and-model.

에필로그.

자기만족 시대, '자기 부인'의 위력

1. 마태복음 26장 52절을 보라. 이것은 흔히 사용되는 표현이다. 실제 인용문은 이렇다. "칼을 가지는 자는 다 칼로 망하느니라."

2. Dietrich Bonhoeffer, *The Cost of Discipleship* (New York: Touchstone, 1995), 89.

3. John Calvin, "A Summary of the Christian Life. Of Self-Denial," On the Christian Life, Henry Beveridge 번역 (n.p.: Calvin Translation Society, 1845) 중, Christian Classics Ethereal Library, https://ccel.org/ccel/calvin/chr_life/chr_life.iv.html.

4. Ronald Rolheiser, *The Holy Longing: The Search for Christian Spirituality* (New York: Doubleday, 1999), 9.

5. Blue Letter Bible, s.v. "psychee," www.blueletterbible.org/lang/lexicon/lexicon.cfm?Strongs=G5590&t=ESV.

6. Eugene H. Peterson, *A Long Obedience in the Same Direction: Discipleship in an Instant Society*, 기념판 (Downers Grove, IL: InterVarsity, 2000), 178. 유진 피터슨, 《한 길 가는 순례자》(IVP 역간).

7. Eugene H. Peterson, *Run with the Horses: The Quest for Life at Its Best* (Downers Grove, IL: InterVarsity, 1983), 128. 유진 피터슨, 《주와 함께 달려가리이다》(IVP 역간).

8. 모든 목사가 늘 실천해야 할 구절.